적게 일하고 많이 놀아라

적게 일하고
많이 놀아라

어니 J. 젤린스키 지음 | 황숙경 옮김

도서출판 물푸레

| 역자 소개 |

황숙경은 이화여대 영어영문학과를 졸업하고, 고려대학교에서 미국 문학 석사학위를 받았다. 금융결제
원 금융망업무부 조사 연구팀에서 근무했으며, 한양여자대학교에서 실용영어를 가르치기도 했다. 지금
은 전문 번역작가로 활동중이며, 역서로는 『똑똑한 사람이 멍청한 상사 밑에서 일할 때』, 『여자들이 알
고 싶어 하는 성공한 남자들의 10가지 비밀』, 『사우스웨스트 방식』 등이 있다.

적게 일하고 많이 놀아라

지은이 | 어니 J. 젤린스키
옮긴이 | 황숙경
펴낸이 | 우문식
펴낸곳 | 도서출판 물푸레
1판 1쇄 발행 | 2004년 9월 6일
1판 2쇄 발행 | 2005년 1월 10일
등록번호 | 제 1072-25호
등록일자 | 1994년 11월 11일
경기도 안양시 동안구 호계 1동 994-5
전화 | (031)453-3211
전송 | (031)458-0097
홈페이지 | www.mulpure.com
책에 관한 문의는 mpr@mulpure.com으로 해 주시기 바랍니다.
값 13,000원
ISBN 89-8110-199-X 03320

Contents

차례

머리말 • 10

01 여가는 특별한 사람만 즐기는 게 아니다

빈둥거리며 살기는 신나는 일 · 17
여가는 노동의 반대말이라고? · 19
여가, 은퇴, 복권에 대한 환상 · 21
느긋하게 살기가 누구에게나 쉬운 일은 아니다 · 25
편안하게 놀고 먹기도 힘들다 · 29
돈 없는 실업자도 여가를 즐길 수 있다 · 30
여가생활의 비밀 · 31

02 보는 만큼 얻는다

사고방식을 바꿔라 · 37
늙었다고 배울 수 없는 것은 아니다 · 38
장님 나라에서는 외눈박이가 왕이다 · 41
세상 돌아가는 일을 유심히 관찰하는가? · 44
집중력이 중요하다 · 46
변하지 않는 것은 바보와 죽은 자뿐이다 · 48

03 노동 윤리는 노예 윤리이다

노동에 대한 생각 · 53

모든 잘못은 프로테스탄트 노동 윤리에 있다 · 55

일 중독에서 얻는 희열은 진정한 기쁨이 아니다 · 60

노동 윤리에 미친 나라 · 62

미친 짓을 따라 하려는 나라가 더 있다 · 65

북미 사람들의 성공은 실패를 의미한다 · 68

국민 총 생산의 '총'은 과연 무슨 뜻일까 · 70

살기 좋은 세상을 만드는 사람은 거지들이다 · 72

인생에서 정말로 중요한 것 · 75

04 건강한 여가 생활을 원한다면 일을 줄여라

치즈 없는 덫 · 77

난 어떤 사람일까? · 79

기업에는 무식한 사람만 우글거린다 · 81

노동은 창의력의 적 · 84

능률적인 사람이 되려면, 적게 일하고 많이 놀아라 · 89

여가 중독자의 인생이 더 즐겁다 · 94

사장이 해고하지 않으면, 당신 발로 걸어 나와라 · 101

내게 맞는 천직은 과연 뭘까? · 107

두 마리 토끼를 잡아라 · 113

9시부터 5시까지 일하지 않아도 되는 즐거움 · 120

Contents

05 실직과 은퇴 나의 참 모습을 발견할 수 있는 절호의 기회

인생에서 가장 좋은 시기가 될 수 있다 · 123

실직은 자기 계발의 적기이다 · 125

일하지 않는 사람은 인생에 성공한 사람 · 127

있지도 않은 호시절을 그리워한다 · 132

여가를 통해 충족할 수 있는 세 가지 욕구 · 136

여가를 직업이라고 생각하라 · 145

06 인생이 지겨운 것은 나 때문이다

병치고는 너무 지겨운 병 · 147

따분함의 진짜 이유 · 150

은퇴생활이 지겹다면 정말로 인생 끝난 것이다 · 152

뿌린 대로 거둔다 · 155

지겨운 일만 계속하면 결국엔 인생도 그렇게 끝난다 · 160

07 내 인생은 내가 책임진다

내가 원한다면 춤꾼도 될 수 있다 · 171

일단 목표를 정하라 · 172

내가 원하는 게 진짜로 내가 원하는 일일까? · 174

여가생활 나무를 활용하라 · 189

여가 활동은 널렸다 · 194

08 수동적인 태도로는 아무것도 이룰 수 없다

진짜 사는 것 같이 산다고 자신하는가? · 203

텔레비전 때문에 죽을 수도 있다 · 210

살 빼는 데 너무 오래 무게 잡지 마라 · 214

운동은 안하고 핑계만 댄다? · 217

안 하는 것이 하는 것보다 더 힘들다 · 223

09 지금보다 소중한 것은 없다

우리가 경험할 수 있는 순간은 오직 지금뿐이다 · 229

지금 이 순간에 충실하라 · 231

꼭 서둘러야 한다면, 천천히 서둘러라 · 238

문제가 된다한들 그게 대수인가? · 242

시간은 돈보다 더 가치 있는 것 · 246

천천히, 진짜 사는 것 같이 사는 법 · 250

10 나쁜 친구들과 어울리느니 혼자가 낫다

혼자 있기 위해서는 내가 강해야 한다 · 255

내 안에 우주가 있다 · 260

부정적인 사람을 보면 힘껏 도망쳐라! · 262

여가생활은 혼자 즐겨라 · 265

고독에게도 기회를 주어라 · 268

오늘 혼자 있으면 내일이 더 행복해진다 · 270

혼자 있음을 자축하는 날을 정하라 · 271

행복하게 오래 살려면, 괴짜가 되어라 · 274

Contents

11 하루 평균 20달러면 충분하다

돈의 자리를 찾아 줘라 · 277

세상에 충분한 것은 없다 · 281

돈은 문제를 더 증폭시킨다 · 285

안정을 원한다면 돈보다는 창의력에 신경 써라 · 289

돈이 사람을 행복하게 한다면, 그렇다면 왜……? · 292

1년에 6천 달러면 충분하다 · 297

은퇴는 빠를수록 좋다 · 299

행복을 돈으로 살 수 있다고? · 305

12 끝은 또 다른 시작이다

은퇴 후의 인생이 진짜 인생이다 · 311

평생의 행복을 위한 처방 · 317

나이로 노인인지 아닌지를 결정하지 마라 · 318

아직 최고의 작품은 완성되지 않았다 · 320

삶은 여가 활동에서 시작된다 · 322

부록 | 독자들로부터 받은 편지 모음 • 329

머리말

이 책을 읽는 사람은 누구나 성공한 사람이 될 수 있다. 『적게 일하고 많이 놀아라』는 지금까지 모두 14개국 언어로 번역되어, 세계적으로 수십 만 부가 팔려나갔다. 가장 최근에 나온 개정판도 여전히 잘 나가고 있기는 하지만, 나는 21세기에 어울리는 책을 만들기 위해 내용을 대폭 업데이트했다. 증보판이 나올 수 있도록 도와 준 텐 스피드 출판사의 필 우드, 컬스티 멜빌, 메간 키페에게 감사의 마음을 전한다.

나는 새로 책을 구성하면서 본문만 업데이트한 게 아니라 뒤에 따로 섹션 하나를 첨가하였다. 초판 이후 2003년까지 이 책을 읽은 독자들에게서 받은 편지들 중 재미있고 유익한 편지들을 골라 실은 것이다. 나는 이 편지들이 책 내용 이상으로 독자들에게 많은 영감을 줄 수 있을 것이라 믿는다. 뒷 부분에 실린 편지말고도 책 중간 중간에 다른 편지들도 끼워 넣었다. 내게 편지를

> 아버지는 내게 일하는 방법을 가르쳐 주셨다. 하지만 일을 너무 좋아해서는 안 된다고 당부하셨다. 난 단 한 번도 일을 좋아서 해 본 적이 없다. 그 점을 부인하지는 않겠다. 나는 일보다는 책을 읽고, 다른 사람들과 이야기하고, 농담을 주고받고, 웃고 노는 것이 더 좋다.
> - 아브라함 링컨

보내 준 많은 분들에게 감사를 전한다. 이 책이 나오는 데 많은 도움을 준 분들이다.

성공의 방법을 적은 대부분의 '~하는 방법(How-to)' 같은 책들은 직업을 구하거나 돈벌기에 관한 내용을 다루지만 이 책은 그렇지 않다. 그렇다고 경쟁 게임에서 이기는 방법에 대해 기술하는 책도 아니다. 이 책은 일하지 않고, 남과 경쟁하지 않으면서도 보람된 삶을 살아가는 방법을 적은 책이다.

삶에 대한 열정을 가진 사람, 매일 아침 눈을 떠서 부푼 마음으로 하루를 시작할 수 있는 사람, 하고 싶은 일을 하는 사람은 인생에 성공한 사람이다. 앞으로 남은 인생 동안 무엇을 하며 살고 싶은지 그 생각이 뚜렷한 사람도 분명 성공한 사람이다.

『적게 일하고 많이 놀아라』는 직장인뿐만 아니라 실직자나 은퇴자에게도 유용한 책이 될 것이다. 이 책은 직장에 나가지 않고도 행복한 낙원에서 살 수 있는 방법에 관해 실질적이고도 믿을 수 있는 정보를 제공한다. 세상에 떠도는 정보가 모두 정확한 것만은 아니고 때로는 부정확한 것들도 있지만, 어쨌든 우리는 그것을 일러 주는 사람들의 신세를 질 수밖에 없다. 이 책도 그런 의미에서 재미있고, 보다 보람된 인생을 살아 갈 수 있는 방법을 일러 주는 유익한 길잡이가 되어 줄 것이다.

이 책은 내가 경험한 교육의 결과물이다. 하지만 그 교육은 학교나 대학에서 받은 교육 과정과는 전혀 무관하다. 나는 제도권 교육이 아닌 사적인 경험을 통해서 많은 것을 깨달았을 뿐, 제도권 교육에서 배운 지식은 없다.

나는 29세에 그 전과는 전혀 다른 새로운 인생을 살아 보리라 결심했다. 직장에서 쫓겨 난 후 한 1년쯤을 창조적인 백수 노릇을 해 보리라 생각했던 것이다. 처음에는 백수 노릇을 오래 할 생각은 없었는데, 지금까지도 나는 보통사람들이

하버드 대학은 젤린스키 씨가 사회에 기여한 공로를 인정하여 여가학 명예 박사학위를 수여하고자 합니다.

생각하는 그러한 개념의 직업은 가지고 있지 않다.

나는 직장에서 쫓겨나기 전까지 엔지니어로 일을 했다. 회사 시스템은 내게 정신적인 자유를 박탈했지만, 별 문제를 느끼지 못하면서 회사 생활을 해 나갔다. 나는 거의 6년이라는 긴 시간을 아침 9시부터 5시까지 근무해야 하는 국영기업체에 다녔다. 하지만 회사에 머무르는 시간은 대부분 8시에서부터 6시까지였고, 주말에도 일을 해야 했다. 물론 특별 수당을 받은 적도 거의 없었다.

3년 넘게 휴가까지 반납하면서 일만 해 온 내가 어느 해 여름, 대단한 결심을 하게 되었다. 밀린 휴가를 한꺼번에 사용해서 두 달 반을 휴가로 사용하겠다는 생각이었다. 상사가 허락해 주지 않는다는 점만 빼면, 어디 하나 흠잡을 데 없는 아이디어였다. 그리고 정말 환상적인 휴가를 보냈다. 하지만 이렇게 훌륭한 아이디어를 낸 나의 천재성에도 불구하고 나는 해고되었다. 장기 휴가를 낼 수 없다는 사칙을 어겼다는 이유에서였다.

상사들은 내가 한 짓을 좋아하지 않았던 게 분명했다. 근무 성적도 좋고, 단 한 번의 휴가도 없이 장기 근속해 준 직원이었는데도 불구하고, 회사는 내가 휴가에서 돌아오자마자 나를 해고해 버렸다. 내가 회사에서 쫓겨난 이유가 순전히 사칙을 어겨서인지는 잘 모르

실직에 대한 변명이 될 수 없다면 천재라는 것이 무슨 소용이 있는가?
- 제럴드 비잔

겠다. 어쩌면 상사들의 질투가 있었을지도 모르
는 일이다. 내 상사들은 창조적인 백수는 물론
창조적인 부하 직원도 마음에 들어하지 않는 사

람들이었다. 아마 정부 기관에 고용된 사람들이었기에 더 했을 것이다.

처음 몇 주 동안은 속이 몹시 상했다. 나는 누구보다도 열심히 일했고, 근무
성적도 좋았으며, 회사에 기여한 것도 많은 모범 직원이었다. 나 같이 비중 있는
직원을 해고했을 때는 뭔가 부당한 처사가 있었던 게 틀림없을 것 같았다.

그러던 어느 날, 해고된 게 오히려 나한테는 잘된 일일지도 모른다는 깨달음
이 왔다. 그 날은 내 인생의 전환점이 되었다. 내가 회사에 꼭 필요한 존재가 아
니라는 점을 인정한 것은 물론이고, 9시에 나가서 5시에 퇴근하는 정규직에 대
해서도 흥미를 잃어 버렸다. 나는 가능한 한 직장에 나가지 않고도 행복하게 살
수 있는 방법을 연구해 보기로 했다. 특히 여름에는 온전히 나만의 시간을 갖고
싶었다. 그러자 정규직에 대한 미련은 깨끗이 사라졌다. 엔지니어로서의 나의
경력도 그 때 완전히 끝났다.

그 후 2년 간 나는 직장을 구하지 않았고, 교육 기관에도 등록 하지 않았다.
내게 가장 중요한 것은 일하지 않고도 행복하게 사는 법을 찾아내는 것이었다.
나는 모든 가능성들을 타진해 보았고, 결국 성공했다.

그 기간에 나는 뭘 했을까? 가끔씩 돈이 떨어져 궁핍할 때도 있었지만, 나는
내가 진정으로 성공한 삶이라고 생각하는 삶을 살기 위해 노력했다. 나는 건설
적인 일, 내가 만족할 수 있는 일을 찾아내는 데 주력했다. 너무 많아서 일일이
열거할 수 없을 정도였다. 무엇보다도 나는 실직했다는 사실을 잊고, 있는 그대
로의 나를 인정했다. 나는 내가 하나의 인격체로 성장해 가고 가치관이 변하는
것을 느낄 수 있었다. 이 기간에 나는 여가학 박사학위를 취득했다고 자부한다.
물론, 아직까지 나에게 이 학위를 준 대학은 없다.

그렇게 한가롭게 2년을 보낸 후 나는 가능하면 R자가 들어가지 않은 달에는 일을 하지 않겠다고 다짐했다. 그러고 보면, 북미에서는 5월(May), 6월(June), 7월(July), 8월(August)이 여가를 즐기기에는 최적의 달이다. 나는 내가 누릴 수 있는 자유로움을 사랑하기 때문에 지난 20여 년 동안 9시에 출근해서 5시에 퇴근하는 일은 하지 않았다. 20대 후반부터 줄곧 은퇴생활에 버금가는 그런 생활을 해 온 것이다.

시간이 지나면서 지겹지 않게 여가를 활용하는 법이 궁금하다며 물어오는 사람들이 많아졌다. 사람들의 이야기를 들으면서 비로소 나는 많은 사람들이 여가 시간을 만족스럽게 활용하지 못하고 있다는 사실을 알게 되었다. 뿐만 아니라 여가를 재미있게 보내는 방법에 대해 쓴 책이 거의 없다는 사실도 알게 되었다. 이 책을 써야겠다는 생각이 든 것도 그런 사실을 깨달았던 순간이었다. 이 책을 쓰면서 나는 사람이면 누구나 건설적이고 재미있게 여가생활을 즐길 수 있는 능력이 있다는 사실을 전제로 했다. 그런 의미에서 여가 활용법에 관한 이 책이 많은 이들에게 도움이 될 것으로 자신한다.

이 책을 통해서 나는 여가를 즐기며 사는 삶의 즐거움을 같이 나누고 싶다. 은퇴자나 실직자들에게도 도움이 되는 정보를 제공하기 위해 다양한 사람들의 경험을 같이 다루고자 배려했다. 그렇게 해서 내 이야기말고도 여러 사람들의 경험과 소망 등이 책 전편에 고루 실리게 되었다.

독자들은 이 책이 본질적으로 학술적인 내용을 다루는 책이 아님을 알게 될 것이다. 대부분의 독자들은 지나치게 세부적으로 파고드는 설명이나 학술 전문 용어들에 거부감을 느낄 수 있다는 판단에서 그런 부분들을 자제하려 했다. 그 대신 말을 아끼면서 간단 명료하게 핵심 메시지만을 전달하려 했다. 본문에는 Exercise, 만화, 도표, 여러 위인이나 성인들에게서 인용한 글귀 등이 다양하게 포함되어 있다. 다양한 독자들의 학습 스타일을 맞추기 위한 것이다. 수백 명에 달하는 사람들이 편지를 보내 긍정적인 평가를 해 준 것만 보아도 이 방법이 메시지 전달에는 가장 효과적인 것이었음이 증명된 셈이다.

다채롭고 질 높은 인생을 누리고 싶은 사람이라면 전 세계 수십 만 명의 사람들이 그랬던 것처럼 이 책이 매우 중요한 책이라는 사실을 깨닫게 될 것이다. 독자들의 반응으로 미루어, 나는 이 책이 현실 상황에 문제를 제기하고 동기를 부여하며, 보다 나은 삶에 대한 욕망을 자극할 것이라는 사실을 믿어 의심치 않는다.

결론적으로 이 책은 여가를 즐기며 행복하게 사는 방법에 관해 적은 책이다. 그리고 중요한 것은 은퇴자와 실직자, 직장인이 모두 따라할 수 있는 방법을 적고 있다는 것이다. 그렇다고 이런 삶을 누리는 데 대단한 뭔가가 필요한 것은 아니다.

어니 젤린스키

01

여가는 특별한 사람만
즐기는 게 아니다

빈둥거리며 사는 것은 멋진 일

　돈은 많은데 다소 엉뚱한 면이 있어 보이는 어느 부자가 대도시를 여행 중이었다. 그는 연 이틀을 계속 똑같은 여섯 명의 거지들과 마주치게 되었다. 그 전날은 다가와서 돈을 구걸하더니, 그 날은 구걸은 뒷전이고 모두 거리에 누워 따스한 햇볕을 쬐고 있었다. 부자가 그 곁을 지나가자 거지들은 호기심 어린 눈초리로 그를 빤히 쳐다볼 뿐이었다.

　부자는 뭔가 재미있는 일을 꾸며보고 싶었다. 그는 거지들에게 자신이 가장 게으르다는 것을 증명하는 사람에게 상금 1천 달러를 주겠다고 제안했다. 돈 욕심이 난 다섯 명의 거지들은 그 즉시 자리를 박차고 일어나 자기가 제일 게으르다는 것을 증명해 보이기 위해 안간힘을 썼다. 어떤 거지는 서서 돈을 구걸하는 것이 귀찮아서 앉아서 돈을 구걸한다고 했다.

　한 시간 동안 다섯 명의 거지들의 이야기를 흥

> 난 노동자들의 친구이다. 하지만 노동자가 되는 것은 싫다. 친구로만 만족할 뿐이다.
> - 클라렌스 대로우

미롭게 지켜보던 부자는 마침내 1천 달러를 받을 거지를 결정했다. 부자의 판단으로는 게임에 참여하지도 않고 한쪽 구석에서 빈둥거린 거지야말로 제일 게으른 사람이 될 자격이 있어 보였기 때문이었다. 그 거지는 다른 거지들이 열변을 토하는 동안에도 꼼짝 않고 풀밭에 누워 신문을 읽으며, 따뜻한 햇볕을 즐기고 있었다.

이 이야기에는 교훈이 있다. 일하지 않고, 빈둥대도 때론 보상이 따른다는 사실이다.

이 책은 일을 하지 않고도 경험할 수 있는 여러 가지 즐거움에 대해 기록한 책으로서 은퇴자, 실직자, 직장인 모두에게 유용한 책이다. 은퇴자는 무제한으로 남아도는 시간을 관리하고 즐길 수 있는 방법에 대해 배울 수 있을 것이며, 일시적 실직자들은 직업을 구할 때까지 일하지 않고도 행복하게 지낼 수 있는 방법을 배울 수 있을 것이다. 그리고 직장인들은 제한된 여가 시간을 활용하고, 나아가서 지금보다 더 많은 여가를 만들어 내는 방법에 대해 배우게 될 것이다. 심지어는 직장을 아예 그만두는 사람도 있을 수 있다.

다시 말해, 현재 상황은 중요하지 않다. 중요한 것은 책을 읽음으로 해서, 일하지 않고도 행복하고 즐겁게 살 수 있는 방법을 배우게 된다는 점이다. 일하지 않는 즐거움에 대해 알게 된 것을 진심으로 환영한다.

여가는 노동의 반대말이라고?

'여가를 무엇이라고 정의할 것인가?'

흥미 있는 질문이기는 하지만 쉽게 대답할 수 있는 질문은 아니다. 일전에 캐나다의 조기 퇴직자 협회에서 세미나를 개최한 적이 있었는데, 당시 나는 '여가 계획 세우는 방법'에 관한 강의를 맡은 적이 있었다. 이 질문은 그 때 받았던 질문이다.

정확한 답변을 들려 줄 수 없었던 나는 창의력을 계발할 때 사용하는 방법 하나를 사용해 보기로 했다. 사람들에게 무조건 질문을 던져 놓고 알아서 대답하도록 하는 방법이었다.

한참 동안 토론이 계속되더니 드디어 결론이 나왔다. 참가자들은 여가란 '삶에 있어서 꼭 해야할 것들을 하고 남은 여분의 시간'이라고 정의를 내렸다. 그렇게 결론이 나고, 세미나가 다시 진행될 수 있어 정말 다행이었다.

그런데 다시 새로운 의문이 생겼다. "그렇다면 삶에 꼭 필요한 것은 무엇인가?" 우선, 먹는 것일 수 있다. 하지만 레스토랑에 한두 시간씩 죽치고 앉아서 밥을 먹는 것은 일상적인 즐거움이다. 사실, 이런 저녁식사는 내가 즐겨 실천하고 있는 여가 활동 중 하나이다. 하지만 먹는 것이 단순히 필수적인 사항인 사람도 있을 수 있다.

| 사 전 |

Spare -time(여가) : 명사. 1. 일의 반대어이지만 꼭 일치하지는 않음. 2. 일과는 다소 모순되는 것 3. 사람이 여유 있고 느긋한 생활을 하는 것

레몬 : 명사. 1. 연 노란 색의 껍질과 신맛이 나는 조그마한 열대 과일 2. 오렌지과의 과실수 3. 연한 노랑

레모네이드 : 명사. 레몬 주스로 맛을 낸 단맛이 나는 음료.

나중에 나는 사전을 몇 개 갖다 놓고 여가에 대한 정의를 찾아보았다. 보통 사전에서는 여가를 '일로부터 해방된 시간, 대부분의 사람들은 휴식을 취하거나, 놀거나 혹은 자기가 좋아하는 활동을 한다' 고 정의하고 있었다.

그렇다면 먹는 것은 사전적인 의미로 보면 어디에 해당할까? 일일까, 여가일까? 아니면 둘 다 아닌가?

여러 모로 헷갈리기는 했지만, 따로 사전 만드는 사람들을 찾아 볼 필요까지는 없다고 생각했다. 그들도 명확하게 정의하기는 어려웠을 것이다.

그 후 곰곰이 생각은 해 보았지만 여전히 의문은 풀리지 않았다. 세미나에 참가하는 사람들은 자꾸 질문을 해 오는데, 어떻게 해야 확실하게 정의를 내릴 수 있을까? 나는 그저 여가를 즐기는 방법에 대해서만 이야기하고 싶었을 따름

이었다. 먹는 것이 여가인가, 아니면 여가가 먹는 것인가 하는 문제를 결정하는 철학자가 되고 싶지는 않았다. 그 생각은 지금도 변함이 없다.

시간이 흐르면서 나는 내 세미나의 목적이 여가에 대한 보편적이고 완벽한 정의를 찾는 것이 아니라는 결론을 내렸다. 이 책의 목적도 마찬가지이다. 사실 여가에 대한 정의는 사람마다 다를 수 있다. 하지만 가장 일반적인 의미에서 보자면, 여가란 일 대신에 자기가 하고 싶은 것을 하면서 보낼 수 있는 시간을 의미한다.

결국 여가와 일에 관한 정의는 각 개인의 필요와 욕구에 따라 달라진다. 하물며 정의 내리는 일이 이럴진대, 여가 활동의 종류를 선택하는 문제는 두말할 나위도 없다. 물론 여가 활동은 하고 싶은 일이어야 한다.

여가 시간에 하고 싶은 것을 한다는 것은 말처럼 쉬운 일이 아니다. 이 문장에는 한 가지 모순이 있다. 여가는 일이 아니라고 정의했는데, 여가를 통해 만족을 얻기 위해서는 뭔가 '일'을 해야 한다. 이상하게 들릴 만도 하지만, 여가란 일의 반대말이면서도 행복한 여가생활을 위해서는 상당한 노력이 따라야 한다.

여가, 은퇴, 복권에 대한 환상

자의든 타의든 언젠가는 모두 즐겁게 여가생활을 할 수 있는 방법에 대해 배워야 할 날이 올 것이다. 여가를 어떻게 보내느냐에 따라 삶의 질이 결정될 것은 틀림없다.

예전에는 여가란 것이 그리 흔하지 않았기 때문에, 오랜 세월 사람들은 여가를 소수 특정인들만 누리는 사치로 생각해 왔다. 그러다가 조금씩 사람들의 생활에 여유가 생기고 일반인들까지 즐겨 누릴 수 있게 된 것은 불과 수십 년도 안 된 일이다. 특히 요즘은 은퇴생활자들의 여가가 더욱 풍성해졌다.

여가란 전 세계인들의 인생의 최종 목표이기도 하다. 사람들은 아주 조금만이라도 여가라는 것을 즐기기를 바란다. 사실, 여가 지상주의자들은 여가를 즐기는 것말고는 인생에 다른 목표는 있을 수 없다고 주장한다. 이런 사람들이 바라는 것은 여유 있고 행복한 삶이다. 하지만 대부분의 사람들은 여가 시간이 무제한 남아돌아도 그것을 관리할 수 있는 준비가 되어 있지 않다. 이렇게 되면 여가가 오히려 부담스러워질 수 있다. 심지어는 몸 건강하고 경제적으로도 안정되어 있어, 일을 하지 않고도 얼마든지 행복하게 살 수 있는 사람들에게도 남아도는 시간이 부담스럽기는 마찬가지이다.

사실, 대부분의 사람들이 여가 시간이 늘어나도 제대로 감당하지 못한다. 지겹고 힘든 일에 종사했든 좋아하는 일을 했든 그것과는 무관하게 늘어난 여가 시간이 부담스러운 것이다. 대부분은 미래를 위해 여가를 통해 얻을 수 있는 현재의 즐거움을 희생시킨다. 하지만 미래는 우리가 생각하는 것보다 훨씬 빨리 닥친다. 은퇴를 하거나 해고를 당하고 나면 당장 우리가 감당하지 못할 정도로 많은 시간이 남아돌게 된다.

여가 시간을 효과적으로 활용하지 못한다는 사실을 증명하는 연구 결과는 많다. 예를 들어 미국 상공회의소에서 조사한 바에 따르면, 여가생활을 '대단히 만족스럽게' 생각한다고 응답한 사람들은 불과 58%에 불과했다. 이 말은 여가의 질을 개선하기 위해 실질적으로 도움을 받아야 하는 사람들이 42%에 이른다는 것을 의미한다. 어쩌면 대단히 만족한다고 응답한 사람들 역시 원하는 만큼 행복한 여가생활을 하고 있지 않을 수도 있다. 이런 사람들도 도움이 필요한 대상이다.

어른이 되면 대부분의 시간을 직장에서 보내야

> 풍요롭고 편안한 삶에 가까이
> 다가갈수록, 소중한 존재의 토
> 대를 잃어버릴 가능성은 더 커
> 진다. 모순적이지만 사실이다.
> - 프란츠 알렉산더

여가학과

한다. 이것은 대다수 사람들의 현실이다. 출근 준비, 통근 시간, 업무에 관한 토론, 해고에 관한 염려까지 모두 고려하면, 인생의 다른 관심사에 비해 우리가 일에 대해 생각하는 시간은 더욱 늘어날 것이다.

한편 사람들은 은퇴했을 때의 삶을 상상하는 데에도 많은 시간을 낭비한다. 대부분의 사람들이 일을 그만두고 여가 시간이 늘어나게 되면 그만큼 인생도 더 멋있어질 것이라 생각한다. 엔지니어로 일했을 당시 나는 20대의 엔지니어들과 기술자들이 은퇴 후 생활과 연금 액수에 대해 이야기하는 것을 듣고 적잖은 충격을 받았다(물론 실망도 했다). 사실 나는 그런 주제에 대해 관심이 없었다(그 친구들이 어떤 사람들이었는지 궁금하거든 내게 저녁을 한턱내라. 그러면 배꼽이 떨어져라 웃으며 이야기를 해 볼 수 있다).

사실 이 사회는 우리에게 은퇴와 행복은 같은 말이라는 믿음을 갖게 한다. 사람들은 은퇴

> 게으름이 적성에 안 맞는 사람
> 은 부족한 게 많은 사람이다.
> · 루이스 베이브 와일더

를 하면 업무 때문에 받는 스트레스로부터 해방될 수 있으며, 원하는 일을 마음껏 하면서 자아 실현으로 꿈을 이룰 수 있을 것이라 생각한다. 하지만 은퇴한 사람들이 모두 그런 생활을 하고 있지는 않다.

부끄러운 일이지만 나도 30대가 될 때까지는 사회가 바람직한 삶이라고 규정해 놓은 프로그램의 영향 아래에서 살았다. 그런 점에서는 베이비 붐 세대들과 다르지 않았다. 나는 여가생활은 누구나 바라는 일이지만 은퇴했을 때나 안식년 휴가를 받았을 때만이 누릴 수 있는 사치라 여겼다. 하지만 얼마 후 대중들이 옳다고 믿는 삶을 그대로 추종하는 것이 위험할 수도 있다는 사실을 깨닫게 되었다. 실제로, 대중의 생각이 틀렸을 때도 많다. 문제는 진짜로 행복한 삶과 이 사회의 영향력 있는 인사들이 우리에게 강요하고 있는 삶 사이에는 큰 차이가 존재한다는 점이다.

> 이 세상의 비극은 두 가지이다. 하나는 원하는 것을 얻지 못하는 것이고, 다른 하나는 원하는 것을 얻는 것이다.
> - 오스카 와일드

예를 들어보자. 어마어마하게 큰 액수의 복권에 당첨이 되면, 당장 인생이 달라질 것 같지 않은가? 대부분의 사람들은 백만장자가 되면 항상 꿈만 꿔오던 여유 있고 풍요로운 삶이 자기 것이 되리라고 생각하고 있다. 일하지 않고 놀기만 하는 삶에는 고통도 없고 늘 행복만 있을 것이라 기대하면서 말이다. 하지만 이러한 믿음을 뒷받침해 줄 증거는 아무 데도 없다.

제리 르블랑크와 레나 딕터 르블랑크가 공동 저술한 책 『Suddenly Rich』는 갑자가 큰 재산을 얻은 졸부들에 관한 연구서이다. 이들은 『Suddenly Rich』에서 여가 시간이 무한정으로 주어진다고 해서 행복해지는 것은 아니라는 것을 밝혀냈다. 아주 오랜 세월 동안 남의 명령을 받으며 일하는 것에 익숙한 사람들은 목적과 틀이 사라진 환경을 제대로 관리해 나가지 못했다. 복권에 당첨되어 일을 그만둔 뉴욕의 어느 트럭 운전사는 "다시 트럭 모는 일을 하고 싶다. 내 인생에서 가장 큰 상실은 내게 일을 시키는 사람을 잃은 것이다."라고 토로했다.

사실, 은퇴하는 것에는 은퇴를 할 수 없는 상황만큼이나 많은 문제점이 내포되어 있다. 서베이 기관인 챌린저, 그레이 앤 크리스마스가 조직생활을 한 퇴직자들을 대상으로 설문조사를 했더니, 대상자들의 50% 이상이 3개월 후 다시 직장으로 복귀하고 싶은 마음이 들었다고 응답했다. 여유 있고 풍요로운 삶이 기대했던 것만큼 만족스럽지 못했다는 증거였다. 일을 한다는 것이 장점보다는 단점이 많은 것처럼 보이지만, 전적으로 나쁘다고 몰아붙일 일은 아닌 것 같다.

느긋하게 살기가 누구에게나 쉬운 일은 아니다

느긋하고 여유롭게 사는 것이 모든 사람한테 쉬운 일은 아니다. 사실, 그렇게 사는 것처럼 보이는 사람들조차 쉽지 않은 일일지도 모른다. 여가를 효과적으로 관리하는 법을 배우지 못한 사람들에게 그런 삶은 불안과 불확실성으로 가득 찬 삶으로 비춰질 것이다.

여가생활을 즐길 수 있는 능력을 키우지 않으면 누구나 이런 어려움을 겪을 수 있다. 사실, 여가를 제대로 활용할 줄 모르면, 은퇴 후의 삶을 미화한 모든 이야기들이 유사 이래 가장 지독한 사기로 받아들여질 것이다.

여가에 대해 사람들이 갖고 있는 일반적인 문제점들을 찾아보면 다음과 같다.

- 지겨움
- 여가 활동에서 진정한 만족을 얻지 못함
- 차려 입었는데 갈 곳이 없음
- 차려 입고 갈 곳은 있는데, 같이 갈 사람이 없음
- 같이 있는 시간이 늘어나면서 배우자와의 마찰이 늘어남

- 할 일이 충분치 않음

- 할 일은 많은데, 시간이 없음

- 무엇을 해야 할지 결정하기 힘듦

- 수입은 별 볼일 없는데, 기호는 백만장자 수준임

- 수입은 백만장자인데, 의식 수준이 형편없음

- 느긋하게 즐기는 것에 대해 죄책감을 느낌

- 불법적이고 비도덕적이며, 건강하지 못한 것에서만 쾌감을 느낌

다행스럽게도 여가에는 두 가지 측면이 있다. 그 중 하나는 생산적인 측면이다. 사실 무제한으로 남아도는 시간은 저주가 아니라 축복이다. 어떤 사람들에게는 여가생활이 기대 이상의 기쁨을 준다. 그 어느 때보다 더 적극적인 삶을 살 수 있고, 매일 매일이 새로운 모험이 된다. 이런 사람들에게는 여유로운 삶보다 더 신나고 재미있는 것은 있을 수 없다.

정리해서 말하면, 여가생활의 즐거움을 만끽할 수 있는 사람이 삶의 질도 극대화할 수 있다. 성공적인 여가생활은 결국 전 세계 사람들이 꿈꾸는 그러한 삶으로 우리를 인도해 줄 것이다. 은퇴, 실직, 일 중독에 관계없이 성공적으로 여가를 관리하게 되면 다음의 결과를 얻을 수 있다.

아무래도 다시 일자리를 찾아봐야 할까 봐. 은퇴하고 6개월이 지나니 다시 그 일이 그리워져.

- 인격의 성장

- 건강 증진

- 자기 존중감 증대

- 스트레스 감소와 여유 있는 라이프스타일 추구
- 도전할 수 있는 활동을 통해 얻는 만족감
- 흥분과 모험
- 일과 삶과의 조화
- 가정생활의 질 향상
- 자긍심
- 전반적인 삶의 질 향상

어떤 일이든 성공과 실패의 차이는 종이 한 장 차이이다. 무제한으로 주어진 여유 시간을 관리하는 일도 예외는 아니다. 지금까지는 여가 시간 증대에 따른 문제점과 장점에 대해 주로 살펴보았다. 앞으로는 문제점 해결의 필수 요소가 무엇인지를 살펴보고, 여가생활의 장점을 최대한 활용하는 방법에 대해 알아보기로 하자.

이런 〈Exercise〉는 앞으로도 여러 번 제시될 것이다. 하나도 빠짐없이 풀어가다 보면, 훨씬 더 많은 것을 배울 수 있게 된다. 문제를 풀 때

> 즐기면서 낭비한 시간은 결코 낭비한 시간이 아니다.
> - 로렌스 J. 피터

자신에게 맞는 사항이 없을 경우에는 따로 그 내용을 기입해도 좋다.

Exercise 1-1

여가생활에 꼭 필요한 것은 무엇인가?

여가 시간을 성공적으로 관리하고 즐기는 데 꼭 있어야 하는 개인의 자질은 무엇이라고 생각하는가? 개인의 자질 외에 필수적으로 필요한 것이 있다면 무엇인가?

— 남부럽지 않은 건강

— 놀거리가 많은 도시에서 살기

— 다양한 직업의 친구들

— 매력적인 성격

— 레저 카

— 여행 좋아하기

— 운동 능력

— 잘생긴 외모

— 물질적인 조건 풍부

— 풍부한 재원

— 해변의 별장

— 살기 좋은 기후를 가진 지역에 살기

— 좋은 부모 만나기

— 결혼을 잘 하거나 인간관계가 좋은 것

— 다양한 취미 활동

어떤 것이 여가생활의 본질적인 조건인지를 알아보기 위해 세 사람의 예를 들어 보겠다. 여가생활을 별로 만족스럽게 보내지 못한 사람의 예를 두 명 들고, 그렇지 않은 사람의 예를 한 명 들겠다.

편히 놀고 먹기도 힘들다

나는 테니스 클럽에 다니면서 여러 사람을 알게 되었는데, 그 중 한 사람이 델튼 씨다. 몇 년 전에 그와 은퇴에 관해 이야기를 나눌 기회가 있었는데, 당시 그 분의 나이는 67세였지만, 30년이나 젊은 나보다도 훨씬 더 테니스를 잘 쳤던 것으로 기억한다. 델튼 씨는 젊었을 때부터 다녔던 자기 회사를 무척이나 맘에 들어했다. 하지만 65세를 정년으로 정해 놓은 회사의 규정에는 불만이 많았다.

은퇴를 하자 예상대로 시간은 남아도는데, 델튼 씨는 뭘 해야 할지 갈피를 잡지 못했다. 그러던 와중에 회사에서 파트타임 업무를 제시했고, 그는 황송하다는 듯 그 일을 수락했다. 테니스를 빼고는 그의 여가 활용법은 너무 서툴렀다. 그는 직장에 다닐 때도 주말이 오는 게 싫었다고 고백했다. 믿기 어려운 이야기이지만 노는 날이 돌아오면 무엇을 하며 시간을 보내야 할 것인지가 가장 큰 고민이었다고 했다.

리치 씨도 같은 테니스 클럽의 회원이었다. 그의 경우도 여가 활용을 제대로 하지 못한 전형적인 사례에 속한다. 델튼 씨와 차이가 있다면, 그는 일찍부터 회사를 그만두고 싶어했다는 점이다. 나의 고향 사람들과 마찬가지로 그도 서해안으로 이사를 가기만 하면 한가롭고 행복한 은퇴생활을 할 수 있으리라는 환상이 있었다. 그의 꿈은 44세 때 실현되었다. 19세 때부터 경찰관으로 일했기 때문에 44세가 되어 일을 그만두었을 때는 꽤 많은 연금을 손에 넣을 수 있었다.

리치 씨는 서해안으로 이사를 갔지만, 오래지 않아 한가롭고 느긋한 삶이 자신과는 별로 맞지 않는다는 사실을 깨닫게 되었다. 무제한으로 남아도는 시간을 주체할 수 없었고, 결국엔 사업에 손을 대는 만용을 부렸다. 하지만 퇴직금

을 몽땅 털어 넣은 사업은 망했고, 그럴수록 더
직장생활이 그리워졌다. 내가 마지막으로 리치
씨를 만났을 때도 그는 남아도는 시간을 어떻게
관리해야 하는지 모르는 듯 했다. 그가 은퇴 당
시 모든 이들이 소망하는 그런 조건을 갖추고 있었다는 점을 고려한다면 실로
안타까운 일이 아닐 수 없다.

돈 없는 실업자도 여가를 즐길 수 있다

몇 년 전, 북미의 신문들이 주식 중개인들의 몰락이라는 기사를 앞다투어 내
보낸 적이 있었다. 금융시장이 위기에 직면하고, 그 여파로 주식시장이 흔들리
면서 주식 중개인들이 설자리가 없어진 탓이었다. 시장이 잘 돌아가는 모습만
보고 거기서 흥청망청 돈을 쓰며 살았던 주식 중개인들은 당황했다. 20만에서
50만에 달하는 연봉을 받았던 사람들이 10만 달러짜리 일자리도 구하기 힘들어
졌건만, 자존심 때문인지 여전히 배짱을 부렸다. 하지만 그 내막을 알고 보면,
이미 씀씀이가 너무 높아진 상태라 그 연봉으로는 살림을 꾸려 나갈 수 없기 때
문이었다(나도 이 이야기를 듣고 울 뻔했는데, 독자들 중에도 그런 사람들이 꽤 있
을 줄 안다).

내 친구 중에 데니라는 녀석이 있는데, 그는 금융 위기가 오기 전까지 주식

중개인으로 일을 했다. 데니의 투자 실적은 그
리 우수한 편이 아니었고, 수입이 시원찮았기
때문에 많은 돈을 저축할 수도 없었다. 시장이
폭락하자 데니는 그 일을 미련 없이 때려치웠다.

그리고 다른 일을 구하려 애쓰지도 않았다. 저축해 놓은 돈이 많았던 것도 아닌데 한 1년쯤 푹 쉬겠다고 했다.

실업자였던 데니는 이 세상 누구보다도 행복한 사람이었다. 그는 느긋했고, 얼굴에는 항상 미소가 떠나지 않았다. 천성이 좋아서인지 어디를 가도 사람들이 떠나지를 않았다. 좋은 직장에서 평균 이상의 고수익을 올리는 직장인들을 많이 알고 있지만, 데니만큼 행복한 사람은 본 적이 없다.

데니는 새로운 직업을 구해서 다시 직장에 복귀했다. 가장 최근에 봤을 때, 데니는 새로 시작한 일이 즐겁다고 했다. 하지만 기회만 주어진다면 다시 1~2년 정도 쉬면서 휴식을 취하고 싶다고 했다. 친구 데니는 리치와 델튼 씨와는 다른 부류의 사람이다. 데니라면 은퇴 후에도 적어도 직장을 다녔을 때만큼의 만족과 즐거움을 느끼며 살아갈 수 있을 것이다.

여가생활의 비밀

다시 〈Exercise 1-1〉로 돌아가서 행복한 여가생활의 필수 요소가 무엇인지를 구체적으로 알아보기로 하자. 어떻게 내 친구 데니는 가진 거라곤 시간밖에 없는 한심한 상황이었는데도 불구하고 그렇게 행복할 수 있었고, 다른 두 사람은 모든 조건이 갖춰진 상황에서 은퇴를 했는데도 남아도는 시간을 부담스러워만 했을까?

〈Exercise 1-1〉에 제시된 목록 중에서 단 하나라도 선택한 항목이 있다면 여가생활에 대해 잘못된 생각을 갖고 있는 것이다. 목록에 올라온 항목은 그 어떤 것도 행복한 여가생활의 필수 조건이 될 수 없다. 모든 항목들이 다 도움은 될 것이다. 하지만 꼭 있어야 할 것은 없다.

경제적인 것이 꼭 필요한 조건이라고 열변을 토하는 사람이 분명 있을 것이다. 하지만 델튼과 리치 씨는 데니보다 돈이 많았다. 풍부한 경제가 본질적인 조건이라면, 델튼과 리치 씨는 행복하고 데니는 불행했어야 했다. 하지만 결과는 그 반대였다. 행복한 여가생활에 돈이 어떤 역할을 하는지에 대해서는 11장(하루 평균 20달러면 충분하다)에서 자세히 살펴보게 될 것이다.

사람들 중에는 남부럽지 않은 건강이 중요하다고 생각하는 사람도 있을 것이다. 건강이 중요한 자산인 것만은 틀림없다. 하지만 건강에 문제가 있는 은퇴자도 여전히 행복한 여가생활을 할 수 있다.

그렇다면 꼭 있어야 하는 것은 무엇일까? 그것은 다름 아닌 건강한 마음자세이다. 정신이 건강하다는 이야기인데, 데니가 가지고 있던 유일한 조건도 바로 이것이었다.

독자들도 정신자세만 건강하다면 큰 실수 없이 행복한 여가생활에 적응할 수 있다. 영국의 햄프셔 주 포츠마우스에 사는 딕 필립스 씨도 정신자세가 중요하다는 점에 전적으로 동의해 주었다. 필립스 씨가 보내 온 편지이다.

어니씨에게,

저희 부부는 선생의 나라에서 은퇴 휴가를 보낼 생각으로 에어 캐나다를 타고 밴쿠버를 향해 가고 있었습니다. 그때 동승했던 어떤 여자 분이 제게 선생이 쓴 『적게 일하고 많이 놀아라』를 소개해 주었죠.

집에 돌아와서 저는 그 책을 서점에서 구해 읽어보았습니다(물론 진정한 백수는 주말에는 책을 읽지 않겠죠). 저는 현재 54세이고, 일은 15세 때부터 했습니다. 처음에는 정비소에서 도제 생활을 했고, 그 다음에는 배 만드는 엔지니어로 일했죠. 그리고 그 다음에는 경찰로 34년을 봉직했습니다.

선생의 책에는 좋은 조언들이 많았고, 지금까지도 몇 개는 아주 충실히 지키고 있습니다. 직장 일을 하면서도 그 일말고 관심을 가질 수 있는 일을 찾기 위해 노력했습니다. 작년 11월에 은퇴를 했는데, 그러고 나니 내 마음대로 할 수 있는 시간이 엄청나게 늘어났습니다. 제 관심사는 매우 다양합니다. 하이킹, 사이클링, 중고차 수리, 비행기 모델 조립, 그림 그리기, 내 손으로 만들기 같은 것이죠. 긍정적인 태도가 행복한 은퇴생활의 필수 요건이라는 선생의 말은 맞는 말입니다.

리치 씨라는 클럽 동료에 대해 쓴 적이 있었죠. 나처럼 남들이 부러워할 만한 조건을 갖추고 있었는데도 노년이 별로 좋지 않았던 그 양반 말입니다. 그 사람도 지금은 선생 책을 읽고 뭐든지 해볼 수 있다는 그런 마음을 가졌으면 좋겠습니다. 저는 지금 내년이 오기를 간절히 고대하고 있습니다. 내년엔 장애인들이 사용할 나무 선박을 만들기로 되어 있기 때문이죠. 그 다음에는 캐나다를 다시 찾을 생각도 하고 있습니다.

그럼, 이만 줄이겠습니다. 건강하세요.

딕 필립스

데니처럼 필립스 씨도 일하지 않는 것에 대해 긍정적으로 생각하고 있었다. 삶의 다양한 측면을 즐기기 위해서는 이런 태도가 필수적이다. 여가에 대해 긍정적으로 생각할 수만 있다면 일하지 않는 즐거움을 만끽하는 일은 훨씬 쉬워진다. 여기에 나이, 성별, 수입은 중요하지 않다. 내가 이렇게 자신 있게 말할 수 있는 것은 일을 하지 않을 때도 일을 할 때만큼 행복했기 때문이다. 더 했으면 더 했지 결코 덜하지 않았다. 내가 가능한 일이라면 독자들도 할 수 있다.

나는 성인이 된 후 절반 이상을 직업을 갖지 않고 살았다. 이런 생활은 내게 일하지 않고도 잘 살 수 있으려면 무엇이 필요한지에 대한 중요한 통찰을 주었다.

'생산적'인 인간 위에 더 높은 차원의 종(種)이 존재한다.
- 프리드리히 니체

나는 독자들이 갖지 못한 특별한 재능이나 능력을 타고 난 사람이 아니다. 그저 평범한 사람이라는 뜻이다. 내 친구 데니처럼 행복하게 여가생활을 하는 사람들 역시 지능, 재능, 능력 면에서 다른 사람들과 조금도 다르지 않다.

여가를 즐길 수 있는 라이프스타일을 고수하는 것과 특별한 능력을 갖는 것은 전혀 별개의 문제이다. 사람들에게는 모두 여유로운 삶을 누릴 수 있는 능력이 있다. 중요한 것은 그런 능력과 재능을 인정하고 활용하는 것이다.

제발 다른 사람은 재능과 복을 타고났는데 나는 그렇지 않다고 말하지 마라. 선천적인 재능이나 능력은 후천적인 노력만큼 중요하지 않다. 재능이나 복을 타고나지 않았으면 언제든 창의력으로 부족한 부분을 보충하면 된다. 여가를 운용하는 것은 포커 게임을 하는 것과 같다. 에이스를 세 개나 갖고도 게임 운영을 제대로 못하면, 원래 게임을 못하는 것만도 못하다는 뜻이다.

로마의 정치가이자 철학자인 키케로는 "여가란 인간의 도덕적, 지적, 영적 성장을 돕는 여러 가지 다양한 활동이다. 여가를 통해 인생이 가치 있는 것이 된다."고 말했다. 독자들도 키케로의 충고를 받아들여 실천해 보기 바란다. 아마 인생에서 가장 가치 있는 일이 될 것이다.

보는 만큼 얻는다

사고방식을 바꿔라

같은 상황이라도 어떤 시각으로 그 상황을 해석하고 대응하느냐에 따라 인생이 달라진다. 해고를 당한 두 사람이 있다고 해 보자. 같은 상황이지만, 두 가지 반응이 나올 수 있다. 해고를 오히려 잘된 일이라고 생각하는 사람이 있는가

> 대부분의 사람들은 1년에 한두 번 정도 생각한다. 내가 세계적으로 유명한 사람이 될 수 있었던 것은 일주일에 한두 번 생각했기 때문이다.
> ・조지 버나드 쇼

하면, 그것을 저주로 받아들이는 사람이 분명 있을 것이다. 상황을 바꾸는 힘은 유연한 사고에서 나온다. 그것보다 더 중요한 것은 확실하다고 믿고 있는 믿음과 가치관에 이의를 제기할 수 있는 의지이다.

사람들은 대개 자신의 생각이나 사고방식에 문제가 있을 수 있다는 사실을 생각조차 하지 않는다. 정말 안타까운 현실이다. 사실, 사고방식을 변화시키기 위해서는 변화에 대한 생각부터 정리해야 한다. 마찬가지로 기존의 낡은 가치관과 시각을 버리고 새로운 가치관과 참신한 시각을 끌어들이기 위해서

는, 먼저 우리의 사고방식에 이의를 제기해야 한다. 예를 들어 일과 노동에 관한 기존의 사고방식에 이의를 제기할 수만 있다면, 여가에 대해 보다 건강한 태도로 발전시킬 수 있다.

사고방식에 이의 제기를 하지 않는 태도에는 적어도 두 가지 위험성이 도사리고 있다.

• 한 가지 편협한 사고체계 안에 갇힐 위험이 있다. 그렇게 되면 보다 우수한 해결 방안이나 대안들이 나타나도 볼 수 없다.

• 우리는 옳다고 생각되는 가치관을 선택한다. 하지만 시간은 모든 것을 바꿔 놓는다. 처음엔 분명히 옳았던 가치관도 시간과 함께 쓸모 없는 것이 될 수도 있다. 그런데도 그것만을 고집하곤 한다.

늙었다고 배울 수 없는 것은 아니다

화이트보드에 위와 같이 검은 점을 그려 놓고 어른들에게 그게 무엇처럼 보이는지 물어 보아라. 아마 거의 모든 어른들이 그냥 까만 점이라고 대답할 것이다. 그리고 다시 그 점을 초등학교 학생들 앞에 그려 놓고 물어 보아라. 아이들은 전혀 생각지도 못했던 다양한 답변들을 들려 줄 것이다.

• 동그란 창문 밖으로 보이는 칠흑 같은 어둠

- 검은 곰이 몸을 공처럼 말고 있는 모습
- 자동차의 검은 색 휠 캡
- 말의 눈
- 검은 색 구슬
- 새까맣게 때가 탄 동전
- 초콜릿 쿠키

사람이 세상에 나올 때에는 모두 창의력과 상상력을 가지고 태어난다. 아이였을 때에는 이 세상을 여러 가지 다양한 관점과 시각에서 바라 볼 수 있는 능력과 융통성이 그대로 남아 있다. 또한 아이였을 때에는 세상을 자세히 관찰하는 버릇이 있기 때문에 많은 것을 볼 수 있고, 그만큼 다채롭고 재미있는 경험을 하게 된다.

하지만 어느 시기가 되면, 이런 능력들이 대부분 사라지기 시작한다. 사회와 교육 기관, 부모들이 나서서 어른들의 사고방식과 행동방식을 가르친다. 그리고 사회에 편입되기를 바라는 아이들은 더 이상 질문을 해서는 안 된다. 아이들은 주변을 관찰하는 습관을 버리게 되고, 그러면서 사고의 융통성도 없어진다. 어른이 되면 검은 점을 봐도 그것이 '안에서 본 담뱃대의 구멍' 이라고 결코 생각할 수 없다.

어른이 되면 스스로 편해지려고 사회가 정해 놓은 틀에 맞도록 사고를 규격화한다. 신념이나 가치관을 바꾸지 않고 저항하는 어른들은 왜곡되고 불완전하며, 구시대적인 세계관을 갖게 된다. 또한 틀 속에 구조화된 사고는 어렸을 때 가지고 있었던 창의력을 억압한다. 그러나 생각을 바꾸지 않으면 우리의 창의

> 어른들은 혼자서는 아무것도 이해할 수 없다. 그렇기 때문에 아이들은 몹시 성가신 일인데도 불구하고 어른들에게 항상 그리고 영원히 설명해야 한다.
> - 앙투앙 드 생텍쥐페리

력은 계속 휴면 상태에 있게 되고, 세계에 대한 그릇된 인식은 삶의 기쁨을 억압하게 된다.

창의력은 그것을 계발하고 사용하고자 노력하는 사람들에게는 강력한 힘이 된다. 창의력을 연구하는 학자들은 창의력을 사용하는 사람과 그렇지 않은 사람 사이의 가장 큰 차이점에 대해, 전자는 자신이 창의적인 존재임을 인식하는 반면 후자는 그렇지 않다는 점을 들고 있다. 달리 말하면, 일반적으로 창의적이라고 할 수 있는 사람들은 자신의 타고난 능력을 알아차리고 그것을 자신에 유리하게 사용한다는 것이다.

창의력과 사고의 민첩함은 급속도로 변화하는 세계에 적응해 가는 데 없어서는 안 될 필수 요건이다. 우리는 끊임없이 기존의 가치관과 생각에 이의를 제기하여 그릇된 환상을 가지지 않도록 노력해야 하며, 가치관의 기본 전제와 신념 체계를 세밀히 검토하는 것이 하나의 습관이 되도록 해야 한다. 이런 습관에 스스로를 길들이지 않는 사람은 현실감각을 잃어버릴 위험이 있다. 현실감각을 상실하게 되면 적게는 실망에서부터 크게는 우울증이나 정신병 같은 큰 병을 불러 올 수 있다.

> 너무 나이가 많아서 새로운 것을 배울 수 없다고 투덜대는 인간들은 항상 있었다.
>
> - 무명씨

잘못된 태도나 가치관을 갖고 있어서 그것이 진정한 성공이나 행복을 가로막고 있다고 비난한다면, 그 소리에 기분 좋을 사람은 아무도 없다. 이런 사람들이 가장 두렵게 생각하는 것은 실패에 대한 변명을 빼앗기는 일이다. 본인에게 문제가 있을 수도 있다는 생각 자체를 거부하는 사람이 있다면 빨리 그 생각부터 바꾸어야 한다.

일반적인 통념으로는 늙은 개는 새로운 재주를 배울 수 없을 것 같지만, 배우려고만 하면 얼마든지 새로운 것을 배울 수 있다. 학습을 가로막는 유일한 장애는 우리 자신이다. 사고 체계가 편협한 사람들은 새로운 것을 배우기에는 너무 늙었다는 변명을 가장 많이 만들어 낸다. 하지만 개방적인 태도와 상상력이 풍부한 사람들에게는 나이는 문제가 되지 않는다. 이런 사람들은 나이에 관계없이 자연스럽게 새로운 가치관과 행동방식을 받아들인다.

장님 나라에서는 외눈박이가 왕이다

Exercise 2-1

자아 실현의 세 가지 비밀

사업에 성공한 어느 미국 기업가가 있었다. 그는 돈은 엄청나게 벌었는데, 전혀 행복하지 않았다. 그는 고민 끝에 은퇴를 결정했지만, 은퇴 후에도 여전히 불행했다.

기업가는 사는 게 너무 공허하다고 느꼈다. 그러던 차에 인생의 즐거움에 대한 비밀 세 가지를 알고 있는 도사가 있다는 이야기를 듣고 그를 찾아가기로 마음먹었다. 20개월 가까이 헤맨 끝에 마침내 그는 사람이 잘 다니지 않는 후미진 지역의 산꼭대기에서 도사를 찾아냈다.
도사는 행복하고 즐거운 인생의 비밀 세 가지를 공개하게 된 것을 매우
기쁘게 생각했다. 헌데 기업가는 도사의 말을 듣고 실망하지 않을 수 없
었다.
세 가지 비밀은 무엇이었을까?

1. _____
2. _____
3. _____

"인생이 농담"이라고요? 그걸
저더러 믿으란 말이십니까?

세상을 지금보다 더 재미있게 살려면, 더 많은 것을 보고 느낄 수 있어야 한
다. 프랑스 속담에 "장님 나라에서는 외눈박이가 왕이다."라는 말이 있다. 두
눈을 똑바로 치켜 뜨고 있을 때에야 비로소 남들이 못 보는 것을 볼 수 있다.

이 점을 염두에 두고, 다시 〈Exercise2-1〉로 돌아가 보자. 도사가 말한 행
복한 인생의 세 가지 비밀은 아래와 같다.

1. 세상일을 그냥 지나치지 마라
2. 세상일에 관심을 기울여라
3. 세상일을 유심히 관찰하라

행복한 삶을 만들기 위한 첫 단계는 자각이다. 우리 안에 어떤 생각이 깊게
똬리를 틀고 있다고 하자. 그러면 그 생각을 바꾸거나 없애기 위해서는 먼저 그
존재를 자각할 수 있어야 한다. 물론 다른 사람이 자각의 원인이 될 수도 있다.

때로는 자신보다 다른 사람에게서 먼저 그 생각을 발견할 수도 있다. 우리는 동시다발적으로 발생하는 여러 사건을 통해서 친구나 스승, 워크숍, 책 따위를 우리의 삶 속으로 끌어들이고, 이러한 존재들의 도움으로 현재의 상황을 인지하고 자각함으로써 문제점 해결의 새로운 실마리를 찾게 된다.

아래 편지는 빅토리아 대학의 교육학과 교수가 보내 온 것이다.

젤린스키 씨에게,

선생이 쓴 책 『적게 일하고 많이 놀아라』를 아주 재미있게 읽었소. 나도 따분한 것으로 따지자면 남부럽지 않은 사람인데, 이제는 뭔가 달라져야 할 것 같소. 이렇게 좋은 책을 써 줘서 대단히 고맙소.

존

수백 통의 편지를 받았지만 존의 편지만큼 강력한 메시지를 전달하는 것도 드물었다. 물론 가장 내용이 짧은 편지이기도 했다. 틀림없이 그는 따분함에 대해 다룬 6장 '인생이 지겨운 것은 나 때문이다'의 내용에 깊은 감명을 받았을 것이다. 첫째, 그는 자기 인생이 따분하다는 사실을 깨달았고, 그 지겨운 삶을 바꿔 놓을 수 있는 존재는 자신뿐이라는 사실도 파악했다. 두 눈을 부릅뜨고 주변에서 진행되고 있는 일들을 유심히 관찰해 보겠다는 결심만 선다면, 따분함을 극복하는 것은 시간문제일 것이다.

실직 기간을 알차게 보내고 싶은 사람이나 일과 삶 사이에 적절한 균형을 찾고 싶은 사람이라면 크게 고민할 것 없다. 해결 방법은 의외로 간단하다. 주변

> 사실 우리가 보는 것은 확실하지 않은 것들이다. 그것이 완벽하게 분명해지려면 시간이 필요하다.
>
> - 에드워드 R. 머로우

에서 벌어지는 세상사에 관심을 기울이라는 것이다. 제 아무리 중요한 문제도 일반인들의 관심 지속 기간에 최소 4분 30초 정도의 시간만 더 투자한다면 충분히 좋은 해결 방법을 찾아 낼 수 있다(문제 발견에는 5분이면 충분하다). 한 번에 5분씩 집중하는 방법을 배워라. 그러면 생각보다 훨씬 더 많은 기회를 포착할 수 있을 것이다.

세상 돌아가는 일을 유심히 관찰하는가?

다음에 소개되는 4개의 〈Exercise〉는 집중력을 알아보기 위한 것이다. 정신을 얼마나 집중하느냐에 따라서 보이는 것이 달라질 것이다. 문제를 풀어 보아라.

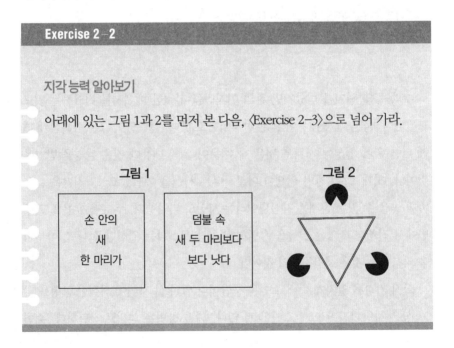

Exercise 2-2

지각 능력 알아보기

아래에 있는 그림 1과 2를 먼저 본 다음, 〈Exercise 2-3〉으로 넘어 가라.

그림 1

손 안의 새 한 마리가	덤불 속 새 두 마리보다 보다 낫다

그림 2

삼각형 찾기

다음 그림은 보는 관점에 따라 다르게 보인다.

그림에서 몇 개의 삼각형이 보이는지 찾아보아라.

성냥개비 게임

아래의 방정식은 성냥개비로 표현한 것이다. 성냥개비 하나가 문자 하나의 역할을 한다.

그러나 이 방정식의 계산은 틀렸다. 성냥개비를 단 한 개만 옮겨서 방정식을 옳은 것으로 만들 수 있는 방법을 생각해 보아라.

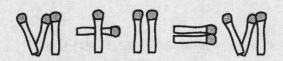

정신병자가 설계한 자전거인가?

대학교 때 전자공학을 전공하기는 했지만, 뭔가 쓸만한 물건을 설계해 보겠다고 마음먹은 것은 얼마 전 일이다. 이 자전거는 내가 사람들의 여가생활을 돕기 위해 설계한 2인용 자전거(A New Tandem Bicycle) 도면이다(아마 뇌리에 깊게 각인되었을 것이다).

이 2인용 자전거의 장점을 분석해 보아라.

집중력이 중요하다

〈Exercise 2-2〉의 그림 1을 유심히 관찰한 사람이라면 문장 구조가 잘못되어 있다는 사실을 알아 차렸을 것이다.

손안의 새 한 마리가 덤불 속 새 두 마리**보다 보다** 낫다.

여기서 '보다' 가 두 개 있는 것을 보지 못했다면, 어디 가서 잘난 척 해서는 안 되는 사람이다. 이런 사람이라면 사물을 볼 때 좀 더 집중해 볼 필요가 있다. 이런 사람은 인생의 다른 기회들도 놓쳐 버릴 위험이 많으니 각별히 주의해야 한다.

그림 2에서는 삼각형 두 개를 발견했을 것이다. 그런데 자세히 살펴보면, 하나는 실재하는 것이고 다른 하나는 그렇지 않다. 심지어는 존재하지 않는 삼각형이 그 주변보다 더 희게 보이기까지 한다. 존재하지도 않는 삼각형을 상상한 사람은 걱정을 사서하는 사람의 유형이다. 있지도 않은 문제 때문에 고민할 사람이기 때문이다.

〈Exercise 2-3〉은 삼각형을 찾아내는 문제인데, 대개는 25개를 찾기도 힘들었을 것이다. 사실 이 그림에는 삼각형이 35개나 들어 있다. 마찬가지로 〈Exercise 2-4〉에서도 해답을 전혀 찾지 못하진 않았을 것이다. 그랬다면 시작은 잘한 셈이다. 하지만 하나만 찾고 그만 두었다면, 집중력이 뛰어나다거나 창의적인 사람이라 말할 수 없다. 내가 생각해 낸 방법은 무려 30개가 넘는다. 중요한 것은 일을 할 때나 놀 때나 여러 개의 해결 방법을 찾아보려고 노력해야한다는 점이다. 한두 가지 방법만 찾아보고 그만두는 사람은 더 참신하고 더 효과적인 해결 방안들을 놓칠 위험이 있다.

〈Exercise 2-5〉의 자전거 그림을 보고는 어떤 장점들을 생각해 냈는가? 일반적인 사람들은 대개 이 그림의 부정적인 면만을 부각시킨다. 부정적인 것만 생각한 사람이라면 이 자전거 디자인의 진가를 발견할 수 없다. 긍정적인 면과 부정적인 면 모두를 고려하지 않고는 이 디자인을 온전하게 설명할 수 없다. 부정적인 판단만을 내린 사람이라면 너무 성급했다. 이런 사람은 아이디어를 내야 하는 문제가 생겼을 때도 성급하게 판단할 게 틀림없다.

긍정적인 특징은 마음만 먹으면 얼마든지 찾을 수 있다. 두 개의 뒷바퀴 가 어떤 사람들은 보이는 것만 보고 "왜 그렇지?"라고 묻는다. 하지만 나는 반대 시각에서 "왜 안 그렇지?"라고 질문한다.
- 조지 버나드 쇼

운데 뒷바퀴는 앞바퀴가 바람이 빠졌을 때 사용할 수 있다. 그리고 뒷바퀴가 두 개이기 때문에 하나인 자전거보다 더 편안하게 탈 수 있다. 또 이 자전거는 무거운 짐을 운반할 때도 일반적인 자전거보다 더 좋을 수 있다. 물론 뚱뚱한 사람들에게도 안성맞춤이다. 한 가지 더, 신분 과시용으로도 판매할 수 있다. 못 보던 모델이고, 특이하다는 이유 하나만으로도 귀하신 분들의 과시 욕구를 채워주기에 충분하기 때문이다.

세상살이에서는 집중력이 모든 것을 결정한다. 즉 본 만큼 얻는다는 이야기이다. 〈Exercise〉를 통해서, 집중력 수준을 파악했을 것이다. 보아야 할 것을 보지 못했다면, 이제부터라도 집중력 키우기에 매진하라.

변하지 않는 것은 바보와 죽은 자뿐이다

젊은 시절 변호사로 활동했던 아브라함 링컨은, 어느 날 비슷한 사건 두 개의 변호를 동시에 맡게 되었다. 알고 보니 판사도 같았고, 적용해야 할 법 조항도 모두 동일한 사건이었다. 아침에 열린 공판에서 링컨은 피고인을 변호했다. 그는 달변으로 피고인을 옹호했고, 재판에 이겼다.

그런데 운명의 장난인가? 오후에는 원고를 변호해야 하는 상황이 되었다. 링컨은 아침에 그랬듯이 원고를 옹호하기 위해 열변을 토했다. 단지 관점이 바뀌었을 뿐이었다. 링컨을 신기한 듯이 쳐다보던 판사가 링컨에게 왜 아침하고 저녁때하고 생각이 달라졌는지를 물었다. 링컨은 이렇게 답변했다. "존경하는 판사님, 아침의 제 판단이 틀렸을 수도 있습니다. 오후의 생각이 옳습니다."

이 이야기의 교훈은 간단하다. 한 가지 신념만 고집하지 말라는 것이다. 변하지 않는 것은 바보와 죽은 자뿐이다. 사고가 경직되면 다른 시각에서 사물을 바라볼 수 있는 능력을 잃게 된다. 지금 세계는 전례 없이 빠른 속도로 변화하고 있다. 이렇게 급변하는 상황에 효과적으로 대처하기 위해서는 자신의 견해나 믿음, 가치관에 융통성을 주어야 한다. 자기 것만을 옳다고 고집하는 것은 패가망신의 지름길이다.

인간의 문제는 대부분 신념 체계로부터 시작된다(특히 규모가 큰 거짓말은 더 그렇다). 이상하게도 사람들은 낡고 쓸모 없어진 기존의 믿음 체계와 새롭고 유용한 믿음 체계를 놓고 하나를 선택하라고 하면 앞의 것을 선택한다. 예를 들어, 아직도 우리 주변에는 고된 노동만이 성공과 행복에 이르는 유일한 길이라고 주장하는 사람들이 많이 있다. 이런 믿음을 가지고 있는 사람이라면 믿음 체계를 다시 점검해 볼 필요가 있다.

노동에 대한 현재의 가치관과 신념을 포기한다면 전혀 다른 인생을 경험할 수도 있다. 치열하고 무의미한 경쟁에서 벗어나서 행복한 여가생활을 누리려

인간에게 자전거가 여가거리가 되는지 모르겠지만, 나한텐 노동이구만.

면, 안정적인 직업과 정기적인 급료에 얽매이지 않을 수 있는 용기와 자신의 창의력을 믿고 삶을 변화시킬 수 있는 의지가 있어야 한다.

인생에 극적인 변화를 준 사람들도 흔히 자신의 신념과 가치관이 인생을 마음껏 즐기는 데 방해가 됨을 느낀다. 브리티시 컬럼비아 주의 리타 우에다도 삶에 변화가 필요하다고 생각했고, 그랬기 때문에 직장을 그만두었다. 그녀는 자신의 결정에 대해 이렇게 말했다.

젤린스키 씨에게,

이제 막 『적게 일하고 많이 놀아라』를 다 읽었습니다(물론, 〈Exercise〉도 다 풀어보았죠). 너무 마음에 들고 훌륭한 책입니다! 축하드립니다!

저는 음악학교 교사로 직장생활을 했는데, 지난 12년 동안 한 번도 휴가를 낸 적이 없었습니다. 매일같이 6시간에서 12시간 정도를 아이들을 가르치는 데에 바쳤습니다. 원래는 학비를 벌기 위해 시작한 일이었는데, 졸업한 지 5년이 지난 지금도 습관적으로 계속 그렇게 일을 하게 되더군요.

그런데 이 일을 하면서는 제 인생이 뒤죽박죽 되었다는 생각이 많이 들었습니다. 그래서 두 달 전에 '은퇴'를 하게 된 겁니다(그래도 저는 아직 20대랍니다). 잘한 결정이라는 생각은 드는데, 아직은 제게 맞는 라이프스타일이 뭔지는 모르겠습니다. 친구들이나 동료들은 저를 기를 쓰고 말렸습니다. 하지만 저는 더 이상 그렇게 살고 싶지 않았고, 앞으로 여가 시간을 잘 활용할 수 있는 방법을 찾고 싶습니다.

선생님께서 쓰신 책을 보면서 저는 제 결정이 옳았다는 확신을 가질 수 있어 좋았습니다. 지금은 일하지 않는 것이 자랑스럽습니다.

그럼 이만 줄이겠습니다.

리타 드림

나는 리타의 편지를 받은 지 6개월 후에 그녀와 다시 이야기를 나눠 볼 기회가 있었다. 그냥 봐도 그녀는 휴식 덕을 톡톡히 본 것 같았다. 리타는 직장에 다시 복귀했는데, 일하는 시간을 많이 줄였어도 능률은 더 올라간 것 같다며 즐거워

> 가치관을 바꿔야 하거나 아니면 그럴 필요가 없다는 사실을 증명해 보여야 하는 경우, 대부분의 사람들은 증거 수집에만 열을 올린다.
> - 존 케네스 갈브레이스

했다. 사는 게 훨씬 더 재미있어졌다고도 했다. 리타의 경우는 노동에 대한 가치관을 바꿈으로 해서 인생이 긍정적으로 변한 사례이다. 무엇보다도 리타는 이 일을 계기로 행복, 만족, 자아 실현을 위해서는 일을 줄이는 것이 중요하다는 사실을 깨달았다.

리타의 예처럼, 가치관에 문제를 제기하는 것이 중요하다. 특히 가장 중요하다고 생각되는 가치관의 정당성에 도전하는 자세가 필요하다. 인정하기 힘든 사람도 있을지 모르겠지만, 우리가 가장 소중하다고 생각하는 믿음 체계가 실상은 가장 위험한 것일 수 있다. 사실, 중독성이 있는 신념은 사람의 육체와 정신세계의 평안을 해친다.

확실한 것은 인간에게는 인간을 인간답게 해 줄 사상 체계, 관점, 가치관이 필요하다는 것이다. 하지만 기존의 가치관이나 관점이 세상의 변화를 받아들이거나 포용하고 있는지는 수시로 점검해야 한다. 사람들의 믿음의 대부분은 흔히 잘못된 가정이나 그릇된 통념에서 나왔거나 이 사회나 광고주들이 영속화시켜 놓은 거짓말일 수 있다. 특히 행복이나 만족과 관련된 믿음 체계들은 더욱 그럴 가능성이 높다.

노동 윤리는 노예 윤리이다 03

노동에 대한 생각

삶의 질을 개선하고자 하는 사람이라면 노동에 대한 선입견부터 점검해 보는 것이 좋다. 대

> 노동 : 골프에 방해가 되는 것.
> - 프랭크 데인

부분의 사람들은 노동의 진정한 가치를 가늠하기 어렵다. 사실 사람들은 노동의 가치를 과대평가하고 여가의 가치는 과소평가 한다. 이 사회의 종교, 교육기관, 기업, 광고주들은 오랜 세월 동안 이러한 가치 판단의 기준을 사람들에게 주입시켰다.

17세기 프랑스 작가인 프랑수아 드 라 로슈푸코는 "가장 위대한 재능은 사물의 가치를 정확하게 평가할 수 있는 힘이다."라고 했다. 기존의 낡아빠진 노동관을 불식시킬 수만 있다면 인간 본연의 모습을 되찾는 것은 시간문제이다. 무엇보다도 사회가 강요하는 노동관을 거부할 때 보다 행복하고 풍요로운 삶을 준비할 수 있을 것이다.

생각해 볼 거리

2장에서도 언급했지만 여가 활용의 능력은 개방적인 태도와도 관련이 있다. 아래 질문들은 노동에 대한 가치관과 태도를 알아보기 위한 것이다. 물음에 답하라.

고된 노동이 성공의 중요한 열쇠라고 믿는가? 그 이유는 무엇인가?
북미 사회가 16세에서 65세까지의 능력 있는 사람들을 일주일에 적어도 40시간씩 돈을 버는 일에 내모는 것이 생산적인 일이라고 생각하는가?
거지들은 이 사회의 쓰레기들인가?

물론 질문에 정답은 없다. 오랜 시간의 고된 노동이 성공한 삶에 이르는 유일한 방법이라고 믿는 사람이 있겠지만, 그 판단이 전적으로 옳다고는 말할 수 없다. 이 장의 목표는 노동과 여가에 대한 가치관과 믿음에 문제를 제기하고 그것을 통해서 새로운 삶의 방향을 모색하는 것이다.

이 세상의 내노라하는 부자들로 말할 것 같으면, 싫은 일을 하는 사람들은 아무도 없다. 일이 좋아서 할 뿐만 아니라 일과 삶을 적절히 조화시킬 수 있는 사람들이다. 하지만 개인적으로 나는 일보다는 인생을 즐겁게 사는 것이 더 중요하다고 믿는 사람이다. 그렇기 때문에 일과 놀이의 경계가 남들만큼 명확하지 않을지도 모른다. 일을 놀이처럼 즐기면서 하기 때문이다. 그렇지만 나는 하루에 4시간 내지 5시간만 일한다. 그 이상 일하는 것은 상상할 수조차 없다.

일이 좋아서 하는 것이라면, 놀기 위해 따로 시간을 낼 필요가 없다고 주장하는 사람도 있을 것이다. 물론 나는 이 주장에 동의할 수 없다. 이 세상에는 배워야 할 것, 신나게 놀아야 할 것, 즐겨야 할 모험이 너무 많기 때문이다.

> 문화생활의 질을 시험할 수 있는 가장 좋은 방법은 여가의 질을 측정하는 것이다.
> - 어윈 에드만

일만 하고 산다는 것은 인생에서 얻을 수 있는 수많은 소중한 경험들을 놓치며 산다는 것을 의미한다. 일이 좋아서가 아니라 단순히 생계를 위한 수단으로 일을 하는 사람이라면, 특히 일과 여가 사이에 적절한 균형점을 찾는 것이 중요하다.

일에 미친 사람들은 미래에 여유 있는 삶을 즐기려면 일주일에 50시간 내지 60시간을 일해야 한다고 믿지만, 꼭 그렇지는 않다. 일에 중독된 삶에서 가장 큰 위험은 미래를 예측할 수 없다는 데에 있다. 즉 제대로 놀아 보기도 전에 얼마든지 심장마비나 버스 사고로 죽을 수도 있다는 것이다.

알 수 없는 20~30년 뒤를 위해서 현재의 행복을 희생하는 것보다 더 위험한 도박은 없다.

모든 잘못은 프로테스탄트 노동 윤리에 있다

사람들은 노동 윤리가 전통적인 가치라고 알고 있지만, 사실이 아니다. 역사적으로 살펴봐도 노동이란 것이 오늘날처럼 그렇게 존귀하게 여겨진 적이 없었다. 사실 우리 선조들은 프로테스탄트 노동 윤리를 노골적으로 거부했던 사람들이다.

사실, 우리가 알고 있는 고대의 유명한 그리스 철학자들은 노동을 천한 것으로 생각했다. 노동을 위한 노동은 노예의 삶을 의미했고, 인간적인 고상함이 부족한 것으로 받아들여졌다. 소크라테스는 육체 노동자들은 우정을 다지거나 공동체 활동을 할 수 없는 불쌍한 계급이라고 생각했다. 그리스와 로마 사람들은 손으로 하는 일, 명령을 받고 하는 일, 혹은 임금을 받고 하는 일은 모두 계급이 낮은 시민들이나 노예들에게 시켰다.

플라톤이나 아리스토텔레스와 같은 고대 그리스 철학자들은 여가를 부(富)의 최고의 상태라고 여겼다. 고대 그리스인들에게는 여가 그 자체가 목표였으며, 사람들은 여가를 생각하고 배우고 자기를 계발할 수 있는 기회로 이용했다. 반대로 노동을 통해 부와 권력, 지위를 얻는 일은 노예들이나 하는 짓이며, 인간의 지위 향상에는 아무런 도움이 되지 않는다고 생각했다. 플라톤과 아리스토텔레스는 기본적인 욕구가 충족된 후에도 노동을 지속하는 사람들을 비난했다. 철학자들은 이처럼 지속적인 노동을 통해서 사치와 권력을 추구하는 것은 자유에 대한 두려움을 은폐하기 위한 것이라고 주장했다.

> 생계를 위해 인생에서 가장 중요한 시절을 낭비하는 것보다 더 치명적인 실수는 없다.
> - 헨리 데이비드 소로우

또한 플라톤이나 아리스토텔레스는 오늘날 많은 사람들이 주장하는 것처럼 여가를 게으름이나 나태함과 연결시키지도 않았다. 그들은 여가를 노동보다 훨씬 더 높은 차원으로 생각했다. 플라톤은 여가를 '수동적이지 않은 활동, 정적인 명상이 아닌 몸과 마음이 적극적으로 움직이는 상태'라고 정의했다. 다시 말해 여가는 인간이 노동을 통해서는 경험할 수 없는 방식으로 몸과 마음, 영혼을 훈련시키는 기회라고 파악했던 것이다.

오늘날 많은 사람들이 믿고 있는 통념 가운데 하나는 인간이 오랜 시간 노동에 매달리는 것은 인간의 자연스러운 본능이라는 것이다. 하지만 이 말은 전혀 근거 없는 이야기다. 중세의 유럽 농노들은 가난하고 억압받는 계층이었지만,

장시간 노동을 하지는 않았다. 중세에는 엄청나게 많은 축제가 있었는데, 중세 사람들은 그저 그런 성인들의 기념일까지 챙겨가며 축제를 즐겼다. 그러다 보니 휴일은 점점 많아지고, 일하는 날은 점점 더 줄어들었다. 1년에 휴일이 무려 115일이나 되었다. 그러니 노동을 즐기는 것이 인간의 본능이라는 소리는 모두 말도 안 되는 소리다. 오히려 프로테스탄트 윤리가 과거의 좋은 전통을 다 망쳐 놓은 것이다.

지금은 원시 사회라고 할 수 있는 공동체가 별로 없지만, 원시 공동체의 사람들도 산업 사회의 사람들보다 더 적게 일한다. 하와이의 샌드위치 섬에 살고 있는 사람들의 하루 평균 노동 시간은 4시간이다. 마찬가지로 호주의 원주민들도

> 우리는 아담에게 감사해야 한다. 아담은 게으름이라는 축복의 고리를 끊어내고, 대신 우리에게 노동의 저주를 안겨다 준 장본인이다.
> · 마크 트웨인

먹고사는 데 필요한 것들을 얻을 수 있을 정도로만 일을 한다. 선진국에 사는 사람들은 이해하기 어렵겠지만, 이런 원주민들은 그 누구보다도 행복하고 자족적인 삶을 누리고 있다. 물론 이들의 욕망의 크기는 세계 어느 나라 사람들보다 작다.

노동 시간이 늘어나게 된 것은 최근 산업혁명과 더불어 공장을 가동하기 시작하면서부터이다. 산업혁명기 이후 정규 노동 시간은 점점 줄어서 1890년에는 일주일에 60시간이던 것이 1950년에는 40시간으로 급감했다. 그러나 그 때부터 정규 노동 시간은 제자리걸음을 계속했다. 사실 어떤 직업들은 오히려 노동 시간이 더 늘어나고 있다.

노동과 여가 사이의 역할이 뒤바뀌면서 노동은 자기 표현의 유일한 수단이나 조직 원리가 되었다. 현대 사회에서 여가는 노동보다 훨씬 더 열등한 위치에

있다. 많은 사람들이 여가를 게으름이나 시간 낭비로 생각한다. 일을 하지 않는 사람들은 자기 존중감을 잃고 심지어 자기를 비하하는 병으로까지 발전되기도 한다. 사실, 술이나 도박에의 탐닉, 외도 같은 병리적인 현상들도 직업을 잃었을 때 더 많이 발생한다.

> 고된 노동으로 죽는 사람은 없다고 하지만, 왜 그렇게까지 무리를 해야 하는가?
> - 찰리 맥카시 (에드거 버건)

오늘날 대다수의 사람들은 노동을 가치 있는 것으로 생각하기 때문에, 오랜 시간 일에 매달려 있는 것을 자랑스럽게 여긴다. 반복적이고 따분하며, 시간 외 수당으로 주어지는 것이 아무것도 없는 일이라고 해도 그것이 사람들의 자부심에 상처를 주지 못한다. 이런 사람들은 노예의 특권을 위해 자아 실현의 기회를 포기하고, 자신보다는 회사를 먼저 생각하는 희생 정신을 발휘함으로써 스스로 순교자의 길을 선택한다.

노동 윤리에 집착하는 사람들은 심지어 실제 노동 시간을 아주 자연스럽게

25년 동안 죽도록 일했더니
남은 건 망가진 몸뚱이뿐이로세.

늘려 말한다. 최근 발표된 연구 논문에 따르면, 사람들의 실제 노동 시간은 추정 노동 시간보다 훨씬 적은 것으로 조사되었다. 시간 기록계에 기록된 실제 노동 시간과 노동자들의 추정 노동 시간을 서로 비교해 본 결과, 추정 시간과 실제 노동 시간 사이에는 큰 차이가 발견되었다. 물론 이런 증세는 일 중독자들에게 특히 심하게 나타났다. 일 중독자들은 일주일에 75시간을 일한다고 했지만 시간 기록계의 기록으로 따져보니, 실제 노동 시간은 75시간에 훨씬 못 미치는 50시간 내지 60시간인 것으로 나타났다.

고대 그리스에서도 그랬지만 오늘날에도 행복하고 의미 있는 삶은 고된 노동이나 물질의 축적으로만 이루어지지 않는다. 몸과 마음, 정신을 계발하는 여가 활동이 따라야 가능한 일이다. 오늘날 대부분의 사람들은 자신이 원하기만 한다면 얼마든지 전일적인 삶의 방식(물질과 비물질적인 것을 통합하는 삶의 방식)을 선택할 수 있는 환경에 있다. 하지만 애석하게도 전일적인 삶을 얻기 위해 노력하는 사람은 거의 없다.

고대 그리스 시대의 진보적인 철학자들도 현대인들이 건설적인 여가 활용 방법을 모른다는 사실을 알았더라면 분명 무척 슬퍼했을 것이다. 소크라테스, 아리스토텔레스, 플라톤과 같은 철학자들도 경제적인 부를 성취했는데도 불구하고 노동을 계속하려는 사람들을 보았더라면 정신적으로 심각한 문제가 있거나 마조히즘적인 소양이 있는 사람이라고 생각했을 것이다. 물론 나도 이 점에 대해서는 전적으로 동감한다.

일 중독에서 얻는 희열은 진정한 기쁨이 아니다

생존을 위해서라면 즐겁지 않아도 일을 해야 하는 것이 당연하다. 하지만 경제적으로 안정되어 있고, 굳이 일을 하지 않아도 살 수 있는데도 일을 하는 것은 비이성적인 일이다. 그런데도 많은 사람들이 여유가 있는데도 불구하고 기를 쓰고 일을 하는 것은 노동이 노는 것보다 더 도덕적이라고 믿기 때문이다.

대부분의 사람들은 노동이 미덕이라는 신념을 굳게 지킴으로 해서 여러 가지 폐해를 입을 수 있다는 사실을 인정하지 않는다. 생존을 위한 노동이 필요한 것은 사실이지만, 많은 사람들이 생각하는 것만큼 그 비중이 큰 것은 아니다.

그렇다고 무슨 수를 써서라도 일을 하지 않는 것이 좋다는 말은 아니다. 독자들 중에는 내가 일 기피증에 걸린 환자라고 생각하는 이도 있을 것이다. 하지만 사실은 정반대다. 나는 내가 선택했던 일을 통해서 대부분 큰 만족을 얻었다. 이 책을 쓰는 것도 그 예에 속한다.

> 사람들은 일에 취해서 자신의 처지를 보려 하지 않는다.
> · 올더스 헉슬리

요점은 일을 위한 일은 인간의 삶의 행복과 기쁨에 해가 된다는 사실이다. 물론 이 말이 내가 처음 한 말은 아니다. 버틀란드 러셀은 북미인들의 노동과 여가에 대한 생각은 구시대적이며 사회를 불행하게 만든다고 지적한 바 있다. 러셀은 에세이 『게으름에 대한 찬양』에서 '노동의 윤리는 노예 윤리이다. 그런데 현대 사회에서 노예는 필요 없다'고 썼다.

러셀이 내가 한 말을 인용했다고 주장하고 싶지만 말도 안 되는 소리다. 그는 지금으로부터 70년 전인 1932년에 이 글을 썼다. 70년 전에 쓰여졌다고는 하나 러셀의 에세이는 오늘날에도 여전히 진실이다. 세상이 몰라볼 정도로 변했다고는 하나 70년이 지났는데도 우리의 가치관과 별 차이가 없다는 사실이 흥미룹다. 기존의 낡은 가치관이나 신념 체계를 굴복시키는 일은 정말 쉽지 않다.

현대에는 테크놀로지의 놀라운 발전 덕분에 70년 전의 사람들이 그랬던 것처럼 노예처럼 뼈빠지게 일을 해야 먹고 살 수 있는 사람은 아무도 없다. 그런 의미에서 지금은 과거 그 어느 때보다도 전인적인 삶의 방식을 추구할 수 있는 기회가 많은 사람에게 열려 있다고 할 수 있다. 하지만 불행히도 대부분의 사람들은 창의력이 없기 때문에, 혹은 자유에 대한 두려움 때문에 이런 기회를 잡지 못한다. 오늘날과 같이 모든 것이 풍요로운 시대에는 하루에 몇 시간만 일해도 창조적인 활동과 자기 표현을 통해 얼마든지 진정한 자기 모습을 찾을 수 있다.

유감스러운 일이지만, 우리 주변에서 하루에 4시간만 일하거나 혹은 1년씩 쉬다가 다시 일에 복귀하는 20대 젊은이를 찾기는 쉽지 않다. 역설적인 이야기 같지만, 경기가 좋을 때보다는 안 좋을 때 자기 본연의 모습을 재발견하는 사람들이 더 많아진다. 그것은 실직을 통해서 일이 아닌 다른 활동에 매진할 수 있는 시간이 더욱 늘어나기 때문이다.

시인 W. H. 오덴은 "자기 일에 만족하기 위해서는 세 가지가 충족되어야 한다. 첫째, 그 일이 적성에 맞아야 하고, 둘째, 그 일에 너무 매달려서는 안 된다. 마지막으로 성공할 수 있다는 자신감이 있어야 한다."고 했다. 그가 지적한 세 가지 요소 중에서 둘째 것은 많은 현대인들이 간과하는 항목이다. 확실히 서구 사회의 현대인들은 개인적인 삶보다는 직장생활에 너무 많은 시간을 할애한다.

생계를 위해 돈을 벌고, 여유가 생기면 여가를 즐기겠다고 생각하는 사람들이 제일 중요하게 생각하는 것은 노동이다. 하지만 이런 사람들에게 가장 필요한 것은 일하지 않는 법을 배우는 것이다. 학습된 일 중독증은 왜곡된 형태의 희열을 제공하기 때문에 좀처럼 포기하게 되지 않는다. 더구나 프로테스탄트 노동 윤리는 그 부정적인 측면에 대해선 언급하지 않고, 오직 열심히 일하는 것만이 미덕임을 강조한다.

노동 윤리에 미친 나라

노동 윤리로 미친 나라를 상상할 수 있겠는가? 캐나다 사람들은 다른 어떤 나라 못지않게 열심히 일하는 것을 강조하고 좋아한다. 노동 윤리의 파급 효과는 워낙 대단해서 1년에 겨우 7일 주어지는 연 휴가를 반납하고, 그 대신 일을 하겠다고 하는 공장 노동자들이 지금도 계속 양산되고 있다.

이 나라 전체가 그렇게 미쳐 있다. 공장 노동자들만 그런 게 아니다. 사무직에 종사하는 사람들도 6일제 근무를 계속 주장하고 있다. 20일의 연휴가 법적으로 보장되어 있는데도 불구하고 이런 사람들은 공장 노동자들보다도 더 휴가 쓰기를 주저한다. 비즈니스맨들은 휴가를 써도 쉬는 방법을 모른다. 무슨 여가 마니아라도 된 것 마냥 무조건 여러 가지 레저 활동을 해 보려고 기를 쓴다. 이런 부류의 사람들은 프로테스탄트 노동 윤리에 워낙 깊게 세뇌가 되어 있기 때문에 레저가 무엇인지도 모른다. 사태가 이러니 국민의 건강이 고통을 받는 것은 당연하다. 정부마저 국민들에게 여가 활용을 선도하는 프로그램을 만들어 보급하기 시작했다.

캐나다 정부의 인적자원부나 미국 노동부에서 여가를 장려하는 캠페인을 벌인다고 상상해 보아라. 아마 두 나라 모두에서 심각한 비난이 일어날 것이다. 하지만 이런 상황이 실제로 벌어진 나라가 있는데, 일본이 그 주인공이다. 일본에서는 1990년대 초에 이런 일이 있었다.

당시 일본 정부는 여가를 늘려 삶의 질을 개선하는 것을 목표로 정하고, 노동성을 통해 휴가를 장려하는 시리즈의 포스터를 제작했다. 그 중 한 포스터의 문구는 '주 5일제 근무가 가능한 사회를 실현하자'였다. 노동성은 또한 『최선을 다하라 : 샐러리맨들을 위한 여가 가이드』라는 제목의 안내 책자를 만들기도 했다. 이 책자는 노동자들에게 여가 활용법에 관한 다양한 아이디어를 제공했다.

사람들이 일하는 것만 봐도 피곤해. 일본인보다 더 열심히 일하는 저런 사람들이 있으니 너무 고맙지. 오늘은 너무 힘들어. 집에 일찍 들어가서 낮잠이나 좀 즐겨야겠어.

그런데 요즘 들어 일본 경기가 10년째 슬럼프에 빠지면서, 여가 권장은 정부의 의제 순위에서 뒤로 밀려나게 되었다. 현재 일본에서 프로테스탄트 노동 윤리는 그 어느 때보다 강세를 띠고 있다. 특히 40이 넘은 노동자들에게는 더 그렇다. 일본의 노동 윤리는 워낙 강력해서 그 동안 수많은 병폐를 양산했다. 카로우시(過勞死)는 일본어로 과로로 갑자기 죽는 경우를 가리키는 말이다. 보고서에 따르면 일본 남성들의 10%가 카로우시로 사망한다고 한다.

이 책의 초판에 나는 이렇게 쓴 적이 있다. '나는 일본인이든, 미국인이든, 캐나다인이든 과로사로 죽은 사람은 남 탓을 할 수 없다고 생

> 죽음은 느긋하게 살라는 자연의 충고다.
> - 낙서

각한다. 세상에 얼마나 재미있는 일이 많은데, 그렇게 일에 미쳐서 일만 한 사람을 난 조금도 동정할 수 없다. 더구나 나는 일본인들이 왜 이 병에 대해서 다른 말을 만들어 냈는지를 모르겠다. 이미 하라키리(割腹)라는 말이 충분히 그 뜻을 전달하고 있는데 말이다.'

물론 하라키리로는 뜻을 충분히 전달할 수 없다. 1990년대 말, 일본인들은 과로사로 인한 자살을 나타내는 새로운 신조어인 카로우지사츠(過勞自殺)를 만들어 냈다. 과로사 전문 변호사의 증언에 따르면, 10년 간 계속된 불황 탓에 이런 유형의 자살은 1년에 대략 1천 건 이상으로 급증했다. 카로우지사츠로 사망

단 한 번도 빈둥대거나 일 없이 헤맨 적이 없는 것보다는 그런 경험이 있는 게 낫다.
- 제임스 터버

하는 사람들은 화이트칼라냐 블루칼라냐에 관계없이, 모두 몇 개월 동안을 단 하루도 쉬지 않고 하루 10시간 내지 12시간을 일만 하는 공통된 특징이 있다고 한다.

이상하게도 카로우지사츠의 희생자들은 회사를 비난하지 않는다. 많은 사람들이 오히려 더 열심히 일하지 못한 것에 대해 용서를 구하는 유서를 남긴다. 만성적 과로와 수면 부족으로 사망한 46세의 타다시 시모나카는 이런 유서를 남겼다. '더 이상 지탱할 힘이 없습니다. 정말 면목 없습니다.'

1997년 일본 고등법원은 처음으로 카로우지사츠에 고용주의 책임이 있다는 1심 판결을 내렸다. 과로자살을 법적으로 인정받은 최초의 인물은 도쿄의 대기업 광고회사에 다니던 24세의 이시로 오시마였다. 오시마는 매일 밤 평균 30분에서 2시간 정도의 수면을 취했고, 17개월 동안 단 하루도 쉬지 않았다. 고용주는 오시마가 자살한 것은 개인적인 문제가 있었기 때문이라고 주장했다. 하지만 도쿄 대법원은 오시마의 과로사를 인정해서 고용주에게 오시마의 가족 앞으로 120만 달러를 지불하도록 명령했다.

애석하게도 1990년대 초반 일본 정부가 여가를 장려하기 위해 많은 수고를 아끼지 않았는데도 불구하고, 일본인들의 노동 윤리와 직업에 대한 강박증은 쉽게 수그러들지 않았다. 2002년이 되자 공식적으로 집계된 실직률은 5%에 달했다. 북미 기준으로 보면 그렇게 높은 게 아니지만 일본만으로 보면 엄청난 수치였다. 사실, 실업의 후유증은 치명적이었다. 이런 사실을 가장 극명하게 보여

주는 것은 일본의 자살률이었다. 2002년 과로로 인한 자살률은 사상 최대치를 기록해서 3만 명 이상의 사람들이 스스로 목숨을 끊었다.

노숙자들의 문제도 그렇게 오래된 이야기는 아니지만 실업자가 늘면서 중요한 사회 문제로 떠올랐다. 38세의 사다오 야마시타도 2002년 실직 후 도쿄의 노숙자가 되었다. 하지만

부정적인 면만 있는 것은 아니었다. 야마시타는 기자에게 "행인들이 못마땅한 얼굴로 쳐다본다."고 말했다. 하지만 그는 실직과 노숙을 통해서 일본 사회에 순응하지 않고 살아가는 법을 배웠다. 야마시타는 "일본에서는 어딜 가나 규칙이 따라 다니죠. 그렇지만 여기서는 규칙을 지킬 필요가 없어 좋습니다."라고 증언했다.

미친 짓을 따라 하려는 나라가 더 있다

서구 사회의 대부분의 정치인들, 경제학자들, 기업 CEO들은 최근 중국 본토에 자본주의의 물결이 물밀듯이 몰려 들어가는 현상을 매우 긍정적인 것으로 파악하고 있다. 하지만 중국인들의 상당수는 이 점에 동의하고 있지 않다.

중국이 글로벌 경제에 편입되어 감에 따라 노동 시간은 더 늘어났고, 노동의

대가로 주어지는 돈과 소비지상주의가 언제나 유익한 것만은 아니라는 점을 많은 중국인들이 차츰 인식해가고 있다. 노동과 돈, 소비지상주의는 중독성이 강한 마약과 같은 것으로서 심각한 육체적, 정신적 폐해를 일으키게 된다.

대다수 중국인들의 행복 추구는 좋은 집을 사고, 자녀들을 명문대에 입학시키고, 예쁜 가재 도구를 구입하고, 값비싼 아파트를 마련하는 일에 집중되고 있다. 중국 기업의 간부들은 오직 경력과 연봉을 위해 휴가도 반납한 채 하루 종일 일에 매달리고 있다. 이런 사실은 이미 기정 사실화되었다. 아이러니한 것은 오히려 성공한 사람들이 더 불안정하고 조급한 생활을 하고 있다는 사실이다.

2003년 상하이 의학 센터의 정신병의학 과장인 샤오쩌핑은 〈글로브 앤 메일 (Glove and Mail)〉의 기자에게 이런 말을 했다. "중국인들은 휴식이나 휴가 없이 일만 합니다. 그러니 피곤해지고 인생에 관심이 없어지는 겁니다. 돈은 많겠죠. 하지만 건강에는 관심이 없습니다. 상하이 사람들은 모두 일과 연봉에만 신경을 씁니다. 성공한 사람인가 아닌가를 이것이 결정해 주거든요. 직업을 잃으면 그 사람은 자신이 아무 쓸모 없는 존재라고 느끼게 됩니다. 정말 부끄러운 일이 아닐 수 없습니다."

중국에도 자본주의의 폐해들이 속속 상륙하고 있다. 공장 근로자의 해고와 실업률이 증가하고 있고, 많은 중국인들이 이 과정에서 스트레스를 경험한다. 샤오쩌핑 박사는 이렇게 말했다. "이일 저일을 전전하는 사람들이 늘었습니다. 시간은 빨리 지나가는 것 같은데, 좀처럼 시간이 나지 않습니다. 예전에는 매주 열 사람 정도 모여서 웃고 떠드는 시간을 갖는 것은 문제도 아니었습니다. 하지만 이제는 어림도 없습니다. 친척들끼리도 1년에 두어 번 정도밖에 못 만나니까요."

직장생활의 스트레스와 불안은 점점 심해져서, 일반 사람들이 차이니즈 드림이라고 꿈꾸는 인생을 살고 있는 부자들도 밤에 잠을 이루지 못한다. 이러한 자본주의의 폐해는 과거에는 듣지도 보지도 못한 신종 사회 문제들을 만들어냈다. 알코올 중독자나 마약 중독자들의 수도 엄청나게 급증했다. 게다가 유사 이래 처음으로 중국인들은 도박, 인터넷 중독에 거식증과 같은 식사 장애까지 경험하고 있다.

중국 최초의 심리치료 교육 프로그램을 만들기도 한 독일의 정신과 전문의인 마가레테 하스–비제가르트는 "중국은 더 이상 만만디한 나라가 아니다. 모든 것이 불안정하고, 돈이 무엇보다도 중요해졌다. 좋은 학교, 좋은 병원을 가려면 돈을 지불해야 하고, 그러기 위해서는 열심히 일을 할 수밖에 없는 나라가 되었다."고 지적했다.

중국은 이제 일본의 광기를 따라잡는 데 일단 성공한 것으로 보인다. 그리고 거기서 파생되는 여러 가지 문제점들도 역시 따라잡은 듯 하다. 조기 사망이나 여러 가지 장애의 가장 큰 원인은 심리적인 병리 현상과 자살이다. 연구 결과에 따르면 중국 인구 6천만 명 이상이 정신병으로 고통 받고 있으며, 그 중에서 우울증이 가장 흔한 질병이라고 한다. 그리고 매년 2만 명 이상의 국민들이 자살을 시도한다고 한다.

항상 거지처럼 밑바닥으로 떨어져 보고
싶었는데 잘 안 되더군,
그래서 다시 사무실로 돌아온 게 아닌가.

최근 모 신문에 재미있는 글이 실렸다. 중국 본토에서 자기 계발 도서가 잘 팔리는 가장 큰 이유가 사람들의 스트레스가 급증했기 때문이라는 기사였다.

북미 사람들의 성공은 실패를 의미한다

1980년대와 1990년대 초까지 가증스러운 웃음으로 행복을 가장한 채 살았던 여피족들은 1년에 365일을 할로윈 축제같이 보냈다. 사실 이 야심 찬 베이비붐 세대들은 허영심으로 똘똘 뭉친 인간들이었다. 그들은 스스로를 성공한 사람이라고 포장하기를 좋아했다. 하지만 과연 그들의 삶이 정말 성공한 삶이었을까?

미친 듯이 일에 매달렸던 여피족이야말로 노동 윤리를 유행시킨 장본인들이었다. 그리고 사실 21세기로 넘어가는 길목에서 일 중독을 하나의 유행으로 정착시킨 이들도 여피였다. 고된 노동은 풍요롭고 건강한 삶을 가져다 주는 줄만 알았다. 여피는 인격보다는 가진 것이 더 중요한 사람들이다. 그렇기 때문에 여

피인지 아닌지는 인격보다 재산을 보면 쉽게 파악할 수 있다.

1980년대와 1990년대 여피들은 '남부럽지 않은 생활'이 가능하리라 생각했지만, 실상은 전혀 달랐다. 배금주의와 일 중독으로 인해 상당수의 여피들이 고혈압, 알코올 중독, 약물의존 등으로

> 단 1초라도 더 살 수 있다면, 짐이 가진 모든 것을 다 내 놓으리라.
> - 엘리자베스 1세

고생했다. 많은 연봉을 받았지만 여피들은 여가를 돈으로 살 수 없다는 것을 알게 되었다.

그런데 불행하게도 21세기에 들어서면서 상황은 더욱 악화되었다. 오늘날 대부분의 베이비붐 세대들은 '행복한 생활'에 필요한 여가생활을 포기해 가면서 더욱 더 냉정하게 일에만 매달리고 있다. 더구나 북미의 기업들은 지금도 1980년대와 1990년대에 크게 유행했던 베이비붐 세대들의 일 중독 윤리를 여전히 일선 직원들에게 강요하고 있다. 일 중독증이 노동자들과 사회 전체에 어떤 피해를 주는가에는 눈곱만한 관심도 없다.

모순적이지만, 북미 사회에서 성공한 삶으로 인정받고 있는 삶은 사실 일과 여가가 조화를 이룬 삶이라는 관점에서 보면 결코 성공한 삶이 아니다. 일반적으로 좋은 직업을 가진 사람들일수록 일과 삶 사이의 균형이 깨져 있을 확률이 높다. 그런데도 연봉이 높고 낮음에 관계없이 모든 노동자들이 이에 영향을 받는다. 최근 모 연구기관이 미국의 노동자들을 대상으로 일과 개인적인 삶과의 균형 관계를 물었더니, 수천만 명에 달하는 응답자들이 만족하지 못하고 있다고 응답했다. 25세에서 44세 사이에 있는 고용 인구에게 물었을 때, 과반수가 친구나 가족과 같이 보낼 수 있는 시간이 충분치 않다고 답했다.

수백만 명의 사람들이 휴가를 반납하고, 일이 아닌 다른 활동에는 모든 관심을 끊은 채 일에만 매달려 있는 셈이다. 이런 사람들은 친구나 가족, 교회를 통

해 정서적인 욕구를 만족시켜 주어야 함에도 불구하고 상사와 직장 동료에게만 의존하고 있다. 직업과 노동이 자기 존중감, 인정, 승인 메커니즘의 제일 중요한 근거가 되었다는 사실은 너무 슬프다.

오늘날 직장인들 중에는 자신의 존재 가치를 잃어버리고 정신과 의사를 찾는 사람들이 점차 늘어나고 있다. 샌프란시스코의 컨설팅 심리학자인 메이나드 브루스만은 〈패스트 컴퍼니(Fast Company)〉와의 인터뷰에서 이렇게 말했다. "이제 직장은 사람들의 공동체가 되었습니다. 사람들은 거기서 일도 하고, 메시지도 얻고, 파티에도 갑니다. 불안하다며 나를 찾아오지만 대개는 그 이유를 모릅니다. 그 문화에 젖어 있으니까요. 그런데 문제는 그게 건강한 것이냐 하는 건데, 제가 보기엔 아닙니다."

정체성의 상실만이 건강하지 못한 것이 아니다. 과중한 노동에 따르는 정신적, 육체적 스트레스도 건강하지 않기는 마찬가지이다. 일도 운동과 다르지 않다. 지나치면 모자란 것만 못하다. 건강 전문가들은 과중한 업무는 위궤양, 허리디스크, 불면증, 우울증, 심장병과 같은 질병들을 유발시킨다는 사실을 과학적으로 증명해 보여 주고 있다. 여기 나열된 질병들은 지금 당장에라도 우리의 발목을 잡을 수 있다. 물론 이 목록에 조기 사망도 하나 덧붙여야 할 것이다. 과로로 인한 조기 사망은 일본, 중국, 북미는 물론 세계 어느 지역이든 관계없이 언제든지 현실화될 수 있다.

국민 총 생산의 '총'은 과연 무슨 뜻일까

경제학자, 기업가, 정치인들은 실질적으로 GNP가 증가하게 되면 사는 것도 더 풍요로와질 것이라고 주장한다. 국민 총 생산은 해당 연도에 한 국가 내에서 생산된 서비스와 재화의 가치를 모두 더한 것으로써, 한 국가의 경제 수준을 알려 주는 척도가 된다. 그래서 어느 나라의 경제든 GNP를 올리는 것이 그 목표가 된다. GNP 성장률은 너무 가팔라서도 안 되고 느슨해서도 안 된다. 국민들이 행복하게 살 수 있는 권리를 보장해 주고, 국민들이 원하든 원치 않든 간에 국민 모두에게 일자리를 제공해 줄 수 있는 정도의 수준이면 적당하다.

> 경제학자들을 모두 한 자리에 모아 놓는다면, 어떤 결론에도 이르지 못할 게 뻔하다.
> - 조지 버나드 쇼

나는 사설 직업학교와 대학에서 경제학을 가르친 경험도 있는데, 그 때마다 느낀 것이 GNP를 과연 경제 성장의 척도라고 봐야 하는가 하는 점이었다. GNP는 담배 소비, 무기 생산과 같은 수상쩍은 것들의 소비가 늘어날 때 같이 증가하게 되어 있다. 예를 들어, 교통 사고가 증가하게 되면 장례식, 병원 치료, 차 수리, 신차 구입비 등의 증가로 GNP도 같이 증가하게 된다.

GNP의 증가가 성공의 중요한 척도라면, 액손 발데즈(Exxon Valdez)호의 선장이 경제학으로 노벨상을 받지 못했다는 점은 너무 뜻밖이다. 사실, 미국의 GNP는 발데즈호의 기름 유출로 인해 170억 달러가 증가했다. 그 이후에도 미국에서는 많은 대형급 기름 유출 사고가 있었을 것이다. 1년에 수백 건씩 대형 기름 유출 사고가 일어난다면 GNP도 증가하고 나아가서 실업률도 영으로 떨어질 것이다. 기름을 치우려면 많은 인력이 필요할 것이기 때문이다.

일반적으로 GNP가 증가하면 국민들의 생활 수준이 높아지고 행복지수도 더 높아질 것이라 믿지만 사실은 그렇지 않다. 그런데도 우둔한 정치가나 경제학자, 비즈니스맨들은 성장을 위한 맹목적인 성장을 지지한다. 물론 성장을 위한 성장 논리는 암세포의 생리와 같다.

> 경제학자들을 모두 한 자리에 모아 놓는다는 것도 그리 나쁜 생각은 아닐 것이다.
> - 무명씨

GNP가 미심쩍은 여러 가지 활동을 통해서 증가한다는 사실을 고려할 때 GNP의 진짜 의미는 국민 총 생산이 아닌 국민 생산의 우둔함을 의미한다고 봐야 옳을 것이다.

살기 좋은 세상을 만드는 사람은 거지들이다

CBC 라디오 프로그램 〈오늘 아침 (This Morning)〉의 MC인 마이클 엔라이트는 SUV(스포츠형 다목적 차량)를 구매하는 도시민들은 "정신적 성장이 멈춘 사람이거나 진화가 덜 된 사람들이 틀림없다."고 비난했다. 실제적으로 SUV를 소유한 사람들 중에서도 극소수만이 원래 용도를 위해 그 차를 사용한다는 점을 고려해 볼 때, 나는 이 말이 전적으로 옳다고 생각한다. 원래 SUV는 캠핑, 사냥, 혹은 일반 자가용으로는 가기 힘든 산악 지형을 통과할 때 쉽게 잘 가도록 설계된 차량이다.

> 비 내리는 토요일 오후에 뭘 할 건지도 모르는 사람들이 불멸을 갈망한다.
> · 수잔 에르츠

SUV는 사실 속없고 정신적으로 미숙한 사람들이 신분 과시용으로 구입하는 물건이라는 것말고는 무슨 뜻이 있을까. 크기도 너무 크고, 가격도 너무 높고, 터무니없이 과대 평가되어 있는 이 초대형급 장난감은 유약한 정체성을 가진 사람들의 신분 상승을 도와주고, 실제적으로는 자동차 판매업자들의 배를 불려준다. 이 값비싼 차를 구매하기 위해서는 당연히 더 많이 일을 해야 할 것이고, 그런 점에서 볼 때 SUV가 사람을 더 행복하게 만들어 준다는 데에는 동의할 수 없다. 당연히 값비싼 SUV의 판매가 늘어나면 GNP도 같이 증가한다. 그런데 그게 무슨 소용인가? 우리 모두한테 안 된 일이지만, 사실 연료 소비가 많은 SUV는 다른 어떤 자동차보다도 환경에 유해하다.

가끔은 나도 자네들처럼 열심히 일하고 싶은 충동이 마구 솟아오르기도 하지, 그런데 잠깐이야. 그 기분만 사라지고 나면 다시 괜찮아지거든.

　100년도 더 전에, 영국의 철학자이자 경제학자인 존 스튜어트 밀은 세계의 경제 성장률이 이대로 지속된다면, 환경 파괴는 불가피할 것이라고 경고했었다. 이런 말을 했을 때 밀이 전제했던 것은 서구 사회가 정의하는 부와 환경 파괴는 뗄래야 뗄 수 없는 관계라는 사실이었다. 아직 잘 모르는 사람들이 있을지 몰라 하는 말인데, 환경은 인간이 필요로 하는 모든 것을 감당해 낼 수 없다. SUV가 그 단적인 예이다.

　최근 들어 환경 보호에 대한 인식이 점차 중요해지고 있지만, 황금만능주의 가치관과 성공에 대한 지나친 집착이 심각한 환경 오염을 초래한다는 사실을 인정하려는 사람은 거의 없다. 여기서 노동 윤리의 역할이 중요하다. 사람들이 조금 덜 일하고, 조금 더 적게 쓰고, 조금만 더 여유를 가진다면 보다 깨끗한 환경을 만들어 낼 수 있다. 편히 놀고, 일 안하고, 적게 쓰는 거지들이 사실 돈벌기에 혈안이 된 사람들보다 환경 보호에 더 기여하는 것이 많다. SUV 주인보다 거지가 더 낫다는 것은 두말할 나위도 없다.

사실 노동이라는 것은 지구 표면에 존재하는, 혹은 그 근처에 존재하는 물질을 다른 물질로 변화시키는 일이다. 달리 말하자면 어떤 종류의 노동이든지 노동이라 함은 천연자원을 훼손하는 일이 될 수밖에 없다는 뜻이다. 그렇기 때문에 모든 노동은 환경 오염을 유발할 수밖에 없고, GNP의 증가는 환경을 희생시키고 얻는 대가인 것이다.

사실, 우리는 SUV가 꼭 필요한 것도 아니고 행복해지려면 꼭 GNP가 증가되어야 하는 것도 아니다. 지금 우리가 높은 생활 수준을 유지하기 위해 사용하고 있는 자원의 반만 가지고도 큰 무리 없이 살아갈 수 있다. 가치관만 바꾸면 얼마든지 이 목적을 성취할 수 있다. 물론 노동 윤리를 없애는 것도 한 방법이다. SUV 생산과 같은 멍청한 짓만 안 해도 큰 도움이 될 것이다.

노동을 줄이고 여가를 늘린다고 해서 환경 보호에 큰 도움이 되지는 않을 것이다. 하지만 개인의 행복과 안녕에는 영향을 미칠 수 있다. 불행하게도 대부분의 경제학자들이나 비즈니스맨들은 돈이 있고, 그 돈으로 레저 용품이나 서비스를 구매할 수 있을 때만이 행복한 여가생활이 가능하다고 주장한다. 다시 말해, GNP를 늘릴 수 있는 여가 활동만이 가치가 있다는 뜻이다. 이런 견해를 가진 경제학자나 기업가들은 경제학계의 총아인 존 케네스 갈브레이스의 지적에 귀기울여 볼 필요가 있다. 그는 돈을 언제나 좋은 것만으로는 보지 않았다.

갈브레이스는 이렇게 말했다. "공기가 오염되어 숨을 쉴 수 없고, 물이 오염되어 마실 물이 없어지고, 통근자들이 교통체증 때문에 진을 빼고, 거리가 더러워지고, 학교가 엉망이 되어 아이들이 학교를 가지 않으려 하고, 갱들이 나타나서 세금 감면으로 어렵사리 모아 놓은 돈을 몽땅 빼앗아 가는 사회가 된다면,

돈 몇 푼 더 버는 게 뭐 그리 좋은 일인지 의문이다."

지구를 지키기 위해서는 병이나 캔을 재활용하는 것만으로는 부족하다. 가장 중요한 것은 가치관을 바꾸는 것이다. 단순히 여가 시간에 할 일이 없고, 일거리가 필요하기 때문에, 쓸모도 없는 잡동사니들과 다양한 제품을 생산한다는 논리는 정말 말도 안 된다.

인생에서 정말로 중요한 것

요약하자면, 북미 사회에서 중요하게 받아들여지는 가치에는 명확한 한계와 단점이 있다. 맹목적으로 이러한 가치를 추종해 왔다면, 생각을 바꿀 필요가 있다. 생각을 바꾸면 삶의 질을 개선하는 것도 어렵지 않다. 노동이란 신성한 것이고, 노는 것은 천박한 것이라는 경직된 믿음은 실직이나 은퇴 상황을 보다 현명하게 처리할 수 있는 능력을 떨어뜨린다. 또한 이러한 가치관은 일과 삶 사이의 조화로움을 파괴한다.

애석하게도 사람들은 지난 몇 십 년 동안 중용의 덕을 상실해 왔다. 오늘날 대부분의 사람들은 습관적으로 더 크고 더 좋은 것을 갈망하며, 그것을 위해서는 노동 시간을 늘려야 한다는 도날드 트럼프식의 가치관을 갖고 있다. 하지만 18세기의 신사들은 우리와 달랐다. 그때만 해도 사람들은 여유 있게 쓸 만큼의 돈을 벌면 은퇴를 해서 보다 가치 있는 삶을 살아가려 했다. 사실 이런 삶의 양식은 그 어느 때보다 우리에게 시사하는 바가 크다. 여가 활동을 통한 개인의 성장은 노동으로 얻는 물질적 성공보다 훨씬 더 큰 만족을 가져다 준다.

수준 높은 생활을 하기 위해서는 주변의 모든 것들이(자동차, 집, 스테레오,

일) 필요하다. 하지만 이런 것은 생활의 편리를 위한 것일 뿐 그 이상의 의미는 없다. 행복의 근원이 될 수 없다는 것이다. 우리가 소유한 물건, 우리가 살고 있는 집, 우리의 직업은 부차적인 것이다. 무엇보다도 성공은 노동의 시간이나 재산으로 평가되어서는 안 된다.

> 노동의 목적은 여가를 얻는 것
> 이다.
> - 아리스토텔레스

인간의 진정한 본질은 고차원적이다. 궁극적으로 오늘날 우리에게 가장 중요한 것은 어떻게 사느냐 하는 것이다. 어떤 것을 배우고, 얼마나 웃고 신나게 인생을 즐기며, 주변에 있는 세상에 대해 얼마만큼의 애정을 표현할 수 있는가 하는 것이다. 이것이 인생의 핵심이다.

건강한 여가 생활을 원한다면 일을 줄여라

04

치즈 없는 덫

터널을 여러 개 만든 다음 3번 터널에만 치즈를 갖다 놓고, 쥐로 하여금 찾아 가는 실험을 해 보아라. 그러면 쥐는 3번 터널에 치즈가 있다는 사실을 안 다음 부터는 그 쪽으로만 가려 할 것이다. 일단 치즈가 있는 터널이 3번이란 사실을 안 후에는 다른 터널을 기웃거릴 필요가 없는 것을 안다. 그렇게 몇 차례를 반 복한 다음에는 다시 치즈를 3번이 아닌 6번 터널 에 가져다 놓아라. 그러면 쥐는 계속해서 3번 터 널을 기웃거려 봐야 아무 소용이 없다는 사실을 깨닫게 되고, 6번 터널에 치즈가 있다는 것을 알

> 난 치즈를 원하는 게 아니다. 단지 덫에서 빠져나가고 싶을 뿐이다.
>
> - 스페인 속담

게 될 때까지 계속 다른 터널들을 기웃거릴 것이다. 물론 6번 터널에 치즈가 있 다는 사실을 안 후에는 다시 그 터널에만 나타날 것이다.

쥐와 인간의 차이점이 있다면, 쥐는 치즈가 없는 터널이라는 것이 확인되면 더 이상 그 터널에는 타나나지 않는데, 인간들은 치즈가 없는 터널이 분명한데

도 자꾸 그 터널에 머무르려 한다는 사실이다. 이상하게도 대부분의 인간들은 치즈가 어디 있는지 궁금해하지도 않고, 치즈를 찾기 위해 재도전을 시도하지도 않는다. 당연히 같은 자리만 고수하려는 사람은 절대 치즈를 찾을 수 없다.

여기서 '치즈'란 일이나 삶과 관련된 행복, 만족, 자아 실현을 상징한다. 2003년 초, 타워스 피런 경영 컨설팅사(Towers Perrin Management Consulting)가

> 인생에는 속도를 높이는 것 이상으로 중요한 것이 있다.
> - 모하마드 간디

캐나다와 미국의 직장인들을 대상으로 설문 조사를 실시한 적이 있었다. 당시 설문 조사에 응했던 과반수 이상의 직장인들은 자신의 일에 만족하지 못한다고 응답했다. 그리고 3분의 1은 그 감정이 굉장히 부정적인 것이라고 응답했다. 직원들은 불행감과 불만, 자아 실현 불가능의 원인으로 따분함, 격무, 미래에 대한 불안, 상사의 인정이나 지지 부족 등을 꼽았다.

이런 결과를 뒷받침해 주는 다른 연구 결과도 있다. 이 연구에 참여했던 화이트칼라들은 70% 이상이 자기 일에 만족할 수 없다고 응답했다. 결론적으로 대다수의 직장인들이 좋아하지도 않는 일을 하면서 점점 더 많은 시간을 일에 쏟아 붓고 있는 것이다. 그런데 한 가지 놀라운 사실은 이렇게 불합리한 상황을 인식하고 있으면서도 환경을 바꿔 보려는 노력을 기울이는 사람이 거의 없다는 것이다. 즉, 치즈가 있는 터널을 찾으려고 노력하는 사람이 없다는 뜻이다.

사람들은 의미 없는 과열 경쟁을 일컬어 이야기할 때 곧잘 '쥐'를 빗대어 말하기를 좋아한다. 하지만 이 비유는 적당하지 않다. 쥐들에게는 모욕적인 언사

> 정신병 증세 중 하나는 자기 일이 대단히 중요하다고 믿는 것이다.
> - 버틀란드 러셀

이다. 쥐들은 절대 치즈가 없는 터널에는 오래 머무르지 않는다. 오히려 쥐들이 다른 해결 방법을 찾아 볼 생각도 않고, 똑같은 터널에만 죽치

고 앉아 있는 상황을 가리켜 "인간 같다."고 표현하는 것이 더 타당하다.

이 글을 읽는 독자가 쥐 같은 사람이거나 혹은 행복한 은퇴생활을 보내고 있는 사람이라면, 이 장의 뒷 부분은 건너뛰어도 좋다. 하지만 직장에 다니고 있는 사람, 혹은 실직 상태이지만 언젠가는 다시 직장에 복귀할 계획이 있는 사람들은 끝까지 읽어보는 것이 좋다. 불행하게도 직장은 우리가 찾고 있는 모든 유형의 치즈를 항상 제공해 주지는 않는다. 인간들이 자꾸만 치즈도 없는 덫에 갇히게 되는 이유는 터널에 대한 환상 때문이다. 직장생활로는 행복, 만족, 자아실현의 꿈을 이룰 수 없다. 무엇보다도 이 장은 터널에 대한 환상을 극복함으로써 일과 삶 사이의 균형 감각을 회복하고, 보다 행복한 은퇴생활을 준비할 수 있도록 하기 위해 마련되었다.

난 어떤 사람일까?

아래 〈Exercise〉는 자신이 치즈가 많은 터널에 있는지 혹은 그렇지 않은지를 알아보기 위한 질문이다. 물음에 답하라.

Exercise 4-1

간단한 질문

시간을 오래 끌지 말고 답하라.

나는 누구인가?

위의 〈Exercise〉를 풀라고 하면 모든 직장인들은 자신의 직업, 국적, 종교, 결혼 여부, 거주 지역, 나이 따위를 적어 놓을 것이다. 하지만 여기서 제일 크게 초점이 맞춰지는 부분은 뭐니뭐니해도 직업일 것이다. 유일하게 이것 하나만 적어 놓은 사람도 많을 것이다. 일 말고는 자신의 정체성을 규정할 만한 일이 하나도 없다는 사실은 정말 안타까운 일이다.

본말이 전도된 것 같이 들리겠지만, 정체성을 오도하는 것 중에는 직업도 한몫을 한다. 사람은 일을 통해서는 자신의 진정한 자아를 드러낼 수 없다. 그렇기 때문에 결과적으로 직업은 사람을 구속하는 역할을 한다. 우리는 처음부터 의사, 변호사, 선생, 노동자로 태어나지 않았다. 이런 직업은 생계를 위해서 사람들이 직업으로 선택한 것들이다. 물론 어떤 경우에는 정체성을 보다 '좋게' 포장하기 위해 사회적으로 인식이 좋은 직업을 선택하기도 한다.

그렇다면 내 정체성은 직업과 얼마나 많은 연관이 있는가? 가끔씩 자기 자신과 직업을 결부시키는 것은 괜찮다. 하지만 직업은 정체성을 이루는 여러 요소

예, 이 일이라면, 제가 훨씬 멋진 놈이 될 수 있을 것 같은데요. 이것만 있으면 BMW를 되찾아올 필요도 없을 것 같네요.

들 중 극히 작은 부분에 국한되어야 한다. 일을 너무 사랑한 나머지 그 일에 치여 사는 것조차 행복한 사람이 있다고 해도 이 진실은 변하지 않는다. 따라서 직업이 자신의 정체성에서 가장 큰 부분을 차지하고 있다면, 인간 존재로서의 자기 면모를 스스로 제한하고 있다는 사실을 깨달아야 한다.

다행히도 우리의 존재는 일보다 천배, 만배 더 중요하다. 단지 대부분의 사회 구성원들이 일은 곧 자기 자신이라고 믿기 때문에 그 동안 이 사실을 미처 깨닫지 못했을 뿐이다. 자기 본연의 모습을 발견하고 싶은 사람은 이 세상에서 일이란 것이 없어진다고 했을 때 어떤 사람이 되고 싶은지를 스스로에게 물어라. 그리고 자기 자신에게서 가장 두드러진 특징을 5가지 적어 보아라. 단, 일과 무관한 특징을 기록해야 한다. 예를 들어 야심만만하고, 체계적이며, 노력하는 직장인이라고 적어서는 안 된다.

사실 인간의 본질은 직업만으로는 온전히 설명할 수 없다. 이것은 비단 오늘만의 진실이 아니다. 내면 깊숙한 곳의 자아를 들여다보면 직업이 인간의 정체성 전체를 규정할 수 없음을 알 수 있을 것이다. 재산, 지위, 권력, 혹은 이 모든 것을 다 합해도 온전한 내가 될 수 없다. 진정한 자아는 창의력, 친절함, 열정, 자애로움, 사랑, 기쁨, 자발성, 타인과의 유대, 유머 감각, 영성과 같은 보다 심오한 것들을 토대로 하고 있다. 이러한 특징을 토대로 하여 건강하고 새로운 정체성을 확립했을 때 치즈가 가득한 터널을 발견할 수 있으리라는 것은 너무나 분명한 사실이다.

기업에는 무식한 사람들만 우글거린다

기업의 임원들은 21세기에도 여전히 구시대적인 가치관과 행동 방식을 고수하고 있고, 이는 일 중독으로 대변되는 직장 문화를 영구적으로 고정시키는 데 일조하고 있다. 일 중독 때문에 생기는 심각한 건강상의 문제점과 사회적인 문제들을 고려해 볼 때, 만일 지구인보다 더 똑똑한 외계인이 지구를 방문했다면, 미국 기업에서 일하는 사람들은 상층부 임원들을 포함하여 모두 어리석은 놈들이라고 생각했을 것이다.

무지의 바다에서 활개치는 일 중독자들은 쉽게 받아들여질 뿐만 아니라 존경의 대상이 되기도 한다. 일 중독은 탐욕이나 권력과 관계된 것이기에 많은 비즈니스 리더들이 일 중독자들을 애지중지한다. 직원들 대부분이 일 중독자들로 구성된 부서에서는 일주일에 60시간 내지 80시간 일하는 것은 아무것도 아니다. 게다가 어느 누구도 작업 시간의 연장에 대해서 불만을 토로하지 않는다. 일

> 무지는 결코 유행이라는 것을 타지 않는다. 어제도 대단했으며, 지금도 한창이고, 내일도 이 세상을 주름잡을 것이다.
> - 프랭크 데인

중독자들은 일상적인 생활 속에서는 영웅심을 느낄 일이 전혀 없기 때문에 직장에 과잉 충성함으로써 영웅심을 느낀다.

사실, 일 중독자는 말 그대로 중독자이기 때문에 술이나 마약 중독자들과 조금도 다르지 않다. 모든 중독자들은 자신들의 중독 증세를 부정한다는 점에서 모두 심각한 정신병 환자다. 일 중독자를 지원해 주는 기업이나 사회도 마찬가지이다. 기업이나 사회도 중독자들보다 조금도 나을 게 없는 중증의 환자들이다.

그렇다면 왜 이 사회와 기업은 중독을 부추기는가? 앤 윌슨 새프의 책『중독되어 가는 사회(When Society Becomes An Addict)』에서 이에 대한 자세한 설명을 실었다. 그녀는 중독은 이제 미국 사회의 규범이 되었다고 설명한다. 다른 조직들도 마찬가지지만, 사회 자체가 중독자가 되었다는 것이다. 최근에 펴낸

『중독된 조직(The Addictive Organization)』에서 그녀와 공동저자인 다이앤 파셀은 왜 대부분의 대규모 조직들이 중독이라는 병에 영향을 받는지에 대해 상세히 설명했다.

노동과 속도의 중요성을 알리고 강조하는 것은 생산성을 늘리기 위해서이다. 현실적으로 이런 일은 생산성을 늘리려고 할 때만 나타난다. 기업은 직원들에게 개인적인 여가생활을 희생해가면서 더 많이, 더 열심히, 더 빠르게 일할 것을 강요하지만, 그렇다고 해서 더 많은 것을 성취할 수 있는 것은 아니다. 스트레스와 피로로 고통받고 있는 직원들의 작업 능률은 쉽게 떨어지고, 장기적으로 보면 작업 성과에도 부정적인 영향을 미친다. 실제로 생각을 정리할 시간을 갖지 못하는 직원들은 계속 같은 실수를 남발하게 되고, 장기적으로는 혁신성과 생산성 모두를 떨어뜨린다.

> 시골에서 죽어라 하고 일하는 사람은 도시에서 살 수 있다. 그런데 시골에서 살려면 다시 죽어라 하고 일을 해야 한다.
> - 돈 마르끼스

일에 미친 기업 문화가 가져오는 부정적인 결과는 매우 심각하다. 조금도 쉴 틈을 주지 않는 격무와 광기 어린 경쟁 체제 속에서 살아남아야 하는 많은 직원들은 이미 개인적인 꿈을 상실했다. 가정생활의 파괴, 이혼과 별거, 사회적 가치의 망각이 모두 과도한 노동의 결과이다. 피로에 지친 사람들에게 인생의 목적이나 의미, 열정 같은 것은 눈에 보이지 않는다.

베이비붐 세대야말로 치즈 없는 덫에 걸려 있는 전형적인 세대들이다. 하지만 베이비붐 세대들의 처지가 그렇게 된 것은 기업뿐만 아니라 그들 자신에게도 원인이 있다. 모든 일은 1970년대에 시작되었다. 그 시대의 주역들이 노동 시장에 뛰어들기 시작했을 때, 그들은 교육 수준이 높았고, 헌신적이었으며, 충성심이 강했다. 하지만 일자리보다는 경쟁자들이 더 많았던 탓에, 그들은 승진과 안정적인 직업을 위해서는 죽기 살기로 일해야 한다고 생각했고, 그렇게 열성적으로 일에 매달렸다. 그네들의 희생은 경제적인 면에서나 경력 면에서 보상을 받는 듯 했다. 하지만 그것은 영구적인 것이 아니라 일시적인 일이었다.

문제는 기업이 조직을 위해 몸과 마음을 바쳐 충성하려고 했던 베이비붐 세대들의 의지를 악용했다는 사실이다. 1990년대 그리고 21세기에 들어오면서 많은 사람들이 다운사이징으로 인해 직업을 잃었다. 그리고 남아 있는 사람들은 살아남기 위해 빠져나간 사람들 몫의 일까지 자발적으로 하려 들었다. 그 결과 21세기 사람들의 삶의 방식에는 더 많은 문제점이 생겨나게 되었다.

하지만 이런 악조건 속에서도 희망은 피어났다. 일 중독에 걸려 인생을 망친 부모들을 보고 자라난 대다수의 베이비붐 세대 2세들은 일과 삶의 균형에 대해 부모 세대들과는 다른 태도를 갖게 된 것이다. 그들에게 노동과 삶의 조화는 하루 노동 시간을 8시간 미만으로 줄이고, 일이 아닌 여가 시간을 대폭 늘리는 것을 의미했다.

노동은 창의력의 적

몇 년 전 헨리 포드가 포드사의 업무 성과를 평가하기 위해 한 능력 있는 전문가를 고용했다. 그 전문가는 회사의 효율성을 상당히 긍정적으로 평가한 보고서를 제출했다. 그는 모든 것이 다 만족스럽지만, 한 가지가 마음에 걸린다고 했다. 그가 헨리 포드에게 말했다. "저쪽 사무실에 앉아 있는 저 작자가 회장님 돈을 낭비하고 있는 친굽니다. 내가 저 친구를 여러 번 봤는데, 그 때마다 책상 위에 발을 올려놓고 노닥거리고 있었습니다."

그러자 헨리 포드는 이렇게 답했다. "저 친군 수백만 달러를 절약할 수 있는 아이디어를 낸 대단한 친구야. 그 아이디어를 낼 때도 저 친구 발은 지금 그 자리에 있었어, 책상도 똑같구먼 그래."

이 이야기의 교훈은 명백하다. 회사에도 수백만 달러를 벌게 해 주고 나 자신도 그런 어마어마한 큰돈을 만져 볼 생각이 있는 사람은 일만 하지말고 놀기도 해야 한다는 것이다. 적당히 쉬면서 상상력을 활용하는 것이 죽도록 일만 하는 것보다 훨씬 더 효과적이다. 창조적인 빈둥거림, 혹은 생산적인 휴식은 주머

하루에 8시간을 성실히 일한 사람은 후에 사장이 될 것이다. 그러고는 하루에 12시간을 일해야 한다.
· 로버트 프로스트

니 사정에도 큰 도움을 준다. 창조적인 사고는 수백만 달러의 가치로 이어질 수 있다.

수많은 사람들이 삶의 변화를 간절히 원하고 있다. 하지만 삶의 변화를 꾀할 수 있는 아이디어를 짜낼 시간적 여유조차 없는 것이 우리네 현실이다. 하루하루 중노동에 찌들어 사는 사람들로서는 느긋하게 앉아 창조적인 사고를 할 수 있는 여유가 없다.

일 중심적인 사회에 살고 있는 한, 사람들은 성공하기 위해서는 계속해서 바빠야 한다고 믿을 수밖에 없다. 일 중심적인 사회는 가공할 만한 부와 명성은 가장 열심히 일하는 사람에게 주어진다고 가르친다. 사실, 사람들이 두려워하는 것은 여가를 즐김으로써 돈을 벌 기회를 놓치고 결국 낙오자가 될지도 모른다는 불안이다. 아이러니한 이야기이지만, 실은 지금 여유를 갖고 살아야 나중에 더 큰 부를 거머쥘 수 있다. 고된 노동은 인간의 창조적인 능력을 방해한다.

노동 윤리는 우리 사회에서 막강한 힘을 발휘하지만 그 힘의 본질은 음험하다. 그것은 우리로 하여금 바람직한 사회 구성원이 되기 위해서는 생산적인 활동을 끊임없이 계속해 나가야 한다고 명령한다. 많은 사람들이 빈둥거림은 야

망을 억압하고 생산성을 방해하는 못된 짓이라고 생각한다. 하지만 빈둥거림은 야망을 억압하지 않는다. 어떤 사람들은 빈둥거림을 통해서 생산성이 더 높아지고, 장기적인 안목에서 보면 더 큰 부를 획득할 수 있다.

역사에는 창조적 능력을 발휘하여 생산적인 활동을 한 많은 위인들이 있다. 그들이 이렇게 생산적인 활동을 할 수 있었던 것은 빈둥거릴 수 있는 능력이 있었고, 그것을 건설적인 빈둥거림으로 승화시켰기 때문이었다. 마크 트웨인의 재기 넘치는 글들은 대부분 침대에서 나왔다. 영국의 유명한 비평가인 사무엘 존슨은 오전 12시 이전에 일어난 적이 거의 없었다. 이 외에도 오스카 와일드, 버틀란드 러셀, 로버트 루이스 스티븐슨, W. 서머셋 모옴 등이 게으름뱅이로 악명이 높았다.

> 난 일이 좋아서 해 본 적이 단 한 번도 없다. 내게 일이란 자유의 침해이다.
> - 대니 맥귀티

서구 사회에 살고 있는 대부분의 사람들처럼, 이 책을 읽는 독자들도 성실 근면한 것이 좋은 것이고, 하나의 길만을 고집해야 하며, 분석적인 마인드를 가져야 한다고 세뇌되어 있을 것이다. 이런 생각이 옳다고 믿고 있는 이상 느긋한 게으름뱅이의 생활방식을 선택하기란 결코 쉽지가 않다.

창조적인 능력을 100% 발휘하고, 성취감을 만끽하면서 경제적으로 자립할 수 있을 만큼의 돈을 벌기 원한다면 일에만 매달려서는 안 된다. 반드시 휴식을 취하면서 큰 그림을 그려보고, 10년 후, 20년 후를 내다볼 수 있는 안목을 길러야 한다. 참신하고 파격적인 아이디어가 나올 수 있논 상황이나 태도는 따로 있다. 장기적인 관점에서 돈을 벌고 이를 통해 경제적으로 자립할 수 있는 토대를 마련하는 가장 확실한 방법은 편안한 휴식과 안정이다.

인류 역사의 위대한 업적들은 휴식을 통한 위대한 통찰에서 시작되었다. 아르키메데스는 목욕 중에 부력의 원리를 발견했다. 아이작 뉴턴은 사과나무 밑에 앉아 있다가 우연히 사과가 떨어지는 것을 보고 중력의 법칙을 발견했다. 만

일 이 두 사람이 지금과 같은 작업 환경에 있었다면 이러한 위대한 발견 같은 것은 전혀 할 수 없었을 것이다. 하루 종일 책상 앞에 앉아 전화를 받으며, e-메일을 확인하고, 정신 없이 서류들을 처리하는 생활은 상상력을 자극할 수 없다.

창조적인 아이디어는 정신 없이 바쁘게 뛰어 다닐 때는 나오지 않는다. 아마 이것은 누구라도 마찬가지일 것이다. 다시 말하지만 창조적인 빈둥거림은 성공의 필수 조건이다. 바쁜 현대인의 생활 방식은 억만 금의 가치가 있는 창조적인 아이디어를 활용할 수 없게 만든다. 잠재되어 있는 창조적 능력을 최대한 활용할 수 있을 때 비로소 우리는 스트레스에 시달리는 서구 사회의 일 중독자들보다 훨씬 더 풍요로운 삶을 누리게 될 것이다.

스위스에 본사가 있는 스와치 그룹의 CEO이자 공동 창립자인 니콜라스 헤이약은 부도 위기에 처한 회사를 창조적 역량으로 구해 낸 인물이다. 헤이약은 이렇게 충고한다. "계획을 세워라. 하지만 시간을 100% 전부 활용하려 해서는 안 된다. 그러면 창조적 욕망이 사장될 수 있다."

하지만 모든 기업들이 다 그런 것은 아니다. 어떤 기업들은 직원들에게 충분한 여가와 휴식

> 미국 사회는 그 동안 너무 살기 힘든 곳이 되었다. 교회에서 잠에 골아 떨어진 사람을 목격하게 된 것도 벌써 오래 전부터이다. 정말로 슬픈 현실이다.
> - 노만 빈센트 필

을 주는 것이 궁극적으로 기업의 생산성에 도움이 된다는 사실을 잘 알고 있다. 빈둥거리는 방법과 쉬는 방법을 잘 알고 있는 창조적인 직원들은 스트레스도 덜 받고 다른 사람들에 비해 행복지수도 더 높다. 장기적으로 보았을 때도, 수익을 창출하는 아이디어는 이런 사람들에게서 나올 확률이 훨씬 더 높다.

휴렛팩커드는 최근 10만 명의 직원들을 대상으로 일과 휴식 사이의 조화를 강조하는 사내 캠페인을 시작했다. 이 프로그램의 책임자는 잦은 장기 출장은 직원들의 창의력을 감소시키고, 직원들의 정신과 육체를 황폐화시킨다고 주장

했다. 휴렛팩커드는 직원들에게 그들의 정신 건강과 기업 혁신의 향상을 위해 작업 시간을 줄일 것을 적극 권장하고 있다.

파격적인 아이디어는 마음이 편할 때, 긴장과 큰 부담으로부터 해방되었을 때, 그리고 자기 자신에 대한 자신감이 충만했을 때 나올 수 있다. 그런 점에서 빈둥거림은 창조적 역량의 물꼬를 터 줄 가장 좋은 방법이다. 또한 창조적인 빈둥거림은 얻을 것도 없는 일에 괜히 바쁘기만 한 사람보다는 타인과 이웃, 자기 자신에 대해 더 많은 것을 알고 싶어하는 사람들에게 필요한 것이기도 하다.

> 우리는 언제나 살아갈 준비가 되어 있다. 하지만 진짜 인생다운 인생을 살 준비는 되어 있지 않다.
>
> · 랄프 왈도 에머슨

하루 일과가 바쁘고 고단하겠지만, 그래도 빈둥거리면서 창조적인 사고를 할 수 있는 시간을 충분히 남겨 두어라. 이렇게 하는 것이 두 세 시간 더 일하는 것보다 개인의 안정과 경제 사정에 훨씬 더 효과가 좋다. 빈둥거림은 상상력을 키워 줄 뿐 아니라 건강에도 더 유익하다. 빈둥거림이 스트레스를 낮춰 주고 많은 질병들을 예방해 주기 때문이다. 또한 빈둥거림은 미래의 여가생활을 위해서도 필수적이다. 빈둥거림을 통해서 우리는 미래에 만끽하게 될 자유와 성공의 성취감을 미리 맛볼 수 있다.

독자들이 한 번 시도해 볼 수 있는 가장 생산적인 활동 가운데 하나는 1~2주쯤 휴가를 내서 자신의 재능과 지식을 100% 활용할 수 있는 아이디어를 만들어 보는 것이다. 수입을 창출할 수 있는 아이디어라면 지속적인 성장과 부를 얻기 위한 중요한 첫걸음이 될 것이다. 중요한 것은 하루에 3~4시간 정도 빈둥거릴 수 있는 시간을 마련하여 직장과 관련된 일을 모두 잊고 지내는 것이다. 직장에 나가지 않는 동안 수입이 줄어들까 염려하지 마라. 그 시간을 통해 얻는 아이디어는 직장에 나가지 않음으로써 발생하는 손실보다 100배 더 가치가 있다.

며칠 쉬면서 휴가를 즐기는 데 굳이 백만장자가 될 필요는 없다. 그 점을 꼭 기억하라. 나는 평생 이 점을 지키고 있으며, 빚이 3만 달러가 넘을 때에도 그렇게 했다. 쉬는 동안 빚을 청산하거나 돈을 벌 수 있는 방법을 생각해 낸 것은 아니었지만, 창조적인 빈둥거림 덕분에 나는 내 능력과 잠재력을 평가하고, 내가 원하는 라이프스타일에 꼭 맞는 직업을 찾을 수 있었다. 결국 나는 지금 서구 사회에서 살아가는 대부분의 사람들이 경험하고 있는 스트레스와 광기에 굴복하지 않고 아주 행복하게 살아가고 있다.

어느 날 갑자기 하루 정도 휴가를 내서 지나 온 삶을 되짚어 보고, 자유롭게 이것저것 상상해 볼 수 있는 시간을 마련하라. 이러한 휴가는 심리적, 육체적, 경제적으로 큰 도움을 준다. 노동 시간이나 벌어들인 수입으로 보상을 계산해서는 안 된다. 미래의 수익으로 연결될 수 있는 아이디어를 만들어 낸 것이야말로 휴가로만 얻을 수 있는 값진 보상이다.

이러한 사항들을 모두 고려해 본다면, 고된 노동은 창조적 역량의 적인 것이 틀림없다. 일에 빠져들수록 창의력은 점점 줄어든다. 빈둥거리고 자유롭게 생각할 수 있는 시간을 대량 확보할 수 있을 때만이 창의력의 진가가 발휘된다. 그리고 창의력을 발휘할 수 있을 때만이 보다 좋은 세상을 만들고 여가를 즐기기에 충분한 돈을 벌 수 있는 좋은 아이디어를 얻을 수 있다. 사실, 인생을 바꾸려면 괜찮은 아이디어 하나로 족하다. 그 아이디어를 찾아라. 어딘가에 있을 것이다!

능률적인 사람이 되려면, 적게 일하고 많이 놀아라

오늘을 살아가는 수백만 현대인들의 물질에 대한 욕구는 하늘 높은 줄 모르고 치솟아 오르고 있다. 이 책을 읽는 독자도 이런 사람들 가운데 한 사람일지 모른다. 삶의 질이 좋아지기를 바란다고 말하는 사람들을 보라. 그것은 말일 뿐, 그러기 위한 시간을 내지 않는다. 인생의 재미와 모험, 만족, 행복은 뒷전으로 밀어낸다. 이런 사람이라면 일 중독자이거나 아니면 유사 일 중독자일 가능성이 높다. 과도한 업무 때문에 생긴 문제이긴 하지만, 크게 염려할 건 없다고 여긴다면 잘못 생각하고 있는 것이다. 실제 문제는 더 큰 것일 수 있다.

주변의 세계는 끊임없이 우리에게 이런 문제를 제기하고 있다. 계속해서 스트레스를 받아야 하고 행복이 뭔지도 모르고 살아야 한다면, 돈 많이 주는 직장이 무슨 소용인가? 잠잘 때말고는 들어갈 일도 없는데 대궐 같은 집이 무슨 소용인가? 즐길 시간도 없는데 많은 재산이 있으면 무슨 소용인가? 다른 무엇보다도 가족이 있어도 볼 시간이 없다면 그게 무슨 행복이란 말인가?

하루에 8시간 이상 일해야 하는 직업을 가지고 있다면, 직업을 잘못 고른 것이거나 일을 제대로 못하거나 둘 중의 하나다(하지만 어느 쪽이든 잘못되기는 마찬가지이다). 하루에 14시간 일한다는 이유 하나만으로 자신이 생산적인 사람이라고 생각하고 있다면 스스로를 기만하는 것이다. 같은 양의 일을 8시간 안에 해 치우고 나머지 6시간은 인생을 즐기는 데 사용할 수 있어야 능률적인 사람이라 할 수 있다.

일 중독자와 능률적인 사람과의 차이는 여기에 있다. 일 중독자는 능률적인 사람이 아니다. 일 중독자는 좋은 실적을 내지 못한다. 일 중독자와 능률적으로 일을 처리하는 사람 사이의 차이점을 비교해 보자.

뻔한 이야기이지만, 일 중독자는 강인한 사람이 아니다. 오히려 인생의 즐거움을 만끽할 의지가 없는 나약한 인간이다. 건강이나 행복은 그들에게 중요한 것이 아니다. 이들은 과중한 업무를 핑계로 내면의 성장, 노는 재미, 가정, 사교모임을 거부하고, 심지어는 진실한 자아 찾기마저 회피한다. 일 중독자는 또한 능력에 대한 자신감이 없는 사람이기도 하다. 그렇지 않다면 그렇게 많은 시간

일 중독자	능률적인 사람
— 오랜 시간 일한다	— 정해진 시간에만 일한다
— 정해진 목표가 없다	— 정해진 목표가 있다. 큰 목표를 세
— 일을 하다보면 목표가 생긴다	워 놓고 일한다
— 다른 사람에게 일을 맡기지 못한다	— 가능한 다른 사람에게 일을 많이
— 일 말고는 관심이 없다	위임한다
— 일 때문에 휴가를 놓친다	— 일 외적인 것에 관심이 많다
— 직장에서의 대인 관계의 폭이 좁다	— 휴가를 잘 사용한다
— 항상 업무에 관해서만 이야기한다	— 일 아닌 다른 쪽으로도 인간관계의
— 항상 바빠 보인다	폭이 넓다
— 인생이란 고단한 것이라 생각한다	— 업무에 관한 이야기는 최소화한다
	— 인생은 축제라고 생각한다

을 일하는 데 허비할 리 없다.

  일부 전문가들은 일 중독은 심각한 질병이라고까지 주장한다. 제때에 치료를 하지 못하면 일 중독은 정신적, 육체적 질병으로까지 발전할 수 있다. 『일 중독자들(Workaholics : The Respectable Addicts)』을 쓴 바바라 킬링거에 따르면, 일 중독자는 정신적인 불구자이다. 일에 대한 집착은 흔히 위궤양, 불면증, 우울증, 심장병과 같은 질병을 낳는다. 때론 조기 사망에 이를 수도 있다.

일 중독자와는 대조적으로 능률적으로 일하는 사람은 일도 하고 놀 줄도 알기 때문에 훨씬 더 건강하게 오래 산다. 또한 능률적인 사람은 업무 성취도도 높다. 불가피한 상황이 되면 1~2주일 정도는 최대 속도를 낼 수 있다. 가끔씩 게으름을 피우지만 오히려 그 점을 자랑스러워한다. 일과 여가를 적절하게 배합하는 일을 전문으로 하는 컨설턴트들은 인간의 6가지 기본적인 욕구가 모두 충족된 라이프 스타일을 권장한다. 인간의 6가지 기본 욕구에는 지적 욕구, 육체적 욕구, 가족에 대한 욕구, 사회적 욕구, 정신적 욕구, 경제적 욕구가 포함된다. 능률적인 사람은 과도한 격무에 시달리지 않기 때문에 이 6가지 욕구들을 완벽하게 실현할 수 있다.

> 고된 노동만큼 확실한 투자가 어디 있겠는가? 내가 죽고 난 다음 재혼할 마누라의 서방될 놈을 위해 내 목숨을 내놓는 것인데.
>
> - 무명씨

아래의 편지는 토론토에 사는 캐리 올리택이란 젊은이가 내게 보낸 편지이다.

젤린스키 씨에게,

이제 막 선생님이 쓰신 『적게 일하고 많이 놀아라』를 다 읽었습니다. 저는 24세의 일 중독자였습니다. 그런데 선생님 덕분에 제 인생을 전혀 다른 시각에서 되돌아 볼 수 있게 되었고, 그 점을 말씀드리고 싶어 편지까지 쓰게 되었습니다. 저는 선생님 책을 이렇게 어린 나이에 읽을 수 있었던 점을 매우 기쁘게 생각하며, 빠른 시일 내에 새로운 '인생' 을 시작해 보고 싶습니다.

감사 드립니다.

캐리 올리택 드림

도표 4-1 균형 잡힌 삶

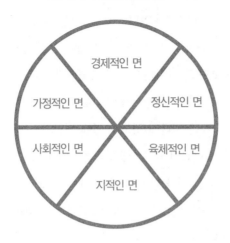

이 편지의 내용은 무척 짧았는데, 그 메시지만큼은 어느 것 못지않게 강렬했다. 틀림없이 캐리는 인생의 즐거움을 아는 사람이 되었을 것이다. 그리고 어느 누구보다 생산적으로 일할 수 있는 사람이 되었을 것이다. 일반적인 통념과는 달리, 일 중독은 자랑스러워할 것이 못된다. 앞에 소개한 특성 외에도 일 중독자에게는 다음의 5가지 특징들이 나타난다.

- 일 중독자는 일이 줄어들수록, 끝내는 시간은 늘어난다.
- 일 중독자는 간단한 아이디어도 가장 복잡한 방식으로 처리한다.
- 일 중독자는 작은 문제도 크게 만드는 습성이 있다. 아니면, 이미 손댈 수 없이 커진 문제를 더 크게 만든다.
- 능률적인 사람은 일고의 가치도 없다고 치워 버리는 일을 일 중독자는 최선을 다해야 하는 중요한 일이라고 생각한다.
- 일 중독자는 종종 다른 사람들은 모두 오래 전에 잊어버린 문제들을 붙잡고 씨름한다.

평생동안 죽어라 일만 해 왔던 사람도 변할 수 있다. 게으르면서도, 똑똑하고, 생산적인 사람으로 변화해야 한다. 일 중독자는 몇 시간을 투자했는가를 중시하지만, 능률적인 사람이라면 결과를 중시해야 한다. 균형 잡힌 라이프스타일이라는 측면에서 보면 그 차이는 더욱 뚜렷해질 것이다.

세상 만사에는 모두 치러야 할 대가가 있다. 열심히 일하지 않는 것에도 대가가 있을 것이다. 하지만 지나칠 정도로 일에 매달리는 것도 좋지는 않다. 오히려 게으름을 피웠을 때보다 더 큰 대가를 치러야 할 수도 있다. 능률적인 사람은 부지런을 떨어야 할 때를 잘 안다. 하지만 더 중요한 것은 놀 때가 언제인지를 안다는 점이다. 능률적인 사람의 라이프스타일을 받아들이는 방법을 생각해 보아라. 친구들이나 동료들이 놀라는 것은 중요하지 않다.

여가 중독자의 인생이 더 즐겁다

당연한 말이겠지만 일과 삶의 균형을 유지하는 일은 노동의 자리를 제대로 자리 매김하기 전까지는 이루어질 수 없다. 노동을 통해서 여러 가지 긍정적인 면들이 파생되어 나오기는 하지만 사람들이 무심코 지나치는 해로운 요인들도 무시할 수 없다. 미국 문학의 거장 윌리엄 포크너는 "여러 가지로 속상한 일이 많지만, 사람이 매일 같이 하루 8시간 동안 지속할 수 있는 일이 일말고는 없다는 사실은 정말로 씁쓸하다. 하루에 8시간을 계속 먹기만 하는 것도 불가능하고, 8시간을 술만 퍼마시는 것도 불가능하다. 8시간을 섹스를 할 수도 없고, 8시간 동안 지치지 않고 할 수 있는 일은 오직 일뿐이다. 인간이 자기 자신은 물론 다른 사람까지 그토록 비참하고 불행하게 만드는 것은 이 때문이다."라고 토로했다.

무엇보다도 노동 인구의 20%가 일 중독에 전염된 사람이라고 하더라도 당신만은 일 중독의 진정한 면모를 파악할 수 있어야 한다. 일 중독은 똑똑하거나 영웅적인 행동이 결코 아니다. 완벽주의와 강박증은 모두 일 중독증과 일맥상통하는 측면이 있다. 일 중독자는 자신의 모든 것을 일에 바치기 때문에 친구나 가족, 자기 자신에 투자할 것이 없다.

어느 모로 보나 기업이 의미 없는 사생활을 구제해 줄 수는 없다. 일은 일상생활의 전부가 되지 말고 일부만 차지해야 한다. 그것이 가족, 운동, 고독, 놀이보다 더 중요해져서는 안 된다. 절대로 일에 모든 에너지를 쏟아 부어서는 안 된다. 반드시 여가 활동을 즐기고 그 가치를 인정할 수 있는 방법을 배워야 한다. 될 수 있는 대로 빨리 여가와 관련된 열정과 재능을 활용하게 될 때, 직장생활이 보다 풍요롭고 만족스러워질 것이다.

여가 중독자가 되면 인생이 훨씬 즐거워질 것이다. 하지만 실직도 미리 대비할 수 있어야 하는데, 여가가 많으면 일을 하면서도 행복할 수 있는 것은 물론이고, 실직에 대비할 수도 있다. 이런 점 때문에 일부 은퇴 전문 컨설턴트들은 은퇴 계획은 65세에 시작할 것이 아니라 35세 이전에 시작해야 한다고 충고한다.

〈도표 4-2〉는 취미가 없는 상태에서 직업을 잃었을 때 나타나는 결과들을 보여주고 있다. 직장에 다녔을 당시 일과 인간관계가 삶의 전부였던 사람은(예를 들어 결혼 관계) 실직 후에는 삶의 반경이 엄청나게 축소되었음을 느끼게 된다. 이런 사람이 직업을 잃게 되면 인간관계에 의존하는 것말고는 별 도리가 없다. 반대로 〈도표 4-3〉은 직업 외에 다양한 관심사와 취미가 있었던 사람이 실직했을 때 나타나는 결과를 보여 준다. 여가 중독자인 사람은 인간관계에만 의존할 필요가 없다. 왜냐하면 남아도는 시간을 여러 가지 활동과 관심사에 쏟아 부을 수 있기 때문이다.

노동자들의 대부분은 40년 동안 근면 성실하게 일을 하면(때로는 그다지 성실하지도 않지만), 그 노력이 어느 날 15년에서 20년 정도 편하게 놀고 먹을 수 있는 돈으로 바꿔지리라 기대한다. 하지만 대부분의 사람들이 아무 준비도 없이 은퇴를 맞는 것이 현실이다. 일을 하면서도 충분하게 여가 활동을 즐기지 못하기 때문이다.

일 중독자들은 흔히 하던 일말고는 뭘 해야 할지 몰라 여가 활동이나 사교생활을 하지 못한다는 핑계를 많이 대는데, 정말 안타까운 일이다. 결혼을 했거나 자녀가 있는 사람들도 마찬가지이다.

사회학자이자 『시간의 굴레(The Time Bind : When Work Becomes Home and Home Becomes Work)』의 저자인 알리 호흐쉴트는 많은 맞벌이 부부들이 집보다 직장에 더 오래 남아 있고 싶어하는데, 그 이유는 고용주가 원해서가 아니라 그들 자신이 가정생활의 혼돈으로부터 도망치고 싶은 욕망이 있기 때문이라고 주장했다. 가정생활에 적응하지 못하는 맞벌이 부부들은 심지어 몸이 아플 때

도표 4-2 일 중독자의 은퇴 전과 은퇴 후 대비

일 중독자의 은퇴 전		일 중독자의 은퇴 후	
일	인간관계	✄	인간관계

도표 4-3 여가중독자의 은퇴 전과 은퇴 후

여가 중독자의 은퇴 전			여가 중독자의 은퇴 후		
일	인간관계	골프	✄	인간관계	골프
테니스	조깅	교회	테니스	조깅	교회
우표	우표	독서	우표	우표	독서
정원 가꾸기	자원봉사	친구	정원 가꾸기	자원봉사	친구

에도 집에 있는 것이 싫어 직장으로 강
행군을 한다.

여보, 휴가를 2주
보내고 나더니 얼굴
이 달라졌어요.

빨리 회사에 가서 정말 신
나게 놀았다고 이야기하고
싶어 죽겠어. 뭐 그다지
재미있지는 않았지만서두.

애석하게도 대부분의 사람들은 더 이
상 뒤로 물러설 여지가 없을 때까지 변
화를 미룬다. 은퇴도 그것이 현실로 다
가와서야 비로소 적응에 나서게 된다.
하지만 준비하지 않은 사람에게 적응은
굉장히 힘든 일이다. 여유 시간이 엄청나게 많이 늘어나기 때문이다. 그러므로
직업이 있을 때 점차적으로 여가 시간을 늘려 가는 것이 훨씬 더 도움이 된다.
더구나 관심사와 새로운 기술은 젊었을 때 개발해야지 은퇴 후에 하려고 하면
훨씬 더 어렵다.

은퇴 준비를 잘 하기 위해서는 직장생활을 할 때 다양한 관심사를 개발하고
여가를 즐기는 버릇을 들여야 한다. 특히 느긋하고 만족스러운 노후생활을 하
고 싶다면 일과 관련 없는 관심사들을 많이 개발해 두어야 한다. 사실 여가란
일이 완전히 없어질 때까지 비축해 둘 수 있는
성질의 것이 아니다. 은퇴할 때까지 여가 활동
을 통해 은퇴를 준비하는 한편 일과 놀이를 적
절히 배분한 생활을 계속 지속해 나가야 한다.

게으름을 피울 수 있는 남자들
은 적다. 하지만 여자는 그나
마 거의 없다.
- 에드 루카스

은퇴생활을 즐기려면 관심의 폭을 넓히는 것이 중요하다. 관심사가 다양하
지 못하면 인생이 공허하게 느껴질 수 있다. 직장생활을 하는 동안에 일말고도
여러 가지 관심사들을 골라 두어야 한다. 골프도 하나의 관심사가 될 수 있다.
하지만 하나만으로는 충분치 않다. 책 쓰기, 골프, 친구 만나기, 일과 상관없는

강좌 듣기 등 여러 가지 관심사들을 폭넓게 확보하라.

여가란 일과는 무관한 활동으로서, 그것 자체에 의미를 두고 그 일에 열정적으로 몰입해야 한다. 여가에 대한 개념을 선택할 때에는 북미인들의 방식보다는 유럽인들의 방식을 취하는 것이 바람직하다. 사실 북미인들과 유럽인들 사이의 여가 방식은 극명한 대조를 보인다.

북미에서는 기업의 가치가 직원들의 삶, 심지어는 여가생활까지도 지배한다. 미국은 여가보다는 노동 전통이 더 강한 나라이기 때문에, 여가란 재충전을 위한 기분 전환이나 도피로 받아들여진다. 반대로 유럽의 여가는 여가 자체가 목적이 되기 때문에 일을 위한 재충전이란 개념과는 거리가 멀다. 유럽 휴가의 가장 큰 목적은 여가 활동 자체를 즐기기 위한 것이다. 유럽의 휴가는 수세기에 걸쳐 내려 온 유한 계급의 전통에서 비롯되었다.

여가를 통해 삶과 노동을 조화롭게 배분하고자 하는 사람은 남아도는 시간을 느긋하게 사용하는 연습을 해야 한다. 결코 경쟁적으로 사용하려 해서는 안 된다. 어떤 마음가짐을 가지고 여가를 활용하느냐에 따라서 여가가 즐거운 것이 될 수도 있고 노동보다 더 곤혹스러운 것이 될 수도 있다. 북미의 전통적인 휴가 일정은 회사 일정만큼이나 빡빡하다. 온천이나 휴양지에서 휴가를 보내는 사람들의 일정표를 보라. 워낙 일정이 빡빡하기 때문에 자유시간을 전혀 낼 수 없다. 로키산맥이나 알프스산맥에서 스키 휴가를 보내는 사람들도 마찬가지이다. 어떤 경우에는 불쌍한 생각이 들 때도 다 있다.

여가를 무조건 많은 활동으로 채워 넣으려고 하는 태도도 바람직한 여가 활용 방법은 아니다. 그런 경우엔 스트레스를 풀고 건강을 회복하기 위해 마련한 활동이 오히려 역효과를 나타낼 수도 있다. 예를 들어 한꺼번에 몰아쳐서 하는 운동은 스트레스를 날려 버리기보다는 더 많은 스트레스를 만들어낸다. 같은 맥락에서 시간에 쫓기고 있다는 느낌이 들면, 시간을 효과적으로 배분해서 활용하기가 더 어려워진다. 그리고 결과적으로 시간을 아껴 썼다기보다 오히려 낭비했다는 사실을 알게 되면, 시간 배분을 시도한 것 자체를 후회할지도 모른다.

휴가를 떠난 많은 직장인들이 휴가 중에도 계속해서 사무실에 연락을 하는데, 이 또한 중요한 스트레스의 원인이 된다. 스트레스에 대해 조사한 홈즈와 라헤의 사회 재적응 평가 척도에 따르면, 직장인들은 크리스마스 전에 어느 정도의 스트레스를 경험하기도 하지만, 크리스마스 때보다는 오히려 휴가 때 더 많은 스트레스를 경험한다고 한다. 하지만 휴가를 집에서 책을 읽거나 이웃을 사귀거나 재미 삼아 소설을 쓰면서 보낸다면, 이런 스트레스는 많이 줄어들 것이다. 물론, 여유롭고 느긋하게 휴가를 보내 버릇하는 것이 은퇴 준비에도 더 바람직하다.

북미권에서 여가를 즐기며 살고 싶은 사람이라면, 다른 사람들은 시도하지 않는 방식을 선택할 수 있어야 한다. 출세에 집착하는 비즈니스맨들의 여가 방식은 직장생활에서 그랬던 것만큼, 혹은 그 이상으로 경쟁적이다. 이러한 직장인들의 태도를 닮아가서는 안 된다. 이런 사람들은 여가의 중요한 의미를 놓치고 있는 사람들이다. 집에서 휴가를 보내면서 회사하고는 연락하지 마라. 미리 알리지 말고 갑자기 1일 휴가를 내서 마음 내키는 대로 시간을 보내라. 그리고 직장을 옮기는 기간에는 한두 달 정도 휴가를 써라. 이 때에는 될 수 있는 한 느긋하고 여유 있게 시간을 보내야 한다. 그러면 직장생활도 좀 더 편안해질 것이고 은퇴 준비에도 많은 도움이 될 것이다.

주말에는 꼭 쉬어야 한다는 사실을 기억하라. 몇 년 전 〈글래머(Glamour)〉의 편집장인 엘리자베스 쿠스터가 멀리 뉴욕에서 전화를 걸어 왔다. 설문 조사를 해 봤더니 잡지 구독자들이 금요일보다 일요일에 더 지친다고 말했는데, 그 이유가 뭔지 알고 싶다는 내용이었다. 그 결과에 심히 놀라긴 했지만, 생각나는 대로 몇 가지 가능성들을 이야기해 주었다.

그 물음의 해답은 의외로 간단하다. 사실 다른 행성의 외계인이 캐나다나 미국을 방문해서 그 지역 사람들이 주말을 보내는 모습을 보게 된다면, 모두 돌았다고 생각할지 모른다. 북미 사람들은 프로테스탄트 노동 윤리 때문에 휴식을 죄악시하거나 불편해 하는 경향이 있다. 그래서 주말에도 가만히 있지를 못하고 집수리, 잔디 깎기, 그밖에 여러 가지 잡다한 일에 매달린다. 주말을 이렇게 바쁘게 보내게 되면 주중에 생긴 피로가 더 쌓인다는 것은 두말할 필요도 없다. 직장인들이 금요일보다 일요일에 더 피곤함을 많이 느끼는 것은 이런 이유에서이다.

> 인생의 전반부에는 즐길 수 있는 능력은 있는데 기회가 없고, 인생의 후반부에는 능력은 없는데 기회가 있다.
> · 마크 트웨인

분주함은 조직, 교육 기관, 미디어에서 내세우고 있는 나쁜 습관들 중 하나다. 사실, 오늘날에는 바쁘지 않고 스트레스를 받지 않으면 무능한 사람으로 간주된다. 하지만 주류 사회가 망각하고 있는 것은 바쁘다는 것과 행복하다는 것은 전혀 별개의 것이라는 점이다. 대중의 통념과는 달리, 계속 바쁘기만 한 생활은 궁극적으로 행복이나 성공으로 귀결되지 않는다. 만일 그랬다면 훨씬 더 많은 북미인들이 자신은 성공했고 행복한 사람이라고 느꼈을 것이다. 행복과 성공의 핵심은 직장에서는 능률적으로 일하고, 일을 떠나서는 여가 중독자가 되는 것이다.

무엇보다도 행복을 추구하는 사람이라면 여가 시간 늘리기의 가치를 과소평가해서는 안 된다. 풍부한 여가는 인생의 가장 큰 축복 중 하나다. 이 점에서 윌리엄 라이온 펠프스가 한 말이 다가온다. "여가를 정신 계발의 수단으로 사용하기로 한 사람, 좋은 음악과 재미있는 책, 훌륭한 그림, 잘된 연극, 좋은 친구, 유익한 대화를 사랑하는 자들은 이 세상에서 가장 행복한 사람들이다."

사장이 해고하지 않으면 당신 발로 걸어 나와라

19세기 스위스의 유명한 동물학자인 장 루이 루돌프 아가시에게 높은 강사료를 지불할 테니 강연을 해 달라는 요청이 들어왔다. 그런데 그는 "돈을 벌려고 시간을 낭비할 수 없다."고 잘라 거절했다. 요즘엔 이런 기준을 가지고 사는 사람이 거의 없다는 사실이 무척 씁쓸하다. 이런 사람들이 있다면 이 세상은 훨씬 더 살기 좋은 곳이 될 것이다. 현대 사회는 먹고살기 위해서는 돈을 벌어야 한다고 명령한다. 이것이 현대 사회의 본질이다. 불행한 일은 돈을 벌기 위해서는 과도한 노동을 해야 하고, 그렇게 되면 휴식과 자기 충족적인 삶을 포기해야 한다는 사실이다.

당연히 노동은 삶의 불균형을 가져온다. 일이란 사람의 끊임없는 집중과 관심을 요구하는 것이기 때문에 삶과 일을 균등하게 배분하기란 쉽지 않다. 삶과 일 사이의 균형이 깨어지게 되면, 배우자는 불행해지고, 아이들은 버릇없는 아이가 되고, 자기 자신도 모든 사회생활을 포기해야 하는 상황에 직면하게 된다. 일을 통해서 타이타닉호의 선장에 버금가는 보상을 받고 싶다면 삶을 변화시키는 노력이 있어야 한다.

> 내 시력에 문제가 생겼나 보다. 요새는 출근하는 사람을 통 볼 수가 없으니.
> - 테디 버거론

아래의 예문들은 삶의 균형이 깨졌거나, 직업 선택이 잘못되었을 때 나타날 수 있는 증세들을 정리한 것이다.

- 두통, 긴장, 그밖에 스트레스와 관련된 불만 때문에 정신건강에 적신호가 켜지는 날이 는다.
- 매일 아침 회사 나가기가 죽기보다 싫다.

- 사무직인데도 한겨울 가장 추울 때, 현장 답사를 나간다.
- 창조적인 능력을 발휘할 수 없는 지금의 일이 싫다.
- 현재 직장에서 가장 큰 관심사는 어떻게든 16년을 버텨서 먹고살기에 충분한 연금을 손에 넣는 것이다.
- 처음 출근해서 한 시간은 신문 기사 중에서 제일 재미없는 부분을 읽는 데 할애한다.
- 일과 결혼했다는 느낌이다. 인생에 일만 있고 노는 것은 없다.
- 직장에서 언제 마지막으로 신나고 기분 좋은 일이 있었는지 기억조차 나지 않는다.
- 왜 존재하는지 이유를 대려면 힘들다.
- 불면증, 과도한 스트레스, 휴식 시간 부재로 건강이 심각하게 나빠지고 있다.
- 하루에 반 이상을 공상에 빠져 보낸다.
- 당신 자신을 비롯해서 주위 사람들에게 당신의 일이 충분히 재미있고 고무적이라고 백날 설명해도 먹혀들지 않는다.
- 마지못해 하는 시늉만 하고 있는 실정이다.
- 집중하기가 힘들고, 프로젝트나 문제점에 대해서 새로운 아이디어를 제시할 수 없다.
- 사장 몰래 빼돌린 게 있는데도 정당화하려고 애를 쓴다.
- 전에는 참을 수 있었던 일인데 이제는 더 이상 참기 힘들다
- 직장을 생각하면 기운이 쏙 빠진다.
- 일에 최선을 다하고 싶다는 생각을 잃은 지 오래다.
- 대학이나 학교로 돌아가고 싶다고 생각한 지 꽤 오래 되었다. 옛날에는 싫어했지만 이제는 그렇다.
- 월요일이면 다시 회사에 나가야 한다는 생각 때문에, 일요일 오후 5시부터는 엄청난 스트레스에 시달린다.
- 회사가 최근 〈미국에서 일하기 좋은 100대 베스트 기업〉에 올랐는데도 회사에 대해 칭찬할 거리가 전혀 없다.

이제 더 이상 일로는 열정을 느낄 수 없고 자양분을 얻을 수 없다는 판단이 들면, 그런 생각이 든 그 날 당장 회사를 그만두는 것을 신중하게 고려해 보아야 한다. 사실 내가 하고 싶은 충

돈을 받고 하는 일은 모두 사람의 혼을 빼놓고 가치를 떨어뜨린다.

- 아리스토텔레스

고는 사표를 내라는 것이다. 대체적으로 일이 만족스럽더라도 그렇게 하는 것이 정석이다. 일주일에 50시간 이상을 일에 투자해야 하고 삶의 균형이 깨져 불행하다는 생각이 들면, 가만히 있어서는 안 된다. 특히 배우자가 나를 남 보듯이 하고, 아이들이 환각제에 손을 대며, 자신이 불행하다는 느낌이 들 때는 당장 일을 그만두지 않을 이유가 없다. 다시 말해 사장이 해고를 안 한다면 스스로 그만두라는 이야기다. 아내, 자녀, 조직, 그리고 나 자신에게 크나큰 은혜를 베푸는 일이 될 것이다.

이런 변명을 할 생각은 하지 마라. 안정적인 직업이라 그만둘 수 없다, 지금 살고 있는 커다란 집을 살 때 빌린 대출금을 갚아야 한다, 아이들을 대학에 보내고 싶다 등등. 그만두기에 적당한 시기가 오기까지 기다리지 마라. 그런 시기는 절대로 오지 않기 때문에 지금 당장 그만두어야 한다. 적당한 때를 기다리는 것은 스스로를 정당화하기 위한 편리한 변명일 뿐이다.

돈을 얼마 벌든 간에 당신의 생기를 빼앗아 간 그 일에 쏟아 부은 40시간은 절대 회복할 수 없다. 은퇴 후 생활이 만족스러우면, 그 지겨운 일에 빼앗긴 즐거움이 보상될 수 있으리라 생각하지만 턱도 없는 소리다. 자신에게 물어 보아라. "건강을 잃는다면 돈이 다 무슨 소용인가?" 분명히 말하지만 부자들이 과중한 업무 때문에 잃은 건강은 결코 다시 되찾을 수 없다.

슬픈 일이지만, 많은 사람들이 그깟 돈 몇 푼 때문에 일이 싫어도 그만두기를 못한다. 그렇지 않은 사람도 연금을 생각하면 쉽게 일을 그만둘 수 없다. 즐겁지 않은 작업 환경에서 일을 하면 최적의 컨디션을 유지할 수 없다. 더구나

은퇴하기도 전에 기력을 모두 소진할 위험도 있다. 다소 아이러니한 이야기이지만, 이런 사람들은 죽도록 고생해서 연금을 마련해 두었어도 정작 본인은 그 때까지 못 살고 죽을 수도 있다.

단순히 돈 때문에 일을 한다면, 돈의 감옥에 갇혀 있는 셈이다. 중요한 것은 돈이 아니라 일을 통해 발전하고, 좋아하는 일을 하면서 재능을 활용하는 것이다. 이 사회가 주입하는 경제적 안정 개념이 삶을 지배하도록 하지 마라. 돈 때문에 내키지도 않는 일에 시간을 허비하는 것은 인생을 즐기는 데 조금도 도움이 되지 않는다. 그리고 장기적 관점으로 봐서도 눈앞의 이익에 현혹되는 태도는 바람직하지 못하다.

일반적으로 사람들은 그래도 돈이 웬만큼 있어야 다른 일도 맘대로 할 수 있을 것이라 생각한다. 하지만 오히려 그 반대. 그 동안 발표된 수많은 연구 논문들은 자기가 좋아하는 일을 하는 사람이 싫어하지만 돈을 보고 일을 하는 사람들보다 훨씬 더 많은 돈을 벌고 있음을 확인시켜 주고 있다.

일을 그만둘 수 없는 건 아니다. 단지 어려울 뿐이다. 힘든 것뿐인데, 그것은 불가능하다고 스스로를 기만할 생각은 마라. 하고 싶은 일이 있고 그 일에 최선을 다하고 있다면, 해 낼 수 있다. 당장은 치러야 할 대가가 터무니없이 커 보일 수도 있다. 하지만 장기적인 측면에서 보면 결국 득이 될 것이다.

사표를 내는 게 두려우면 스스로에게 물어라. "일을 그만두었을 때 일어날 수 있는 최악의 상황은 뭘까?" 몇 가지를 적고 그 중에서 가장 최악의 상황을 끄집어내서 다시 물어라. "그래, 그래서 어떻다는 건데?" 최악의 상황에 죽음이나 불치병이 들어가지 않았으면, 문제없는 것이다.

정리하자면, 일이 생각대로 완벽하게 되어 가지 않는다고 해서 이 세상이 끝난 것이 아니라는 뜻이다. 제대로 한번 생각해 보자. 첫째, 당신이 건강하고 창조적인 사람이라는 데에는 이의가 없을 것이다. 그 다음, 자신이 할 수 있는 일을 모두 생각해 보아라. 북미에서는 굳이 일을 고집하지 않고서도, 수백만 명에 달하는 지구촌 시민들은 엄두도 못내는 그러한 좋은 기회에 얼마든지 쉽게 접근할 수 있다. 안정적인 직장을 잃는 것이 걱정이라면, 한 가지 일에 매달리는 것으로부터 자유로워지는 것만큼 안정적인 일도 없다는 사실을 기억하라. 언제든 마음만 먹으면 돈을 벌 수 있고, 어떤 난관이든지 헤쳐 나갈 수 있는 창조적 역량이 있다는 사실만큼 든든한 일도 없다.

상상의 날개를 펴서 직장을 옮기기까지 할 수 있는 일에 무엇이 있는지 생각해 보아라. 가진 것을 다 팔아 목돈을 만들어 세계 여행을 할 수도 있다. 중국에 갈 수도 있고, 리오, 멕시코에도 갈 수 있다. 스페인에 가서 그림을 그리며 시간을 보낼 수도 있다. 아니면 항상 마음은 있었지만 실행에 옮기지는 못했던 책 쓰기도 할 수 있다. 아침 10시

> 잠깐 쉬어 가는 법을 배워라.
> …… 그렇지 않으면 소중한 것
> 들을 모두 놓칠지도 모른다.
> -더그 킹

까지 늦잠을 자고 일어날 수도 있다. 그럴 수 없는 상황의 사람들에게 미안한 마음이 들지도 모르겠지만.

물론 다시 일에 복귀해야 할 때가 되면, 전보다 훨씬 더 좋은 조건의 직업을 갖게 될 것이다. 경제적으로 크게 곤란을 겪지 않고도 살아갈 수만 있다면, 다른 일을 구하지 않아도 된다. 많은 사람들이 회사 생활을 그만두었을 때 더 많은 만족감을 느낀다. 심지어 돈이 될 만한 것을 찾지 못한 사람들마저도 다시 옛날에 다니던 회사로 돌아가기는 힘들 것 같다고 말한다.

가치 있는 일에는 언제나 위험이 따르듯, 직장을 그만두는 일에도 어느 정도의 위험은 따른다. 게다가 해고의 위기도 있을 수 있다. 21세기에는 다운사이징

이 워낙 보편화된 일이기 때문에 원하든 원하지 않든 간에 어느 날 갑자기 직장을 잃게 될 가능성은 얼마든지 있다. 자발적으로 회사를 그만두는 경험을 하게 되면, 일 없이도 살아가는 방법을 배우게 되고, 나중에 그런 일이 다시 발생했을 때 보다 능숙하게 그 상황을 처리해 갈 수 있을 것이다.

『적게 일하고 많이 놀아라』의 초판이 나온 후, 독자들 중에는 책을 읽고 직장을 그만둔 사람들이 몇 있었다. 내가 그들의 선택을 도와 준 도구가 되었던 셈이다. 물론 내 업적이 노벨상을 받을 만큼의 대단한 일은 아니다. 하지만 사람들에게 새로운 빛을 볼 수 있게 해 준 공로는 분명히 있다고 생각한다. 온타리오주의 런던에 사는 레스 오케 씨도 이런 사람들 중 하나였다.

어니 씨에게,

이제 막 선생님이 쓰신 『적게 일하고 많이 놀아라』를 다 읽었습니다. 영감에 가득 찬 선생님의 글을 읽고 나니, 삶을 바라보는 관점이 바뀌게 되더군요. 저는 언제나 열심히 일하면 모든 문제가 해결되리라 생각했던 사람입니다. 그런데 그럴수록 계속 인생은 꼬여갔고, 더 많은 문제들이 생겨났습니다. 그런데 선생님은 제게 직장을 그만둘 수 있는 용기를 주셨죠. 지금까지는 세금 컨설팅을 하면서 살았는데, 이제는 다시 제 본연의 모습으로 돌아 왔습니다.

말 그대로입니다. 오늘 아침에 당당하게 출근을 해서 아내와 아이들, 그리고 저의 건강(정신적, 육체적 건강)을 위해서 사표를 낸다고 말했습니다. 일자리를 잃을까 봐 그 동안은 일만 열심히 했는데, 이제는 그게 정답이 아니라는 사실을 알았습니다. 항상 마음은 있는데 할 수는 없었던 일들이 너무 많습니다. 전 책 읽기가 취미인 사람입니다. 그래서 항상 글을 쓰면 저 자신을 더 잘 표현할 수 있을 거란 생각을 많이 했었습니다. 시간이 되신다면 어떻게 글 쓰기를 시작하셨는지 가르쳐 주시면 감사하겠습니다. 저는 대학교 1학년 때 교양 영어 시험에 낙제를 했거든요.

고맙습니다.

레스

모든 점을 고려해 볼 때, 한 가지 일만 고집한다는 것은 결국 치즈도 없는 터널을 계속 찾아다니는 것과 같다. 가장 큰 위험은 레스 씨의 경우에서도 분명히 나타나지만 직장을 계속 다니는 것이다. 그는 그 이후에도 두 번이나 내게 더 편지를 보냈다. 마지막 편지에서도 그는 잘 해나가고 있다고 적었다.

사람답게 살기 위해서 위험을 감수하지 않는다면 도대체 어떤 일에 모험을 걸 생각인가? 마음에 들지도 않는 일을 계속해 간다는 것은 앞으로도 지겹고 재미도 없고 의욕도 나지 않는 일에 8시간 내지 10시간을 매일 허비하겠다는 것을 의미한다. 지금 하고 있는 일이 몸과 마음, 정신에 해를 끼치고 있다면 일을 그

> 인간에게 가장 큰 좌절의 고통은 자신이 될 수 있었던 모습과 현재 모습 사이에 차이가 존재한다는 사실이다.
> - 애쉴리 몬태규

만둘 때가 무르익은 것이다. 다른 직업을 찾았는지 못 찾았는지는 여기서 중요하지 않다. 일보다는 인간적인 존엄과 개인의 발전이 더 우선되어야 한다. 어떤 일도 자유를 잃게 하거나 다른 개인적인 희생을 강요할 만큼 가치 있는 일은 없다. 오히려 인생의 즐거움을 만끽하는 것에 방해가 될 뿐이다.

내게 맞는 천직은 과연 뭘까?

행복의 근원은 여러 가지가 있겠지만, 그 중 하나는 인생에 특별한 목표가

있거나 개인적인 사명이 있는 경우다. 가장 바람직한 형태는 소중하게 생각하는 인생의 목표, 혹은 개인의 사명이 직업이 되는 경우다. 다시 말해 천직을 갖는 것이다. 천직은 사람에 따라 다르다. 아이들에게 지식을 전달하는 선생님일 수도 있고, 영감에 가득 찬 예술가일 수도 있다. 그 종류가 무엇이든 간에 천직을 갖게 되면 매일 매일의 일상이 만족과 행복으로 충만하게 될 것이다. 진정한 천직을 발견하고 추구하는 것은 전혀 새로운 인생 경험이 될 것임을 확신한다.

그러나 인간 존재의 근원적인 목표와 사명을 애써 무시하게 되면, 심각한 불행이 찾아올 수 있다. 그리고 이보다 더 큰 불행은 좋아하는 일을 일부러 회피하게 되었을 때 발생하는 정신적인 동요와 육체적인 고통이다. 사실 현대인들이 술, 약물, 일에 중독되는 현상을 보이는 것은 일차적으로 내면의 진실한 욕망과 관심을 억압하는 데 그 원인이 있다. 내면의 목소리를 억압하는 사람은 자기 자신을 포기하게 되어, 그 상태에서의 삶의 고통과 불행을 덜어 보려고 약물과 일에 의존하게 되는 것이다.

> 바쁘다는 것만으로는 충분하지 않다. …… 우리는 이렇게 물어야 한다. 무엇 때문에 바쁜가?
> - 헨리 데이비드 소로우

많은 수의 베이비붐 세대들이 중년의 위기를 겪는 이유는 내면의 열정을 무시해 왔기 때문이다. 1980년대와 1990년대, 베이비붐 세대들은 오직 돈이 될 만한 일을 쫓아 다녔고, 결국 물질적인 풍요를 누릴 수 있었다. 그들은 승진하고 많은 재산을 모으는 것을 성공이라고 생각했다. 그런 의미에서 본다면 그들은 성공한 사람들이었다. 하지만 그들은 만족할 수 없었고, 인생의 공허함을 토로하는 이들도 생겨났다. 자신의 존재 이유와 개개인의 사명을 발견하지 못했던 것이 주요 원인이었다. 하지만 누구 탓을 할 수는 없다. 베이비붐 세대들의 좌절은 자신들이 자초한 일이다. 일부는 노력도 하지 않았고, 일부는 찾는 방법을 몰랐다.

인간이라면 누구나 인생에서 가장 중요한 목적이 무엇인지를 알 수 있다. 개인의 사명이 직업을 통해서 드러날 수도 있지만, 반드시 일과 결부될 필요는 없다. 자원봉사 활동을 통해서도 가능하고 오락, 취미, 기타 다른 여가 활동으로도 얼마든지 표현할 수 있다. 그리고 더 중요한 것은 근원적인 의미에서의 천직은 여러 가지 다양한 삶의 국면들이 모두 더해져서 표현된다는 것이다. 즉, 천직은 관심사, 의미 있는 인간관계, 일, 여가 활동 등을 모두 합친 것이다.

내게 맞는 천직이 무엇인지는 저절로 알아지는 것이 아니다. 어떤 사람은 인생의 내리막길을 걸을 때 비로소 자신의 천직을 발견하기도 한다. 파트타임으로 자선활동을 돕는 자원봉사자가 될 수도 있고, 이해 집단의 일을 도와 주는 사람이 될 수도 있다. 이런 일들은 종종 파트타임으로 시작했다가 천직이 되기도 한다. 또한 단순히 즐기던 취미생활이 엄청난 수익을 내는 비즈니스로 발전할 수도 있다.

『일할 때는 휘파람을 부세요(Whistle While You Work : Heeding Your Life's Calling)』의 저자인 리처드 J. 레더와 데이비드 A. 사피로는 다음의 세 가지 질문을 자신에게 던져야 한다고 말한다.

1. 내가 가진 재능 중에서 다른 사람들에게 쉽게 나누어 줄 수 있는 것은 무엇인가?
2. 어떤 재능을 나눠 줄 때 가장 마음이 즐거운가?
3. 다른 사람들에게 나눠 준 재능 중에서 가장 많았던 것은 무엇인가?

저자들은 이 세 가지 질문에 답을 하다 보면, 자연스레 자신의 천직이 무엇인지가 보이게 된다고 설명한다(궁극적으로는 성공과 자아 실현의 세계로 옮아 갈 수 있다). 저자들은 천직이란 '자신과 가치관을 공유하는 환경에서 열정을 바칠 수 있는 대상을 위해 자신의 재능을 공짜로 나눠주고 싶은 내적인 충동'이라고 정의하였다.

분명한 것은 순전히 돈을 보고 택한 직업이나 시간을 때우기 위한 여가 활동이 개인의 사명은 아니라는 점이다. 개인의 사명은 이 세계에 변화를 줄 수 있는 어떤 것이 되어야 한다. 당신에게 다른 모든 것들을 압도할 만한 삶의 목적이 있다면, 그 목적을 이루기 위한 노력은 틀림없이 인류에게 셀 수도 없이 많은 혜택을 부여하게 될 것이다. 사명이란 다른 사람의 기준으로 보면 별 볼일 없는 것일 수 있다. 예를 들어, 내 친구의 아버님은 학교 경비원으로 근무하시는데, 그 분의 사명은 학생들과 선생님들을 위해 학교를 항상 깨끗하게 유지하는 것이다.

> 음악은 나의 연인이다. 그녀는 그 어느 누구와도 비교할 수 없는 내게 가장 소중한 존재이다.
> · 듀크 엘링턴

때론 여기 누워서 인생의 의미 따위에 대해서 심각하게 생각할 때도 있어. 하지만 대부분은 백만 달러 짜리 복권에 당첨되면 뭘 할까에 대해서 생각하지.

개인적인 사명의 다른 예를 들어보겠다.

- 오염을 줄임으로써 보다 살기 좋은 세상을 만든다.
- 돈을 모금하여 어려운 처지에 있는 사람들을 돕는다.
- 어린이들의 특별한 재능이나 능력을 계발하는 일을 돕는다.
- 어린이들을 위한 책을 써서 어린 소년 소녀들이 세계의 신비를 발견하도록 돕는다.
- 로키산맥을 방문하는 관광객들이 로키산맥의 모든 것을 알고 돌아갈 수 있도록 멋진 여행 가이드를 한다.
- 서로 신뢰할 수 있는 인간관계를 만들고, 그 관계를 재미있고 활력이 넘치는 관계로 유지해 간다.

진정한 의미의 천직은 당연히 가치관이나 관심사와 밀접한 관련이 있어야 겠지만, 개인이 가진 약점이나 장점에 의해서도 영향을 받는다. 개인의 사명을 통해 우리는 나 자신은 물론이고 세계와 직접적인 교류를 시작하게 된다. 다음의 질문에 답해 보면 당신이 추구하고자 하는 사명이 무엇인지가 드러날 것이다.

1. 열정의 대상이 무엇인가?

사명 찾기에서 가장 중요한 것은 나를 흥분시킬 만한 대상을 발견하는 일이다. 열정은 당신에게 커다란 기쁨을 준다. 그 열정을 추구하는 당신은 샘솟는 듯한 에너지가 분출됨을 경험한다. 좋아하는 일을 전부 적어 보아라. 낚시, 말타기, 봉사활동, 도서관에서 자료 조사하기, 사람들 웃기기, 다른 나라 여행하기 등. 그런 일이라면 평상시보다 한두 시간쯤 일찍 일어나는 것은 문제도 아니다 싶은 일을 생각해 보아라.

2. 장점이 무엇인가?

장점을 주시하면 내가 어떤 사람이며 어디에 에너지를 집중하고 싶어하는지가 드러난다. 예술적이고 흐름을 감지하는 능력이 뛰어나다면 예술쪽을 생각해 봐도 좋다. 일반적으로 장점은 열정에 도움이 된다.

3. 나의 영웅은 누구인가?

역할 모델로 삼고 있는 영웅이 있는지 잠시 생각해 보아라. 역할 모델은 (존경하는 사람이면 된다) 동시대인이어도 좋고 과거의 인물이어도 상관없다. 위업을 달성한 사람이거나 남과 차별되는 일을 한 사람이면 누구나 될 수 있고, 유명한 사람인가 아닌가는 중요하지 않다. 영웅과 같이 저녁을 함께 할 기회가 주어진다면 누구를 선택하고 싶은가? 당신이 존경하는 사람이 이룬 업적은 무엇인가? 역할 모델의 자질과 행동을 분석하면 자신이 원하는 것이 무엇인지가 밝혀질 것이다.

4. 무엇을 배우고 싶은가?

호기심을 자극하는 것이 무엇인지를 살펴보는 것도 중요하다. 어떤 주제 혹은 어떤 분야를 더 탐구해 보고 싶은가? 돈 많은 친척이 어디선가 나타나서 호의를 베풀었다고 하자. 이제 세계 어느 곳이든 마음놓고 2년 간 공부할 수 있는 자금을 대 준다고 한다면, 어떤 공부가 하고 싶은가?

위의 질문들은 각 개인의 소명을 발견하는 데 중요한 정보가 되어 줄 것이다. 개인의 소명은 영혼에서 우러나오는 것이 되어야 한다. 그리고 인간 존재의 본질과 이유가 되어야 한다. 즉, 개인의 사명이란 우리가 이 세계에 온 이유이다.
한 가지 기억해야 할 사항은 개인의 사명은 돈과 전혀 무관하다는 사실이다.

개인적인 사명이나 목적이 있다는 뜻은 개인이 가진 고유한 재능을 적극 활용하여 인류가 처한 상황을 개선하는 데 이바지한다는 뜻이다. 물론 개인의 사명과 목적을 인식하고 그것을 추구하는 사람은 자신의 삶 또한 높은 수준으로 끌어올

> 난 성공이란 것을 생각해 본 적이 단 한 번도 없다. 단지 내가 할 수 있는 일을 했을 뿐이다. 즉, 가장 큰 즐거움을 선물하는 일을 했을 뿐이다.
> · 일리노어 루즈벨트

릴 수 있다. 사명과 목적을 추구하는 일에는 행복과 만족이 뒤따르기 때문이다. 더불어, 개인의 사명을 위해 재능을 활용하게 되면 몇 가지 뜻하지 않은 부산물을 얻을 수도 있다. 그 중 하나가 돈이 될 수 있음은 말할 필요도 없다.

요약하자면, 인간의 내적 욕망을 채우는 데에는 천직을 추구하는 것만큼 효과적인 방법도 없다는 것이다. 돈도 그 역할을 해 낼 수 없다. 무엇보다도 우리는 진정한 의미의 천직을 통해 개인의 성장을 도모할 수 있다. 윈스턴 처칠은 "모든 사람의 인생에는 한 번 특별한 순간이 오고, 그 때 비로소 사람은 다시 태어난다. 그 특별한 기회를 붙잡았을 때, 사명은 활짝 꽃을 피운다. 사명이란 사람마다 다르지만, 사명이 그 뜻을 이루는 순간 인간은 위대해지고, 인생의 황금기를 누리게 된다."라고 말했다.

두 마리 토끼를 잡아라

직장생활도 재미있게 하면서 동시에 여가생활도 즐길 수 있다면, 두 마리 토끼를 다 잡는 사람이라고 할 수 있다. 일반적으로 사람들은 두 마리 토끼를 잡는 게 불가능하다고 믿고 있지만, 반드시 그런 것은 아니다. 그리고 그 방법도 의외로 간단하다. 한 마리를 잡고, 그 다음에 다시 다른 한 마리를 잡으면 된다. 이 책을 읽고 있는 독자들은 이미 일 중독자나 출세 지상주의자보다는 두 마리

토끼를 잡을 수 있는 가능성 면에서 더 앞서 있는 사람들이다. 일 중독자와 출세 지상주의자는 너무 바쁘고 거기다가 머리까지 굳어 있기 때문에 도저히 그런 생각을 할 여지가 없다.

직장에서 초고속 승진 가도를 달리는 사람들을 보아라. 그 중에서 일과 여가를 적절히 조화시키는 사람을 찾아내기란 결코 쉽지 않다. 하지만 아주 불가능한 일은 아니다. 우선 시간을 조금만 투자하고도 업무 성과를 높일 수 있는 방법을 배워라. 이 장의 앞부분에서도 설명했지만, 인류 역사상 위대한 업적을 남긴 사람들은 빈둥거리면서도 창조적인 사고를 할 줄 아는 사람들이었다. 공통적으로 보면 모두 시간 활용을 잘 하는 능률적 인간형들이었다. 능률적 인간형이 여가 활용 능력도 더 뛰어나다는 것은 재차 강조할 필요도 없다.

능률적인 사람이 되려면 더 열심히 일해서는 안 되고, 더 똑똑하게 일하는 사람이 되어야 한다. 이 책은 현명하게 일하는 법을 가르쳐 주는 책은 아니다. 이 주제에 맞는 책이 몇 권 있다. 리처드 코치가 쓴 『80:20 원칙(The 80/20 Principles: The Secret to Success by Achieving More with Less)』과 내 입으로 말하기는 쑥스럽지만 내가 쓴 『게으르게 사는 즐거움(The Lazy Person's Guide to Success)』도 있다. 이 책에 나와 있는 원칙들을 잘 따라 준다면 창의력, 통찰력, 생산성을 높이는 것은 시간 문제일 것이다. 뿐만 아니라 놀고, 일하고, 돈버는 측면에 있어서도 전보다 훨씬 더 효율적으로 임할 수 있을 것이라 확신한다. 기본적으로 일을 줄이고 여가 시간을 늘린다면 누구나 이룰 수 있는 일이다.

케익을 얻었으면,
먹어라.

과도한 업무, 그리고 이에 수반되는 엄청난 스트레스는 건강에 심각한 문제를 가져온다는 말은 수십 번을 강조해도 지나치지 않다. 『The Art of Effortless Living』의 저자인 잉그리트 바치 박사는 과도한 업무와 스트레스에 장시간 노출되었을 때 관절염이나 암 같은 만성 질환이 발병할 수 있다고 경고했다. 바치 박사 자신도 과중한 업무와 스트레스 때문에 3년 간이나 침대에 누워 있어야 하는 불행한 경험을 했다. 그녀는 감정적, 육체적 스트레스를 줄이는 방법을 꾸준히 지킨 덕에 점차 건강을 회복할 수 있었다.

바치 박사는 이 책에서 강박적으로 일에 매달리는 습관을 버리고, 창조적 역량과 자아 실현의 욕구를 실현하고 건강을 유지할 수 있는 방법을 보여 주려 했다. 그녀는 일을 줄이면(평온과 안정에 집중함으로써) 직장에서든 스포츠 경기에서든 아니면 개인적인 인간관계에서든 더 많은 것을 성취할 수 있다고 주장한다.

자신이 일 중독자라고 생각하고 있고, 계속해서 불안감과 좌절감에 시달리고 있다면 바치 박사의 책을 읽어보라고 권하고 싶다. 바치 박사는 스트레스, 좌절, 창조적 역량의 감소를 해결할 수 있는 가장 좋은 방법은 마음과 몸을 쉬게 해주는 것이라고 말한다. 그녀의 조언을 따르면 보다 능률적이고 생산적인 사람이 될 수 있을 것이다. 너무 좋

> 이 세상에 있는 돈을 다 준다고 하여도 내 여가하고는 바꾸지 않겠다.
> - 꽁뜨 드 미라보

은 말만 써 놓아서 자칫 거짓말처럼 보일까 우려되는 면이 있기는 하지만, 박사가 제시하는 과학적인 증거를 보면 그 우려마저도 지나친 기우였다는 사실을 알게 될 것이다.

능률적인 사람이 되려면 목표의 성취가 핵심 관건이기는 하지만, 그 전에 자신에게 맞는 일을 찾는 것도 중요하다. 마음에도 없는 일을 하는 사람이 뛰어난 능력을 발휘할 수 없다는 것은 세 살짜리 아이도 알 수 있다. 무슨 일이건 자신

> 혼자서 먹고사는 문제를 해결하고자 하는 사람은 이왕 나선 것, 재미있게 할 수 있는 일을 찾아야 한다.
> · 캐서린 헵번

에게 가장 잘 맞는 일을 찾아서 하라. 싫어하는 일을 위해 낭비된 하루는 좋아하는 일을 위해 투자된 한 달에 비교했을 때는 영겁과 같은 시간이다.

말만 들어도 입이 떡 벌어지는 멋진 직함과 기업의 입에 발린 선전에도 불구하고, 미국의 직장인들이 느끼는 불만은 점차 늘어나고 있다. 물론 많은 사람들이 계속해서 적성에 맞는 일을 찾고 있고, 일부 그런 노력이 결실을 거두어 만족하는 사람들이 늘어가고는 있지만, 자신의 직업에 만족하는 직장인들의 수는 여전히 부족한 상태다. 2002년 어떤 기관에서 5천 명의 미국인들을 대상으로 직장생활에 대한 만족도를 조사한 적이 있었는데, 응답자의 51%만이 만족하고 있다는 답변을 했다. 1995년에는 59%가 만족한다고 응답했었는데 오히려 줄어든 셈이다.

1년 정도가 지난 지금 죽기보다 하기 싫은 일을 붙잡고 있어야 하는 사람들의 수는 훨씬 더 늘어났다. 이런 사람들이 아침에 눈을 뜨는 이유는 오직 돈 때문이다. 승진도 못하고, 1년에 4만 5천 달러를 버는 회계사는 자신이 원하던 현실이 아니라고 불평한다. 1년에 15만 달러를 받고도 강의하는 것을 달갑지 않게 생각하는 대학 교수도 마찬가지이다. 두 가지 모두 돈은 많아도 인생의 재미는 전혀 느끼지 못하고 사는 상류층 사람들의 실패담이다.

우리가 일을 하는 것은 단순히 먹고살기 위한 돈을 벌기 위해서 만은 아니다. 일을 통해 얻는 만족은 지금 당장 행복감을 주고, 기약 없는 내일의 행복을 담보로 하지 않을 때만이 의미가 있는 것이다. 직장에서 보내는 시간이 많다면, 일을 통해서 만족을 얻고 자아 실현의 욕구를 실현하는 것이 무엇보다 중요하다.

확실히 적성에 맞는 일을 선택해야 스트레스와 노력을 최소화하고도 성공할 수 있다. 가장 건강하고 가장 여유 있는 방법으로 성공을 거머쥐는 것이 능률적인 사람의 방식이다. 자신에게 꼭 맞는 일이 언제 주어질지는 본인만이 알 수 있다. 그리고 다른 사람은 그 일을 노동이라고 생각해도 당사자만은 그렇지 않을 수 있다. 오히려 자기가 좋아서 하는 일인데 돈까지 벌 수 있으니 금상첨화하고 생각할지도 모른다. 어떤 일이 자신의 적성에 맞는 일인지를 알아보는 방법이 한 가지 있다. 생계를 위해 돈을 벌 필요가 없어졌을 때, 즉 돈을 떠나서 해 보고 싶은 일이 있을 것이다. 그 일이 바로 적성에 맞는 일이다(오히려 돈을 지불해야 할 경우도 있다).

두 마리 토끼를 잡기 위해서는 능률적인 업무 처리도 중요하지만, 그만큼 휴식 시간도 늘려야 한다. 그러려면 여가 시간을 확보하는 것이 제일 중요하다. 세계적 수준의 거부들은 돈 버는 일에만 관심이 있는 사람들이 아니다. 그들은 일과 여가를 적절하게 배분할 줄 아는 여가 전문가들이다.

나는 일을 희생하는 한이 있더라도 인생을 즐기는 것이 더 중요하다고 믿는 사람이다. 나는 일이 좋아서 하는 사람이기 때문에 일과 놀이의 경계가 상당히 모호한 사람이다. 하지만 나는 하루 평균 4시간 혹은 5시간 이상을 일에 매달리는 법이 없다. 그 이상 일하는 것은 상상조차 할 수 없다.

좋아서 하는 일이라면 따로 노는 시간을 마련할 필요가 없다고 주장하는 사람이 있을지도 모른다. 하지만 이 주장에는 동의할 수 없다. 이 세상에는 하고 싶은 일도 너무 많고 배울 것 또한 너무 많기 때문이다. 스스로를 노동이라는 굴레에 가두는 것은 인생의 다른 값진 경험들을 포기하는 것이다.

하는 일이 한없이 따분하고, 일을 하는 일차적인 목적이 부채 상환인 사람일수록 일과 여가를 적절히 배합하는 노력을 기울여야 한다. 북미 사회에서 성공적인 직장인으로 인정을 받으려면 하루 10시간 이상의 노동은 기본이기 때문에, 성공을 추구하는 사람은 여가를 즐길 수 있는 기회 자체를 박탈당할 수 있다. 연구 결과마다 다르기는 하지만, 어떤 조사에 따르면 1970년에서부터 21세기가 시작된 시점까지 직장인들의 여가 시간은 무려 37%나 급감했다고 한다.

하지만 이런 연구 결과를 반박하는 보고서도 있다. 어느 보고서에 따르면 자녀수가 줄고 집안 일이 줄어들면서, 북미인들 대다수의 여가 시간이 과거 보다 대략 5시간 정도 증가했다고 한다. 그런데도 불구하고 북미인들의 여가 활용의 질은 전보다 더 나아지지 않았다. 이 보고서는 이런 문제의 근본적인 원인은 대다수의 사람들이 여가의 가치를 깎아 내리고 그것을 건설적으로 활용하려는 의지를 보이지 않는 데에 있다고 지적했다. 예를 들어 북미인들은 여가 시간의 40% 정도를 텔레비전 시청에 허비한다(내 생각에는 시간 낭비밖에 안 된다).

연구 결과는 그렇다 치더라도, 나는 보통의 북미인들이 여가 시간이 줄어드는 데 따른 문제점들을 자체적으로 해결할 수 없다는 사실을 믿기 어렵다. 장미꽃 향기를 음미하는 것은 고사하고 신선한 공기마저 마음껏 들여 마실 충분한 시간이 없다고 한다면, 그것은 그 사람의 책임이다. 실제적으로 인생에서 모든 것은 선택의 문제다. 여가 시간이 부족한 것은 대부분 자기 책임이다. 여가 시간이 부족하다고 하는 사람은 직업을 잘못 선택했거나 능력이 없는 사람이다. 그리고 이도 저도 아니라면 여가 활용의 의사가 전혀 없는 사람이다.

적절한 예를 하나 들자면, 미국 직장인들의 21%가 휴가를 사용하지 않고 있다. 이보다 더 심각한 것은 미국인의 휴가가 호주, 독일, 프랑스, 스웨덴 사람들의 휴가보다 더 짧다는 것이다. 그런데도 그들은 어리석거나 웃음거리가 될 생각이 아니라면 5주 내지 6주의 휴가 중에서 단 하루를 포기한다는 것은 생각조차 할 수 없다는 것을 알았다.

장기 휴가를 사용함으로써 얻을 수 있는 즐거움은 단기 휴가의 즐거움 정도로 끝나지 않는다. 장기 휴가는 육체의 피로를 풀어 주고, 유연하고 창조적인 사고를 만들어 낸다. 직장에 복귀해서도 장기 휴가의 효과는 지속된다. 휴가를 가기 전보다 훨씬 더 열심히 일에 매진할 수 있게 된다. 확실히 휴가를 통한 건강 회복은 지어낸 말이 아니다. 2002년 미국 정신신체학회(American Psychosomatic Society)는 35세에서 57세의 성인 남자를 대상으로 조사한 결과 매년 휴가를 가는 사람들이 그렇지 않은 사람들에 비해 조기 사망할 확률은 25%가 낮으며, 심장병으로 사망할 확률은 32%가 더 낮다고 발표했다.

이 장의 핵심은 지금 당장 여가를 즐기라는 것이다. 그렇지 않으면 성공한 삶을 살 수 없다. 일과 여가를 적절히 조화시키기 위해서는 개인의 눈부신 활약이 필요하다. 원하는 삶의 패턴을 위해서라면 경력, 빚, 재산, 심지어 가정생활까지도 변화시킬 수 있어야 한

다. 그런데 단순히 다른 사람들보다 많은 돈을 벌고 싶은 욕망 때문에 스포츠, 여행, 개인적인 취미 활동을 제쳐 두고 일에 매달리는 것은 잘못이다. 그만한 가치가 없을 때는 언제나 여가 활동으로 대체해야 한다. 건강 하나만 놓고 보더라도 창조적

인 빈둥거림의 가치는 그 어느 것과도 비교할 수 없다.

'치즈가 있는 터널'을 찾아내려면, 인간의 불행이 집착에서 비롯된다는 사실을 먼저 인식해야 한다. 중요한 것을 희생해 가면서 중요하지 않은 것에 매달리는 것은 큰 실수이다. 사실, 우리가 집착하는 것들 대부분은 필요 없거나 중요하지 않은 것들이다. 더 좋은 직함, 더 큰 집, 더 번쩍거리는 차, 더 화려한 유행 등이 좋은 예이다. 결국 진정한 행복을 가져다 줄 수 있는 일은 몇 가지 되지 않는다. 우리는 진정으로 중요한 것과 그렇지 않은 것을 구분하는 방법을 터득해야 한다.

9시부터 5시까지 일하지 않아도 되는 즐거움

20년 전의 벤 커는 사회적인 정의로 볼 때 성공한 사람이었다. 그러나 그는 50세가 되자 토론토 항만위원회 일을 그만두었다. 회사의 흡연 정책에 대해 불만을 표시했던 것이 상부와 마찰을 일으켰기 때문이었다. 그 후로 그는 다른 사람을 위해 일하지 않았다. 벤 커는 가끔씩 세인트 로렌스 시장이나 토론토에서 가장 번잡한 구역인 영 앤 블루어 거리의 모퉁이에서 노래를 한다.

내가 벤 커를 만났을 때, 제일 먼저 눈에 뜨인 점은 그가 매우 행복해 보인다는 것이었다. 오후 내내 그는 노래를 불렀고, 지나가는 사람들은 그와 인사를 나누고 때에 따라서는 돈을 주고 갔다. 이 책의 초판이 나왔을 때, 책을 구해 읽은 벤 커는 깊은 감동을 받았다고 한다. 그래서 그는 내게 《9시부터 5시까지 일하지 않아도 되는 즐거움》이라는 노래를 만들어 주었다. 다음은 그 노래의 가사다.

9시에서 5시까지 일하지 않아도 되는 즐거움

9시에서 5시까지 일하지 않아도 되는 즐거움을 나는 알지
매일 영 앤 블루어 거리에 나와 노래를 부르네
다섯 줄짜리 낡은 기타를 퉁기며,
이게 바로 일하지 않는 즐거움이지.

사람들은 말하지, 운 좋은 놈이라고
그리고 나 같이 되고 싶다고들 하네
9시부터 5시까지 일하지 않아도 되는 즐거움을 알고 싶다나
발 닿는 대로 자유롭게 살고 싶다나.

하지만 달리던 속도를 늦추려 하지는 않겠지,
그 눈빛에서 좌절을 본다는 것은 너무 슬픈 일,
일하지 않는 즐거움은 거기에 있는데
사람들은 두려운 나머지 움직이지를 않네.
어니 젤린스키란 친구가 책을 썼지
『적게 일하고 많이 놀아라』가 그 제목이라네
그 친구도 나처럼 살아가는 친구,
그도 일하지 않는 즐거움을 아는 사람.

9시부터 5시까지 일하지 않아도 되는 즐거움을 나는 알지
매일 영 앤 블루어 거리에서 노래를 부르네
다섯 줄짜리 낡은 기타를 퉁기며

그게 바로 일하지 않는 즐거움.

영 앤 블루어 거리에서 다섯 줄짜리 낡은 기타를 퉁기는 게,

그게 바로 일하지 않는 즐거움

그게 바로 일하지 않는 즐거움

벤 커 작사

2002년 벤을 만났을 때 그는 정년까지 버티지 않은 것이 정말 잘한 일이었던 것 같다고 말했다. 정년인 65세까지 버텼더라면 그 전에 죽었을지도 모르는 일이라며 재차 일찌감치 퇴직한 것을 스스로 만족해했다. 지금 벤 커는 70대이다. 〈헬스 퍼스펙티브(Health Perspective)〉의 기자인 제리 길리언스는 "가끔 가다 남다른 열정과 에너지를 가진 노인들을 만나게 되는데, 벤도 그렇다."고 벤 커를 평가했다.

인생에서 가장 좋은 시기가 될 수 있다

본 장의 목적은 독자들에게 보다 편안하고 쉽게 여가 활동을 늘려 가는 방법을 알려 주는 것이다. 대부분의 사람들은 직장생활을 시작하기 위해서는 오랜 시간을 투자하며 준비를 하지만 직장을 그만둘 때는 아무런 준비 없이 무조건 일을 저지르고 본다. 이 책의 독자들도 아주 특별난 사람이 아니라면 마찬가지일 것이다. 인생에는 여러 가지 방식이 있을 수 있다. 선택만 제대로 한다면, 일이 아니라도 얼마든지 새롭고 재미있는 세상을 발견할 수 있다. 직장에 나가지 않는 것만으로도 직장생활에서는 경험할 수 없었던 많은 것들을 경험할 수 있다. 이런 의미에서 본다면 인생에서 이 시기만큼 좋은 시절은 없을 것이다. 실직자든 은퇴자든 누구도 예외는 아니다.

실직이나 은퇴로 시간이 남아돈다고 괴로워하지 마라. 자기 자신이 어떤 사람인지 궁금하지 않은가? 그렇다면 이때만큼 좋은 시기도 없

> 여가를 현명하게 사용할 수 있게 된 것이야말로 문명이 만들어낸 가장 훌륭한 성과다.
> - 버틀란드 러셀

다. 인격의 성장을 도모하고, 과거에 가졌던 직업의 굴레에서 완전히 벗어날 수만 있다면, 남아도는 시간은 그야말로 하늘이 내려준 선물인 셈이다. 이제부터는 사회와 비즈니스 혹은 미디어가 명령하고 요구하는 대로 움직일 필요가 없다. 자기 본연의 모습을 통해 모든 것을 경험하라.

> 언제나 그렇듯이 현재보다 더 좋을 때는 없다. 단 그 시간에 무엇을 할 것인지 그 내용이 정해져 있을 때만 그렇다.
> - 랄프 왈도 에머슨

잠시 일을 그만둔 경우도 은퇴자들과 다르지 않다. 남아도는 시간을 활용하는 법을 배울 수 있는 절호의 기회라고 생각하라. 직업 전문가들에 따르면, 일반적으로 사람들은 한 가지 일을 평생 지속하는 것이 아니라 서너 번씩은 직장을 옮기는 경험을 하게 된다고 한다. 평균적으로 한 가지 일을 지속하는 기간은 겨우 3년 6개월에 불과하다. 더구나 오늘날의 직장인들은 그 어느 때보다 해고나 해직, 명예퇴직과 같은 위험에 더욱 쉽게 노출되어 있다. 사실 40세 이상의 직장인들의 경우, 회사를 옮기는 횟수는 평균적으로 3회 정도가 되는데, 이 중 1회는 해고에 의한 것이라고 한다. 그러므로 지금 직장을 옮기고 있는 중이라면, 그 시간을 최대한 잘 활용할 수 있어야 한다. 지금 상황을 슬기롭게 대처하게 되면, 나중에 은퇴를 했을 때나 다시 일을 그만두게 되는 상황에 부딪쳤을 때 보다 자신감 있게 대처할 수 있다.

많은 변수들이 시간 활용에 영향을 미친다. 여기서 가장 중요한 것은 당사자의 태도이다. 분명히 여가를 늘리는 것은 생각만큼 쉬운 일이 아니다. 열심히 일해서 돈 모으고 유명해지는 것에만 관심이 있

> 단지 급료에 얽매어 일하고 있는 사람처럼 불쌍한 인간은 없다.
> - 앤드류 카네기

을 때에는 여가를 관리하는 법을 배우지 않는다. 그저 열심히 돈 모으고 그렇게 해서 부자 되고 이름을 날리는 것에만 관심을 쏟는다. 이런 습관

들은 쉽게 잊혀지지 않는다. 인생을 즐기며 살 수 있는 기회가 와도 타성에 젖은 사람들은 쉽게 일을 그만두지 못한다.

실직은 자기 계발의 적기이다

은퇴나 실직 때문에 일자리를 잃은 사람들은 모두 큰 타격을 받는다. 그렇지 않다고 이야기하는 사람들은 거짓말을 하고 있거나 게으른 사람들이다. 해고와 은퇴 기간을 잘 관리하기란 여간 어려운 일이 아니다. 나같이 청장년 시절의 대부분을 게으름뱅이로 살아온 사람도 여가를 관리하는 일이 식은 죽 먹기처럼 쉽지는 않았다.

직업과 자신을 동일시하는 사람일수록 여가 관리에 어려움을 겪는다. 일과 자기 자신을 동일시하는 경향이 컸던 사람일수록 정체성 상실에 따른 고통을 가장 크게 느낀다. 슬픔의 시간도 꽤 오래 지속된다. 보통은 블루칼라 노동자들보다는 기업의 관리자들이나 임원들이 실직이나 은퇴를 더 힘들어한다. 결국 화이트칼라들이 일과 자기 자신을 동일시하는 경향이 더 크다는 사실을 미루어 짐작할 수 있다.

대부분의 사람들은 비즈니스나 언론, 대학, 기업과 같은 외부적인 힘에 영향을 많이 받는다. 우리가 성공한 직장생활이라고 알고 있는 모델들은 모두 이러한 외부적인 힘들이 만들어 놓은 것들이다. 하지만 이런 외부적인 힘들은 성공적인 여가생활을 위한 모델은 아무것도 제시하지 않는다. 그러므로 실직이나 해고를 당했을 경우에는 가치 있다고 생각되는 삶의 모델을 각자가 만들어가야 한다.

은퇴를 앞둔 사람들은 은퇴 후 삶의 목표가 사라지고 활동량이 눈에 띄게 줄어들 것을 염려하지만 대부분은 여가생활에 훌륭하게 적응해 간다. 다만 청교도적인 가치관에 지나치게 경직되어 있던 사람들은 일이 없다는 것을 잘 견뎌내지 못한다. 사회 규범에 자기의 모든 것을 맞추려고 했던 사람은 변화를 거부하게 되고 결국은 자기 존중감을 상실하게 된다. 미국인들의 연령대 자살률을 보아도 알 수 있다. 어떤 기관의 조사에 따르면, 다른 연령대보다 은퇴 연령에 있는 사람들의 자살률이 무려 4배나 더 높다고 한다.

> 노동은 달리 할 일이 없는 사람들의 도피처이다.
> · 오스카 와일드

연구 논문에 따르면, 은퇴자들의 경우 다섯 명 가운데 하나 꼴로 은퇴를 자연스럽게 받아들이지 못한 충격 때문에 경증에서 중증에 이르는 다양한 우울증 증세를 경험하게 된다고 한다. 『Breaking the Chain of Low Self-Esteem』의 저자이자 임상 심리학자인 메릴린 J. 소렌손 박사는 자기 비하는 종종 은퇴 후 우울증의 원인이 된다고 설명한다. 박사는 "자존감이 낮은 사람들이 일반적으로 과잉 성취자가 된다. 능력을 증명해야 한다는 생각에 빠져서 일에다가 모든 것을 다 바치게 된다."고 덧붙였다.

내가 판단하기에 일 없이는 즐거움을 얻기가 불가능한 사람 혹은 불가능하지는 않지만 힘들어 보이는 사람은 전혀 개성이 없는 사람들이다. 자신의 상태가 이렇다는 것은 존재의 근거를 외부적인 것에 전적으로 의존하고 있다는 것과 자신이 매우 천박한 사람이라는 것을 인정하는 것이나 다름없다. 이런 사람들은 인성 자체를 바꾸지 않는 한 다른 방도가 없다.

정리하자면, 좀 더 나은 미래를 위해 잠시 일을 쉬는 상태이건 아니면 은퇴를 한 사람이건 실직은 자신의 참 모습을 발견하고 계발할 수 있는 좋은 기회라는 사실이다. 나는 이 책을 읽는 독자들이 행복한 여가생활을 즐길 수 없을 정도로 심각하게 사회화가 진행된 사람들은 아니라고 믿고 싶다. 물론 생각이 완전히 굳어진 사람들은 이런 책을 읽지 않을 게 분명하다. 그리고 한 가지 더, 나는 독자들이 자기만을 위한 삶의 모델을 만들 수 있을 만큼 주체적인 사람들이었으면 좋겠다. 그리고 마지막으로 작은 바람이 한 가지 있다면 실직 기간을 직장을 다녔던 기간보다 더 알차고 충실하게 보내주었으면 하는 것이다.

하지만 직업과 자신을 동일시하는 경향이 강했던 사람이라면, 쉽게 해결 방법을 찾을 것이라 기대해서는 안 된다. 자기 이미지를 재창조하기 위해서는 시간이 걸리기 마련이다. 처음에는 실패자가 되었다고 느낄지 모른다. 하지만 어느 정도 이미지가 개선되면, 이런 느낌도 차츰 엷어질 것이다. 시간이 지나면 자기 이미지도 승자의 이미지로 바뀌게 될 것이므로 안심해도 좋다.

일하지 않는 사람은 인생에 성공한 사람

앞서도 지적했지만, 대부분의 사람들에게 일이 없다는 것은 정체성을 구성하던 주요 근거가 사라졌다는 것을 의미한다. 기존의 직업을 대체할 만한 일을 찾지 못했다면, 어쩔 수 없이 여가가 직업을 통해서 얻었던 욕구를 대신 충족시켜 주어야 한다. 일 없이 여가만을 즐기는 생활을 시작하게 되면 짧게는 몇 일, 길게는 몇 주가 가장 힘든 고비가 된다. 공포와 심리적 공황 상태를 보이는 사람도 있는가 하면 그 상황을 자연스럽게 받아들이지 못하고 자꾸 밖으로만 돌리려고 하는 사람도 있을 수 있다. 한편 직장에 다니는 일이 죽기보다 싫었던 사람들은 처음엔 약간의 불안 증세를 보일 수도 있지만, 곧 언제 그랬냐는 듯 기쁨을 감추지 못할 것이다.

> 사람들이 정말 일하는 것을 좋아한다면, 우린 지금까지도 나무 막대기로 땅을 갈고, 허리에 등짐을 지고 다녀야 옳다.
>
> · 윌리엄 페더

심리적으로 적응이 안 된 사람들은 실직으로 심각한 정신적, 육체적 타격을 입을 수 있다. 경제적인 문제, 사회적인 교류의 감소, 인생 목표의 부재, 성취감을 경험할 수 있는 기회의 감소 등이 실직의 부정적인 측면이다. 이 분야의 연구 논문들은 실직 때문에 생긴 권태나 절망감을 극복하는 데에는 건전한 여가 생활만큼 효과적인 방법이 없음을 공통적으로 지적하고 있다. 무엇보다도 가장 바람직하지 않은 경우는 하루 종일 텔레비전 앞에 앉아서 실직의 씁쓸함만을 곱씹는 것이다.

여가생활의 가장 큰 이점은 자기 자신의 참 모습을 발견할 수 있다는 것에 있다. 그 동안 일에만 집착했던 사람이라면 느긋하고 여유 있는 삶을 거의 경험해 보지 못했을 것이다. 어쩌면 이런 것이 난생 처음 경험하는 일일지도 모른다.

실직 전까지는 대부분의 사람들이 직업을 통해서 자신의 정체성을 결정한다. 즉 직업을 통해서 우리 자신의 모습을 규정짓고, 그것에 따라 살아간다는 뜻이다. 또한 자기 자신보다는 회사나 조직이 먼저라는 생각이 뿌리깊게 박혀 있을 것이다.

자기 내면의 본질을 파악하기 위해서는 약간의 수고와 노력이 필요하다. 자기 자신이 어떤 사람인지를 알기 위해서는 내면에 대한 탐사가 선행되어야 한다. 또한 바뀐 환경에서도 자기를 계발하고 새로운 것을 학습을 통해 배우고자 하는 열의가 있어야 한다. 그리고 일단 자신의 본질을 파악한 다음에는 직업으로 자기 자신을 규정하는 잘못을 다시 범해선 안 된다.

생산적인 노동도 소중하지만 이에 못지않게 중요한 것이 가치 있고, 도전적이며, 보람찬 여가 활동이다. 그림 그리기, 자원봉사 활동, 테니스 치기, 주제가 있는 여행, 건설적인 여가 활동은 노동에 못지 않은 만족을 준다. 그러나 허송세월로 시간을 다 보내고 난 뒤에는 이런 깨달음도 소용이 없다. 실직에 직면한 그 순간부터 이런 사실을 적극적으로 수용할 수 있어야 한다.

무엇보다도 긍정적인 삶의 자세를 유지하는 것이 중요하다. 사실, 그렇게 해야 실직 기간을 불행하지 않게 보낼 수 있고, 더 빨리 다른 일자

> 일을 하는 것보다는 편히 쉬는 것이 더 좋다.
> - 발타자르 그라시안

리도 찾을 수 있다. 이러한 사실은 토론토 대학의 게리 라담 박사의 최근 연구 결과에 의해서도 입증되었다.

라담 박사는 실직 기간이 최소 13개월 이상인 관리자들을 대상으로 28명을 선발하고, 다시 이 관리자들을 두 그룹으로 나누었다. 그리고 한 그룹에게는 자기 지도(self-guidance)와 긍정적인 대화법을 가르치고, 다른 그룹에는 아무것도 가르치지 않았다. 9개월 후, 교육을 받은 그룹은 반 정도가 전에 받던 직장의 연봉에서 1만 달러를 덜 받거나 혹은 더 받는 일자리를 찾아갔다. 반면 교육을 전혀 받지 못한 그룹에서는 겨우 12%만이 직업을 찾았다. 라담 박사는 "겨우 14시간짜리 교육이 이렇게 사람들의 삶에 긍정적인 영향을 미칠 수 있다니 놀랍지 않습니까!"라고 감탄했다.

은퇴와 관련된 연구 논문 가운데에는 이 책과 동일한 주장을 하는 논문이 많다. 이런 논문들의 한결같은 주장은 은퇴 당시에는 적응이 다소 어렵지만, 일정 시간이 지나면 직장생활을 했을 때보다 훨씬 더 만족스러운 생활을 영위하게 된다는 것이다. 웨스턴 온타리오 대학의 전 심리학과 교수인 모리스 M. 쉬노레 박사는 은퇴자들의 생활에 대해 광범위한 조사 연구를 했다. 그는 자신의 저서 『Retirement : Bane or Blessing』에서 행복한 삶에 직업이 꼭 있어야 하는 것은 아니라고 주장했다.

쉬노레 박사는 대부분의 은퇴자들은 대체적으로 은퇴생활에 쉽게 적응한다고 지적한다. 정체성의 위기로 고생하는 부류는 극소수에 불과하다는 것이다. 심각한 부적응 장애를 경험하는 사람의 비율은 겨우 10%에 불과하다. 쉬노레

박사는 은퇴자가 느끼는 삶의 만족도는 30~40대의 직장인들에 못지 않거나 혹은 그보다 훨씬 더 높다고 결론지었다.

사실 우리가 은퇴생활에 대해 가지고 있는 생각은 선입견에 불과하다. 은퇴자의 삶은 중년의 직장인의 삶보다 훨씬 더 행복하고 만족스럽다. 일부 은퇴자들은 생각했던 것보다 실제 은퇴생활이 훨씬 더 재미있고 유익하다고 고백한다. 쉬노레 박사는 다음의 요소가 있어야 은퇴생활에 잘 적응할 수 있다고 말한다.

- 이룰 수 있는 목표를 추구함
- 가진 것에 감사하는 마음
- 문제가 생겨도 잘 해결해 나갈 수 있다는 자신감

지금 당장에 하던 일이 없어지거나 더 이상 일을 할 필요가 없어진다면, 틀림없이 삶에도 중요한 변화가 일어날 것이다. 늘어난 여가 시간을 제대로 관리하기 위해서는 우선 자신의 본질을 재정립하는 것이 제일 먼저 해야 할 일이다. 일을 하지 않는다고 해서 무능하다거나 쓸모 없는 존재라고 생각할 필요는 전혀 없다. 일단 여가생활이 품고 있는 가치를 인식하고 나면, 외부적인 힘들에 흔들리지 않고 스스로에게 활기를 불어넣을 수 있는 다양한 방법들을 어렵지 않게 찾을 수 있을 것이다.

일을 하지 않아도 일을 할 때만큼의 성취감을 여가를 통해서 얻을 수 있다는 사실을 반복해서 상기하라. 이 사회가 정의하는 성공은 억대 연봉, 커다란 저택, 비싼 차를 의미한다. 하지만 이런 물질들이 성공의 유일한 잣대는 아니다. 직장을 옮길 때나 은퇴를 결정했을 때, 절대 자신을 패배자라고 생각하지 마라. 랄프 왈도 에머슨이 정의한 성공한 인생의 기준을 항상 기억하라.

성공이란 무엇인가?

자주 웃고 많이 사랑하며,

현명한 사람들에게서 존경을 받고 아이들의 사랑을 받으며,

정직한 비평가들에게 인정을 받고 친구의 배반을 참아내며,

아름다움을 식별할 줄 알며,

다른 사람의 장점을 찾아내며,

되받을 생각하지 않고 자신을 내어 주며,

건강한 아이를 낳거나 영혼을 구제하거나 한 뙈기의 채마밭을 가꾸거나

사회 환경을 정화하여 세상을 더 살기 좋은 곳으로 만들며,

열정적으로 뛰놀고 웃으며 노래하고,

당신이 한때 이 곳에 살았음으로 해서 단 한 사람의 인생이라도 행복해지는

것을 보고 이 세상을 떠나는 것,

이것이 진정한 성공이다.

— 랄프 왈도 에머슨

에머슨이 정의한 성공은 절대로 직장생활을 통해서는 얻을 수 없는 것이다. 일반적으로 사람들은 실직을 실패의 상징으로 받아들이는데 사실은 그렇지 않다. 2장에서도 언급했지만, 생각에 따라서 얼마든지 세계가 달라 보일 수 있다. 긍정적인 시각으로 여가생활을 누리다 보면, 결국 실직이 승리의 상징이라는

사실을 깨닫는 날이 올 것이다. 여유를 갖고 자아 실현을 위한 생산적인 활동에 심취하다 보면 저절로 자신이 성공한 인생을 살고 있다는 느낌을 받게 될 것이다. 물론, 인류 역사상 그런 특권을 누렸던 사람들은 많지 않았다.

있지도 않은 호시절을 그리워한다

실직이나 은퇴로 직장을 그만둔 사람이 행복해지기 위해서는 무엇보다도 직장생활에 대한 향수를 극복할 수 있어야 한다. 하지만 사람의 기억은 선별적이기 때문에, 향수병을 극복하는 문제가 그렇게 간단치만은 않다. 사실 향수병이 심각한 사람들은 있지도 않았던 일을 그리워하기도 한다. 그리고 보통 사람들도 별로 다르지 않아서 좋은 일은 기억하고 나쁜 일은 모두 잊어버리려는 습성이 있다. 물론 기억하고 싶은 일은 손가락으로 꼽을 정도로 드물고, 망각 속에 묻어 버린 일들은 헤아릴 수 없이 많다. 그래서 "있지도 않은 호시절을 그리워한다."라는 말이 생긴 것 같다.

나도 향수병에서 완전히 자유로울 수는 없었지만, 그 병의 포로가 되지는 않았다. 몇 년 전 나는 직업교육을 전문으로 하는 사립 학교에서 파트타임으로 강의를 한 적이 있었다. 한동안은 일도 재미있고 보람도 있었는데, 학장과 문제가 생겨서 일을 그만두게 되었다. 그런데 일주일에 겨우 16시간 정도 나갔던 일인데도 막상 그만두고 나니 남아도는 시간이 무척 부담스럽게 느껴졌다. 그 전에는 전혀 느껴보지 못한 감정이었다. 아침에 일어나면 어디론가 나가고 싶어 죽

> 지금은 형편없고 구질구질해 보이는 오늘도 내일은 누군가에 의해 좋았던 옛 시절로 기억될 것이다.
> · 제럴드 비잔

겠는데 갈 곳이 없었다(아주 사소한 문제였나?). 이상하게도 직장일이 그리워지기 시작했다. 그

이상향이란 애당초 없었다.
- 무명씨

러면서 다른 한편으로는 이제는 나도 다른 사람들처럼 일 없이는 살 수 없는 사람이 되었구나 하는 자괴감이 슬며시 고개를 들기 시작했다.

정말로 내 천성하고는 어울리지 않는 반응이었다. 처음 이틀인가 사흘은 사표를 낸 것이 너무 후회되었다. 하지만 나흘째가 되자 제정신이 들면서, 예전의 그 행복감이 다시 찾아 들었다. 한술 더 떠서 직장에 다니는 사람들이 불쌍하다는 생각마저 들었다. 그들은 절대 나만큼 행복할 수 없었다.

직장인이라면 누구나 한 번쯤 회사나 조직 생활에 염증을 느꼈던 적이 있을 것이다. 가끔은 그런 불만이 실직이나 은퇴 후 생활을 만족스럽게 만드는 원인이 된다. 조직 생활에서 느꼈던 부조리함이나 불만을 떠올려 보면 일을 그만두기를 잘 했다는 생각이 절로 들 것이다. 그러면 향수병은 흔적도 없이 사라진다.

Exercise 5-1

그만둔 직장에 대해 솔직하게 털어놓기

그 전에 일했던 직장에 대해 어떤 감정을 갖고 있는지 솔직하게 털어놓아 보자. 상사나 조직, 업무와 관련되어 어떤 점이 마음에 들지 않았는지 적어 보아라.

아무리 태연하게 이야기하려해도, 뒤돌아보면 나의 조직 생활은 비참하기 짝이 없었다. 이 자리를 빌어 직장생활이 싫었던 이유를 25가지로 정리해 보았다. 아마 이 목록을 읽으면 직장생활에 대한 미련 같은 것은 일순간에 사라질 것이다.

- 빈번한 다운사이징으로 업무량이 엄청나게 늘어난다
- 햇볕이 좋은 날에도 하루 종일 사무실에 갇혀 지내야 한다
- 임원 자리를 베이비붐 세대들이 거의 다 차지하고 있기 때문에, 최소 15년은 승진의 기회가 전혀 없다
- 10년 전에 해고되었어야 마땅할 바보 멍청이들과 같이 근무를 해야 한다
- 직장생활도 정치와 다르지 않아서 권력다툼으로 인한 극심한 경쟁, 중상 모략 등의 위험이 있고, 얼굴에는 항상 가증스러운 미소를 띠고 있어야 한다

언젠가는 사용법을 배워서 이 지긋지 긋한 일에서 도망칠 거야.

- 오래 근무했다는 것 빼고는 별로 잘난 것도 없는 인간이 나보다 훨씬 많은 연봉을 받는다
- 출퇴근을 하려면 매일매일 교통 지옥 속에서 1~2시간을 허비해야 한다
- 하루 종일 책상에만 붙어 있어야 하고, 마음대로 움직일 수 없다
- 계속 다른 사람의 간섭을 받아야 하고, 매일 매일 처리해야 하는 업무 압박 때문에 생각할 시간이 전혀 없다
- 무의미한 서류 작업을 매일 반복해야 하고, 아무도 읽어보지 않을 보고서를 작성해야 한다

- 다른 부서와 업무 협조가 이루어지지 않는다
- 상사의 명령이 앞뒤가 안 맞고 횡설수설이다

- 결론에 도달하지도 못하면서 한 번 회의를 시작하면 2시간은 기본이다
- 상사가 휴가를 가라고 하는데도 가지 않고, 일에 매달리는 편집증적인 일 중독자들이 너무 많다
- 휴가 일정에 융통성이 없어서 가고 싶을 때(R자가 들어가지 않은 달) 휴가를 다녀올 수 없다
- 일이 너무 많다고 법적으로 정해 놓은 휴가도 다 못 쓰게 한다
- 상사가 부하 직원의 성과나 아이디어를 자신의 공으로 돌린다
- 직원들은 주차할 공간이 마땅치 않다(엄청난 돈을 받는 임원들은 예외다)
- 다른 사람들보다 생산성도 두 배나 더 높고, 일정 관리도 확실한데도 업무 시간을 꼬박꼬박 채워야 한다
- 관료주의, 형식주의, 어리석은 원칙들, 비논리적인 절차에 완전히 물들어서 다른 어떤 것에도 동기부여가 되지 않는 사람들
- 인종, 성별, 신체적 특징, 혹은 결론 유무에 따른 차별
- 혁신적인 기업이라고 광고하면서 혁신적인 아이디어를 내는 직원은 몰라라 하는 조직
- 에어컨은 겨울에만 제대로 작동한다
- 업무 성과를 인정해 주지 않거나 전혀 고마워하지 않는 분위기
- 임금 인상과 승진을 위해서라면 무엇이든 가리지 않는 '예스맨' 들과 같이 일해야 하는 역겨움

위의 상황은 비단 나에게만 해당되는 상황은 아닐 것이다. 그런 점을 고려해 본다면 직장은 인간의 영혼을 파괴하는 곳이 틀림없는 것 같다. 직장을 한 번이라도 다녀 본 사람이라면 분명 수긍할 수 있는 부분이 있었을 것이다. 실직한 사람이라면 누구보다도 진상을 잘 알기 때문에 슬그머니 얼굴에 미소가 번졌을

지도 모른다. 하지만 회사에 다니는 사람이라면 사실 그렇게 웃는 게 쉬운 일은 아닐 것이다.

여가를 통해 충족할 수 있는 세 가지 욕구

앞서도 언급한 이야기이지만, 실직은 사람들에게 부정적인 영향을 미칠 수 있다. 더구나 앞날에 대한 불안, 통제할 수 없는 현재, 인간관계의 교류 부족으로 없던 스트레스까지 생겨날 수 있다. 이런 이유 때문에 은퇴한 사람들이 직장생활을 그리워하는 이해할 수 없는 상황이 벌어지곤 하는 것이다.

하지만 내막을 잘 들여다보면, 진짜로 일이 그립다거나 꼴 보기 싫던 동료들이 갑자기 예뻐 보이는 것은 아니다. 사실 그들이 그리워하는 것은 일이나 동료가 아니다. 대부분의 사람들이 미처 깨닫지 못하는 부분이기는 하나, 직장생활에는 돈을 버는 것 이상의 뭔가가 있다. 특히 관리직에 종사했던 사람들은 직장생활을 통해서 많은 만족과 보상을 얻는다. 자존심, 지위, 성취감, 인정, 발전 가능성, 권력 같은 것들. 그리고 이런 보상은 회사를 떠나는 순간 홀연히 사라진다.

위에 열거한 보상말고도 우리는 직장생활을 통해 인간의 기본적인 욕구 3가지를 충족한다. 첫째는 생활의 틀에 대한 욕구이고, 둘째는 목적에 대한 욕구, 셋째는 공동체 의식에 대한 욕구이다. 직장생활에서의 서열이나 업무의 만족도와는 관계없이 직장인이라면 누구나 직장생활을 통해 이 세 가지 욕구를 충족하게 된다. 그러므로 직장생활을 그만둔 사람은 다른 방법을 통해서 이 세 가지 욕구를 충족시켜야 한다.

(1) 새로운 생활의 틀 만들기

생활의 틀이란 것이 확실히 좋다 나쁘다 단정지어 이야기할 수는 없지만, 틀이란 것은 이 사회가 규정해 놓은 하나의 구조이다. 우리는 어린아이였을 때부터 늙어 은퇴할 때

〈세 가지 중요한 욕구〉

까지 이 구조 안에서 생활하게 된다. 교육받기, 직장 구하기, 일하기, 결혼하기, 가족 부양하기 등의 일도 이 사회가 규정해 놓은 틀과 관계가 있다. 문제는 직장을 그만두었을 때 생긴다. 직장이라는 사회적 공간이 제공해 주던 생활의 틀과 일상들이 사라지는 순간 방황이 시작되는 것이다.

어느 날 갑자기 나를 지탱해 주던 생활의 틀과 일상들이 사라졌다고 상상해 보라. 이것은 정말 큰 혼돈이다. 특히 정해진 틀 속에 갇혀 살았던 사람들은 더욱 그럴 수 있다. 사실 아무것도 하지 않고 시간을 보내는 일만큼 진땀나는 일도 없다. 어쨌든 하루해를 넘기려면 무슨 일이든 해야 하는데, 할 일이 아무것도 없다고 생각해 보라. 정말 힘든 일이다. 그렇게 어영부영 때우는 시간은 곧 권태와 지겨움으로 연결될 것이다. 성격이 완고한 사람은 바뀐 상황에 적응하지 않고, 오히려 사회와 인연을 끊으려 할지도 모른다. 이런 증세가 심각해지면 정신적, 육체적 능력마저 눈에 띄게 떨어질 수 있다.

처음에는 정해진 틀과 반복되는 일상이 없다는 사실이 마냥 좋을 수 있다. 아침에 일찍 일어날 필요도 없고, 서둘러 아침을 먹지 않아도 된다. 정시에 맞춰 참석해야 할 회의도 없고, 러시아워에 출퇴근하느라 진을 뺄 일도 없다. 더 이상 시간에 맞춰 살지 않아도 되는 생활이 시작된 것이다. 하지만 제 아무리 창조적인 사람이라고 해도 최소한의 틀과 일과는 누구나 필요한 것이다. 인간은 습관의 동물이기 때문에, 틀에 중독되는 것은 어찌 보면 숙명과 같은 일이

다. 반복되는 일상을 통해서 사람은 심리적인 안정을 얻는다. 물론 안정을 싫어하는 사람은 없다.

갑자기 정해진 틀과 일상에서 놓여난 사람들은 무력감을 느낀다. 하지만 독립적이고 창조적이며 도전적인 사람은 그 상실을 저주가 아닌 축복으로 받아들인다. 이제야 비로소 나에게 맞는 새로운 틀과 일상을 마련할 수 있는 기회가 온 것이다! 물론 이런 꿈을 실현하는 방법은 여러 가지가 있다.

> 내가 없어도 굴러갈 정도로 그렇게 완벽한 인생 계획표를 만들고 싶다.
> - 무명씨

예를 들어보자. 꽤 오래 전 일인데, 당시 나는 거의 은퇴생활이나 다름없는 생활을 하고 있었다. 그러다 보니 조직 생활과는 다른 나만의 규칙적인 일과가 있어야 했다. 우선 건강을 위해서 하루 두 번 운동하는 것을 일과로 정했다. 아침에 일어나자마자 50분 동안 스트레칭을 하고, 오후에는 사이클링, 달리기, 걷기, 테니스 같은 운동을 한 시간 반정도 했다. 운동이 좋다는 거야 세상이 다 아는 것이지만, 운동 하나로 2시간 짜리 일과를 만들어 낼 수 있다니 정말 운동만큼 좋은 게 없지 않은가!

그밖에도 나는 카페에 나가 단골 손님들과 이야기하기, 세 가지 다른 종류의 신문 읽기 등의 일과를 만들었다. 물론, 매일 규칙적으로 시간을 내서 책을 쓰는 일도 중요한 일과 중 하나였다. 일상생활에 포함시킬 수 있는 일과의 예를 몇 가지 더 들어보겠다.

- 지방의 전문대학이나 4년제 대학에서 수업 듣기
- 매일 오후 4시에 드라이브하기
- 정기모임이 있는 자선 사업 활동에 참여하기
- 테니스, 골프, 하키, 축구처럼 정기적으로 할 수 있는 스포츠에 동참하기
- 자원봉사자로 활동하기

자기 계발이 잘된 사람이라면 일과가 부족해서 고생인 사람은 없을 것이다. 틀을 짤 때 가장 중요하게 사용되는 자원은 창의력이다. 창조적인 사람은 여가와 친구, 세계를 중심 축으로 여러 가지 다양한 일과를 만들어 낼 수 있다. 독자적인 라이프스타일을 원하는 사람이라면 자기만의 일과와 틀을 갖는 것만큼 확실하게 자기 영역을 지키는 방법도 없을 것이다.

(2) 목표를 가지고 살아라

누구에게나 그렇겠지만 인생의 목표를 가지는 것은 실직자나 은퇴자에게는 생사가 걸린 문제나 다름없다. 목적이 없는 인생은 결국 살아도 사는 것 같지 않은 인생이기 때문이다.

은퇴자들을 대상으로 한 연구 논문들을 살펴보면, 목표가 있는 노인들이 목적이 없는 노인들에 비해 훨씬 더 오래 장수하는 경향이 있다고 한다. 목표 없이 사는 은퇴 노인 10명 가운데 7명이 2년 안에 사망하고, 이 세상을 영원히 하직할 때까지 사회보장연금을 수령하는 횟수도 평균적으로 겨우 13회에 불과하다고 한다.

또한 은퇴를 쉽게 받아들이는 사람과 그렇지 않은 사람을 비교해 보면 인생관에 큰 차이가 있다고 한다. 인생에 목표가 있고 의미를 많이 두는 사람일수록 은퇴를 쉽게 받아들인다. 물론 은퇴 후 삶의 질도 당사자의 태도에 따라 많이 결정된다. 목표가 있고 존재 의미를 찾을 수 있는 은퇴자의 삶이 더 행복할 거라는 것은 두말할 나위도 없다. 그리고 실직자도 예외는 아니다.

벤저민 프랭클린은 "여가란 유익한 일을 하는 시간"이라고 말했다. 목표가 없는 생활이 오래 지속되다 보면 만성 우울증을 앓게 될 수도 있고, 목표를 찾는 일로 귀중한 시간을 다 허비하게 될지도 모른다. 은퇴자나 실직자는 정기적으로 이런 감정을 경험한다. 확실한 것은 우울증 치료에 뚜렷한 삶의 목표만큼 좋은 치료약이 없다는 것이다. 인생의 목표가 분명한 사람은 스스로를 쓸모 있고, 생산적인 사람이라고 생각할 것이기 때문이다.

은퇴자의 삶의 목표란 대단한 게 아니다. 자신의 참모습을 표현할 수 있는 일을 찾아 행하는 것이다. 물론 자기에게 꼭 맞는 목표를 찾는 일이 쉬운 것만은 아니다. 잉그리드 바치는 저서 『The Art of Effortless Living』에서 "개인주의 문화에서 살고 있다고 하면서도 대부분의 사람들은 자신이 어떤 사람인지, 어떤 일에 관심을 가져야 하는지, 자기의 삶의 목표가 무엇인지에 대해 잘 모르고 있다. 외적인 것에만 눈을 돌리고, 일과 그 일을 통해 주어지는 보상을 통해서만 자신의 존재 가치를 입증하려는 한, 자기의 참모습을 찾는 일은 영원히 불가능할 것이다."라고 한탄했다.

회사에서 잘렸다고 너무 속상해 하지 말아요, 아빠. 나는 평생 먹고 노는데도 얼마나 좋은데요.

다시 말해, 개인주의 문화에서 산다고 하는 사람들이 인생의 목표를 갖지 못하고 방황하는 이유는 물질이나 서열, 경쟁, 소비와 같은 비본질적인 것들에 정신을 팔기 때문이다. 열심히 일해서 돈만 많이 벌면 성공한 인생이라고 생각하는 사람들은 자신이 어떤 존재인지를 완전히 망각하고 살아가고 있는 것이다. 사실, 일이나 물질적인 것에 대한 집착은 진정한 자아 찾기를 방해한다. 그러므로, 은퇴생활의 목표를 설계할 때 가장 우선적으로 고려해야 할 사항은 자신이 어떤 사람인지를 파악하는 것이다.

목표 설정에 앞서 자아 찾기를 먼저 해야 하는 이유는 인생의 목표는 내면에서부터 만들어지는 것이기 때문이다. 다시 한 번 강조하지만, 삶의 목표란 사명과 소명, 혹은 열정을 바칠 수 있는 일을 의미한다. 삶의 목표는 절대 저절로 떠오르지 않는다. 목표를 발견하지 못한 사람은 시간이 좀 걸리기

> 성공의 비밀은 목표의 지속성에 있다.
> - 벤저민 디즈라엘리

는 하겠지만(몇 일 혹은 몇 주, 몇 달이 될 수도 있다), 내면을 탐구하는 일부터 먼저 시작해야 한다. 그렇게 하지 않으면 영영 그 목표를 찾지 못할 수도 있다.

20년 전 엔지니어 일을 하다가 해고되었을 때, 내 삶의 목표는 다른 일자리를 구하거나 교육 기관에 등록해 직업 재교육을 받는 것이 아니었다. 무조건 2년이란 시간을 신나게 노는 것이 20대에 내가 정한 목표였다. 나는 여가생활에 모든 열정을 쏟아 부으면서 마음가는 대로 자유롭고 행복하게 살았다.

나보다 훨씬 더 똑똑하고 능력 있는 사람들도 나와 같은 처지에 처했을 때 이렇게는 못할 것이다. 미치지 않으면 다행일 것이다. 나는 그 시간을 정말 후회 없이 보냈다. 물론 그 일을 통해 큰 만족과 성취감을 얻었음은 말할 필요도 없다.

인생의 목표를 찾는 일은 자기 발견을 통해서 이루어진다.

다음은 자기 발견에 사용되는 진술문이다. 빈칸을 채워 보아라.

이 세상에 조금이라도 보탬이 되는 일을 하기 위해 나는 _____ 을 하고 싶다.

다른 것은 다 해도 _____ 하는 것은 싫을 것 같다.

내가 존경하는 삶의 목표를 가진 사람은 _____ 이다.

90세가 되어 인생을 회고했을 때 내가 이룬 것은 _____ 이다 라고 말하고 싶다.

_____ 일을 한다면 크게 만족할 수 있을 것 같다.

삶의 목표가 될 만한 활동의 종류와 범위는 끝도 없다. 다음에 제시되는 예들은 일반적인 사람들이 가치 있다고 생각한 활동들이다.

- 사람들의 인생에 긍정적인 영향을 미치는 일
- 사회에 기여하는 일 — 예를 들어, 공동체 활동 같은 것
- 창조적으로 자신을 표현할 수 있는 일을 찾아내는 일
- 발견과 도전
- 환경 보호를 돕는 일
- 인생을 즐기는 방법을 다른 사람들에게 몸소 보여 주는 일
- 도전하고 성취하는 일
- 지금보다 더 건강하고 행복하게 사는 일
- 개인적으로 행복하고 만족스러운 삶을 사는 일

은퇴자나 실직자는 인생의 목표를 세우는 일이 의미 있는 일임을 결코 그냥

지나쳐서는 안 된다. 목표가 있는 사람은 인생을 사랑할 수 있지만, 그렇지 않은 사람은 그럴 수 없다. 인생의 목표를 달성하기 위해 열심히 노력하는 과정에서 정신적, 육체적으로 건강한 삶을 살 수 있고, 더불어 감정이나 영적인 충만함도 만끽할 수 있다.

(3) 공동체 의식 만들기

직장이란 비즈니스와 성과, 권력 같은 것이 중요한 공간이지만, 그 보다 먼저 하나의 공동체라는 사실을 잊어선 안 된다. 과거와는 달리 사무실은 친구를 사귀고 퇴근 후 활동을 모의하는 그런 공간이 되었다. 공동체에 기여할 수 있다는 보람도 직원들에게는 큰 만족을 준다. 회사 생활을 하는 사람들은 동료들을 통해 인정받고, 가치 있는 존재로 대우받으며, 부하직원에게서 존중을 받는다. 그리고 일부 직원들에게 직장은 사랑 받고 있는 존재임을 확인할 수 있는 유일한 장소이기도 하다.

당연히 직장생활을 하는 사람에게 직장은 사람을 사귀고 교제할 수 있는 유일한 장소이다. 사실, 오랜 기간 회사를 통해서만 인간관계를 맺어 왔던 사람들은 회사를 벗어나서는 친구를 사귈 수 있는 기술이 전혀 없다. 해고나 은퇴를 당하고 나면, 이런 사람들은 곧 사회 부적응자가 된다. 안정감과 친밀함을 제공해 주었던 피난처를 상실한 고통을 참아 낼 수 없기 때문이다.

불행히도 어떤 사람들은 일자리를 잃으면서 동시에 새로운 친구를 사귈 수 있는 좋은 기회도 같이 상실한다. 직장을 그만두었는데 새로운 친구를 사귀고 싶은 사람이 있다면, 집안에 가만히 들어앉아 누가 먼저 손을 내밀어 주기만을 기다리고 있어서는 절대 안 된다. 평소 좋아하던 일을 열심히 한다고 해서 새로운 친구를 사귈 수 있는 것도 아니다. 텔레비전을 보거나 혼자서만

> 나를 회원으로 받아들여 주기만 한다면, 어떤 클럽이든 상관없다.
> - 그로초 막스

즐길 수 있는 취미 활동만 고집한다면, 장담하는데 절대 새 친구를 사귈 수 없다. 새로운 친구를 사귀기 위해서는 다른 사람과 자신을 함께 나눌 수 있는 공동체 활동이나 사교 모임에 참여해야 한다.

사람을 사귀려면 우선 장소를 잘 선택하는 것이 중요하다. 사람은 비슷한 사람들끼리 서로 더 잘 끌리게 되어 있다. 사실, 빙고 홀이나 추잡한 나이트 클럽, 그렇고 그런 술집도 할 말은 있다. 그런 곳이 있어야 어떤 상황에서도 절대로 어울리지 않고 싶은 사람들을 효과적으로 격리할 수 있지 않겠는가?

좀 더 진지하게 이야기를 하자면, 좋은 사람을 만나려면 그런 사람들이 모이는 장소에 가야 한다. 폭주족들이 어울리는 장소에 가서 예술가를 만나기를 기대하지 마라. 마찬가지로 철학에 관해 토론하고 싶은 사람은 동네 도넛 가게에

> 고된 노동이 그렇게 좋은 것이었다면 부자들이 모두 차지했을 것이다.
> · 레인 커크랜드

가면 안 된다. 도넛 가게에서는 단골 손님들끼리 모여 스포츠나 하찮은 것들에 대해 잡담하는 곳이다. 화랑, 박물관, 천문대에 가는 것도 사람 만나기에 좋은 장소 같지는 않다. 그런데도 사람들은 술집이 아닌 이런 장소에서 사람들을 만나기를 기대하는 경우가 더러 있는 것 같다.

나와 비슷한 관심사와 목표를 가진 사람들의 모임에 참여해 보아라. 봉사 활동을 하는 모임이어도 되고, 교회, 취미, 정치적인 사안을 다루는 모임이어도 좋다. 모임에 들어가면 사람들과 유대 관계를 맺고, 인정을 받아야 하는데, 그리하려면 다양한 기회를 만들어 낼 줄 알아야 한다.

일하지 않고도 행복하게 살 수 있는 방법을 터득하려면 다른 사람을 관찰하고 거기서 교훈을 얻는 것도 좋은 방법이다. 일하지 않고도 행복하게 사는 사람을 친구로 만들어라. 그리고 그들의 사는 방식을 연구하라. 다시 말해, 여가 활

용을 잘하고, 삶의 즐거움을 만끽하면서 살아가는 창조적인 사람들을 사귀어 두면 좋다는 뜻이다.

여가를 직업이라고 생각하라

직장을 다니다 그만둔 사람은 그만둔 그 날부터 여가가 직업이 되었다고 생각해야 한다. 이 새로운 직업을 통해서 우리는 만족, 자아 실현, 삶의 목표 성취라는 보상을 얻을 수 있다. 분명히 말하지만 일이 없다고 해서 스스로를 형편없는 놈이라 생각해서는 안 된다. 직장 없이도 얼마든지 사회에 공헌할 수 있는 일이 있다고 계속 주문을 외워라.

아래 편지는 토론토에 사는 카렌 홀 양이 보내 준 것이다. 그녀는 일을 그만두고 나서 사는 것이 훨씬 더 행복해졌다고 적었다.

어니 선생님께

저는 『적게 일하고 많이 놀아라』를 순식간에 읽어 치웠습니다. 어니 선생님께 고맙다는 말을 꼭 하고 싶어 이렇게 편지를 씁니다.

작년 7월까지 회사를 다녔었는데, 하던 일이 너무 힘들고 스트레스도 많아서 그만두었습니다. 건강에도 적신호가 오고 있었고요. 그 때 선생님이 TV에 나온 것을 봤고, 책을 사서 읽었습니다. 제가 순간 순간 느낀 감정이며 생각들이 모두 그 책 속에 들어 있었습니다. 저와 똑같은 생각을 가진 사람이 또 있다는 사실에 무척 기분이 좋았습니다.

작년 7월에 회사를 그만두었으니까, 거의 6개월을 이렇게 느긋하고 한가하게 생활하고 있습니다. 캐나다 동부와 대만으로 여행도 했고, 책이랑 잡지도 엄청나게 많이 읽었습니다. 가족이나 친구들에 대해서도 잘 몰랐던 부분들을 알게 되었고, 가장 중요한 것은 저 자신에 대해서 알게 된 점이었습니다. 물론 주위 사람들은 저를 무척 부러워들 하고 있죠. 거의 완벽한 자유인이라나요.

그런데 애석하게도 지금은 돈이 떨어져서 정규직을 잡지 않고는 살 수 없는 형편이 되었습니다. 그래서 새로 직장을 구하고 올해 1월부터 일을 시작할 생각입니다. 하지만 제 태도에는 별로 변화가 없습니다. 이제는 일 중독자로 살 필요가 없다는 사실을 잘 알고 있으니까요. 앞으로도 기회가 되면 다시 일을 그만두고 여가를 즐기면서 살아가려 합니다(최소한 은퇴 비슷한 형태로 말이지요).

그럼 수고하세요.

카렌 홀드림

카렌 양에게는 실직이 특권이었던 게 틀림없다. 누구라도 마찬가지였을 것이다. 사실, 여가 시간은 마음만 먹으면 얼마든지 무한한 가능성으로 채워질 수 있다. 직장생활을 하더라도 거기에 매여 있지만 않으면 얼마든지 자유를 즐길 수 있다. 생각할 수 있는 자유, 사색할 수 있는 자유, 행동할 수 있는 자유 등.

5장을 정리해서 말하자면, 은퇴나 실직으로 얻은 여가 시간은 내 자신의 본 모습을 발견할 수 있는 소중한 기회라는 것이다. 더불어 내가 진정으로 원하는 것이 무엇인지를 알아 볼 수 있는 값진 기회이기도 하다.

인생이 지겨운 것은
나 때문이다

병치고는 너무 지겨운 병

여가에 관한 한 모르는 것이 없다는 북미 신사와 유럽 신사가 삶의 즐거움에 대해 토론을 벌이고 있었다. 유럽 신사가 자기는 섹스 방법을 100가지나 알고 있다고 자랑했다. 그러자 북미 신사는 허풍이 너무 센 것이 아니냐며 자기는 한 가지 방법밖에 모른다고 대답했다. 그러자 유럽 신사가 그 한 가지 방법에 대해 관심을 보였다. 북미 신사가 알고 있는 방법은 보편적으로 가장 많이 사용되

> 그의 무지는 모르는 사람이 없었다. 그는 오직 한 가지 생각밖에 할 줄 몰랐는데, 문제는 그 생각이 틀렸다는 사실이었다.
>
> - 벤저민 디즈라엘리

고 있는 그 방법이었다. 그러자 유럽 신사가 북미 신사에게 이렇게 말했다. "아주 좋은 방법입니다. 그건 아직까지 몰랐거든요. 그 방법까지 추가하면 이제 방법이 101가지로 늘었네요. 감사합니다."

우리는 과연 어떤 유형의 사람일까? 북미 신사 스타일일까? 아니면 유럽 신사 스타일일까? 나는 한 가지 생각밖에 하지 못하는 사람일까? 아니면 여러 가

지 방법을 찾아보는 유형일까? 한 가지 방식만을, 그것도 가장 편한 방법만을 고집하게 되면, 아래 〈Exercise〉와 같은 병이 생길지도 모른다.

Exercise 6-1

이 병에 걸려서는 안 된다

이 병은 2천만 명의 북미인들을 괴롭히고 있는 질병으로서, 두통과 요통을 가져온다. 불면증이 생길 수도 있고, 성생활이 불가능해질 수도 있다. 이 병은 그 동안 도박, 과식, 우울증의 원인으로 분류되었다. 그렇다면 이 병의 이름은?

지금 이 순간 편두통이 있는 사람, 잠이 오지 않아 책을 뒤적이고 있는 사람, 방금 전에 샌드위치 하나를 먹었는데도 다시 5층짜리 샌드위치를 들고 있는 사람이 있다면, 세상이 지겨운 사람이라고 해도 좋다. 위에 열거된 병은 다름 아닌 따분함이라는 병이다.

북미인들에게 가장 심각한 질병으로 알려진 이 따분함은 각종 정신병과 육체적 질병의 근원으로 지적되어 왔다. 따분함과 관련된 가장 흔한 육체적 증세는 호흡곤란, 두통, 수면 과다, 피부 발진, 현기증, 생리불순, 성 불능 등이 있다.

> 한 인간의 진정한 가치는 그가 자신으로부터 얻어낸 자유의 정도와 그 자유의 의미로 결정된다.
> - 알버트 아인슈타인

더구나 따분함은 인생의 의미를 앗아가고 삶에 대한 열정을 파괴한다. 흔히 이 병은 게으르고 일이 없는 사람들에게만 영향을 미치는 것 같지만 종종 직장에 다니는 사람들에게도 영향을 미친다.

만성적으로 따분함이라는 질병에 시달리고 있는 사람들에게는 다음과 같은 특징이 나타난다.

- 안정과 물질적인 풍요를 갈망한다
- 비판에 상당히 민감하다
- 순응주의자다
- 걱정이 많다
- 자신감이 부족하다
- 창의적이지 못하다

확실히 이 따분함이라는 질병은 안전한 길을 선택한 사람들에게 더 많이 발병하고 있다. 이런 부류의 사람들은 위험을 감수하려 하지 않기 때문에 성취, 만족, 행복이라는 값진 열매를 얻을 수 없다.

반면 다양함과 자극이라는 길을 선택한 사람들은 따분함이라는 질병에 걸릴 일이 거의 없다. 매사를 여러 가지 관점에서 바라보고, 다양한 해결 방법을 찾으려고 하는 창의적인 사람들에게 인생은 재미있고 신바람 나는 것이다. 섹스 방법을 최소한 101가지 알고 있다는 유럽 신사를 만나거든 한 번 물어 보아라.

따분함의 진짜 이유

물론 보통사람은 살면서 꼭 한두 번은 이런 권태기를 거치게 된다. 내가 가진 모든 열정을 다 바쳐도 아까울 것이 없던 일이 한순간 따분하기 그지없는 일로 전락하는 경험을 누구나 한 번쯤은 해 봤을 것이다. 이것이 인생의 아이러니이겠지만 누구나 피해갈 수 없는 일이다. 새로 구한 직장도 시간이 지나면 따분하게 생각되고, 재미있고 유익했던 인간관계도 지겨워진다. 그러니 여가에 대해서는 두말할 가치도 없다.

> 바보도 위기란 것을 경험한다.
> 그것은 우리가 따분해 마지않는 하루 하루의 일상이다.
> - 안톤 체홉

사람들은 지겨움의 원인을 다른 사람이나 사물에 떠넘긴다. 사회, 친구, 친척, 맨 날 그게 그것 같은 TV 프로그램, 따분한 도시 생활, 경제 불황, 이웃집의 멍청한 강아지, 우울한 날씨 등. 외적인 요인에 책임을 미루는 방법은 사실상 책임을 회피할 수 있는 가장 쉬운 방법이다. 하지만 책임을 미루는 행동은 잠수부에게 방충망을 주는 것만큼이나 무모한 짓이다.

따분함을 극복하는 것에 대해 심리학자들은 어떤 처방을 내리는지 알아보자. 심리학자들은 이 질병의 원인을 다음과 같이 규정하고 있다.

- 기대만큼 성과가 나오지 않았을 때
- 전혀 의욕이 솟지 않는 따분한 일을 지속했을 때
- 신체 활동이 부족했을 때
- 참여보다는 방관을 주로 했을 때
- 적극적으로 참여하는 활동이 거의 없었을 때

따분함의 원인들(신체 활동의 부족, 기대에 못 미치는 성과, 따분한 일상의 지속)이 발생하게 된 것은 분명 우리의 책임이다. 이런 원인들이 생겨날 여지를 주기 때문에 일상이 지겨워지는 것이다. 한마디로, 따분함의 근본 원인은 우리 자신에게 있다.

딜란 토마스는 "누구 때문인지 사는 게 너무 지겹다. 그런데 그게 바로 나인 것 같다."고 고백했다. 인생이 지겹다는 생각이 자주 드는 사람이라면 토마스의 말을 벽에 붙여 놓고 항상 함께 하라. 인생이 따분한 것은 궁극적으로 내가 선택한 일이다. 그렇다면 우리에게 이런 질문이 필요하다. 왜 그럴까? 레오 부스카글리아가 한 말이 이 경우 꼭 맞을 것 같아 옮겨 본다. "사는 게 지겹다면 그것은 당신이 그렇게 만든 것이다."

> 위기가 사라지면, 따분함도 활기를 띤다. 이것은 사태가 안정 궤도에 들어섰다는 것을 의미한다.
> - 유진 이오네스코

인생은 자기가 어떻게 하느냐에 따라 행복하고 즐거운 인생이 될 수도 있고, 불행하고 따분한 인생이 될 수도 있다. 『갈매기의 꿈』을 쓴 리처드 바크는 "자유롭고 행복하게 살려면 따분함을 제물로 바쳐야 한다. 그런데 그 일이 언제나 쉬운 것은 아니다."라고 경고했다. 확실히 따분함을 극복하기 위해서는 안전하고 익숙한 것들을 포기해야 한다. 하지만 그만한 가치는 충분히 있다. 특히 따분한 일로 인생의 전반부를 낭비한 사람이라면 지겨운 은퇴생활로 인생의 하반부마저 낭비하는 어리석음을 범해서는 안 된다.

은퇴생활이 지겹다면 정말 인생 끝난 것이다

얼마 전 영화감독인 마리안 마르진스키가 마이애미에 위치한 은퇴자 마을을 방문하여 입주 노인들의 모습을 영화로 만드는 작업을 한 적이 있었다. 감독은 그곳의 은퇴 노인들과 만나면서 노인들의 꿈, 즐거움, 힘겨움 등에 대해 알게 되었다. 은퇴 노인들은 삶의 의미에 대해 깊은 고민을 하고 있었고, 감독도 그 모습을 보면서 많은 은퇴자들이 과거의 영광을 잊지 못하고 있음을 미루어 짐작할 수 있었다.

마르진스키 감독은 〈은퇴생활의 꿈〉이라는 PBS 다큐멘터리를 제작하면서 몇 가지 사항들을 더 세밀하게 관찰하게 되었다. 짐작하겠지만, 은퇴 노인들의 삶은 매우 다양해서 은퇴생활을 몹시 따분해 하는 사람이 있는가 하면, 신체 활동이 많은 노인들도 있었다. 그런데도 공통적으로는 노인들 대부분이 별로 적극적이지 않다는 인상을 받았다. 운명에 모든 것을 내맡긴 듯한 모습도 보였다. 그리고 마르진스키 감독은 행복한 은퇴생활은 나이나 교육 수준과는 큰 상관관계가 없다는 사실을 발견했다. 물론 수입과도 별 상관이 없었다.

사실, 행복은 사람의 일에 무관심하다. 행복을 얻으려고 사람들은 여러 가지로 애쓰지만 행복의 눈길은 싸늘할 뿐이다. 온갖 수고와 노력이 수포로 돌아간다고 해도 눈 하나 깜짝하지 않는 게 행복이다. 은퇴생활의 행복도 마찬가지이다. 서구 사회의 사람들처럼 돈에만 매달리는 사람은 결코 행복해질 수 없다. 감나무 밑에 입을 벌리고 앉아서 감이 떨어지기만을 기다리는 사람도 마찬가지이다. 이런 사람들이라면 다른 방법을 찾아야 한다. 이런 식으로 계속 살아간다면, 인생이 지겨워질 것은 너무 뻔하다. 물론 만족이나 마음의 평화 같은 것도 기대할 수 없다.

> 따분하게 살기에는 인생이 너무 짧지 않은가?
> · 프리드리히 니체

지겨움은 그 자체로 심각한 문제가 되지는 않는다. 하지만 실직자나 은퇴자가 겪는 심리적인 고통의 주요 원인이란 것을 무시해서는 안 된다.

당신도 제가 따분한 놈이
라고 생각하시는 겁니까?

언젠가 뵌 분 같기는 한데, 누구시더라?

놀라운 사실이지만, 실제 상황에서 은퇴자나 실직자에게 지겨움은 육체적인 질병 이상으로 큰 문제가 되기도 한다.

웨스턴 온타리오 대학의 임상 심리학 교수인 데이비드 에반스 박사와 세인트 폴 대학의 인문학부 교수인 테리 린 갈 박사는 건강이 행복한 삶에 중요한 것은 사실이지만, 은퇴 후 헤쳐 나가야 하는 정신적인 압박 문제도 이에 못지않게 중요하다는 사실을 발견했다. 이들 박사는 따분함과 관련해서는 불만, 우울증, 외로움 같은 증세가 나타날 수 있는데, 이런 증세들 때문에 육체적인 고통이 따르지는 않지만 정신적으로는 충분히 큰 타격을 줄 수 있다고 주장했다.

지겨움에 따라붙는 여러 가지 심각한 질병으로부터 일찌감치 해방될 수도 있다. 18세기 영국의 정치가인 체스터필드 경은 친구와 자신의 겪었던 은퇴 후 갈등에 대해 이렇게 한탄했다. "티롤리 경하고 나는 2년 전에 죽은 사람이다. 단지 소문나는 게 싫어서 알리지만 않았을 뿐이지."

하지만 심리상태가 정상인 사람은 지겨움을 느낄 필요가 없다(심지어 아무

일도 하지 않는 은퇴자도 마찬가지이다). 마르진
스키 감독이 제작한 PBS 다큐멘터리에 출연한
은퇴자 가운데 베티 설리번이라는 노인이 있었
다. 그 할머니의 연세는 당시 69세였다. 할머니
는 다른 은퇴자들과는 달리 전형적인 은퇴생활이 전혀 실망스럽지 않다고 당당
히 말했다.

베티 할머니는 17년을 마이애미 대학의 수의학과 학과장으로 일한 사람이
다. 그 전에는 남편과 함께 매사추세츠 암허스트에서 가전 제품과 재봉틀을 판
매하는 가게를 했다고 한다. 설리번 할머니는 자신에게 은퇴란 엄청난 책임과
의무를 요구하는 가정생활과 직장으로부터의 해방이라고 말했다.

설리번 할머니의 말을 들어 보자. "은퇴 전에 동료들은 은퇴생활이 쉽지만은
않을 거라며 이런 저런 농담을 많이 했습니다. 따분함, 여러 가지 질병, 인생 목
표의 부재, 우울증 등이죠. 그런데 저는 이런 어려움이 하나도 없습니다. 이유
가 뭐냐고요? 아침 9시부터 5시까지 매일 같이 똑같이 되풀이되는 직장생활 대
신에 자유롭고 여유 있게 살 수 있는 그런 삶을 선택한 것 때문 아니겠습니까?"

누가 봐도 설리번 할머니는 행복하고 자유로운 은퇴생활을 누리고 있는 게
분명했다. 설리번 할머니는 은퇴란 아무리 못해도 직장생활만큼은 재미있고 신
나야 한다는 사실을 잘 알고 계셨다. "한때는 직장생활의 활력 같은 게 꽤 중요
한 시기도 있었는데, 지금은 언제 그랬냐 싶어요. 전혀 그립지 않단 말입니다."
할머니가 단호하게 말씀하셨다.

할머니의 말은 계속되었다. "전 하루를 아주 분주하게 보내죠. 주로 건강을
생각하는 활동들이랍니다. 수영, 헬스, 쇼핑, 자전거 타기, 글짓기나 미술, 요가
수업 듣기 같은 것으로요. 저녁에는 영화나 콘서트를 보러 가기도 하고, 외식을

하거나 춤을 추러 갑니다. 조금 있으면 여행도 할 생각입니다. 이제 좀 감이 잡히시나요? 뭐, 특별히 할 일이 없을 때에는 아파트 휴게실을 어슬렁거리기도 하죠."

은퇴생활이 지겹다면 정말로 인생 끝난 것이나 다름없다. 많은 은퇴자들이 여가 시간을 어쩌지 못해 쩔쩔매는데도, 설리번 할머니는 은퇴가 또 다른 기회임을 확실히 보여주었다. 은퇴 후에도 얼마든지 다양한 세상을 경험할 수 있다. 사실 적극적인 은퇴자라면 다양한 기회를 통해서 끝없는 만족과 희열을 갈구할 수 있다. 이런 은퇴자의 사전에 지겨움이란 단어는 있을 수 없다.

뿌린 대로 거둔다

은퇴자나 실업자는 물론 직장인들까지 인생이 지겨워 못살겠다고 하는 사람들은 뿌린 대로 거둔다는 인생의 법칙을 잘 모르는 사람들이다. "대관절, 그게 뭔데?"라고 묻는 사람도 있을 수는 있겠다. 뿌린 대로 거둔다는 것은 간단히 말해 인생의 법칙이다. 이 법칙은 우주의 기본적인 원리로서 가벼운 말 같지만 사실 그 뜻은 매우 심오하다. 어떤 씨앗을 뿌리느냐에 따라 인생의 행복과 불행이 결정된다고 해도 과언이 아니다. 사실 나는 이 원칙을 보다 자세히 설명하기 위해 『보세요 엄마, 인생은 쉬운 거예요(Look Ma, Life's Easy)』라는 책을 쓰기도 했다. 이 책은 여러 가지 우화로 꾸며져 있기 때문에 누구나 쉽게 읽을 수 있다는 게 장점이다. 프랑스와 한국 그리고 중국에서는 이미 출판되어 나와 있다.

인생의 법칙은 〈도표 6-1〉과 같이 하나의 표로 깔끔하게 정리할 수 있다. 이 법칙의 핵심은 간단명료하다. 인생을 쉽고 편하게만 살려고 하면 결국 결말이 힘들어진다는 것이다. 90% 이상의 사람들은 눈앞의 편안함이 가지는 매력 때문에 주저 없이 이런 길을 선택한다. 그런데 이런 삶의 한 가지 단점은 그 삶을 선택한 순간 사는 것이 지겨워지기 시작한다는 것이다.

안타깝게도 대다수의 사람들은 고통은 줄이고 쾌락은 늘리고 싶어한다. 하지만 쉽고 편한 길(편안함과 쾌락만 추구하는 방법)을 선택하면 결국은 매너리즘에 빠지고 만다. 매너리즘과 무덤과의 유일한 차이는 존재 양식의 차이일 뿐이다. 매너리즘에 빠지면 살아도 죽은 것이나 다름없는 세계에 들어가는 것이고, 무덤에 들어가는 것은 확실히 죽은 자들의 세계로 영입되는 것이다. 살았어도 죽은 자들의 세계에 들어가는 것만큼 지겹고 따분한 인생을 사는 가장 확실한 방법도 없다.

하지만 다소 힘들고 불편한 길을 선택하게 되면, 나중에는 사는 것이 훨씬 수월해진다. 사람들 중 10%는 이런 길을 선택하는데, 인생을 장기전으로 본다면 눈앞의 불편함은 감수할 수 있어야 한다. 어렵고 힘든 과정을 통해서 우리는 만족감과 성취감을 얻는다. 즉, 지겨움이라는 못된 병이 끼어 들 여지를 남기지 않는다는 뜻이다.

'뿌린 대로 거둔다' 는 인생의 법칙은 중력의 법칙과 같은 것이다. 빌딩 꼭대

도표 6-1

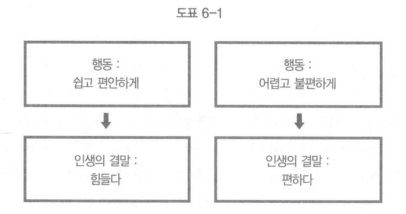

기에 올라가서 가장자리에 한번 서 봐라. 아마 저절로 주저앉고 말 것이다. 인생의 법칙도 마찬가지이다. 쉬운 길로만 가려고 하면 언젠가는 주저앉게 되어있다. 매사가 다 그렇다. 내 말을 믿어라.

뉴욕에 사는 린 틸론 씨도 인생의 법칙에 영향을 받은 사람이었다. 틸론 씨는 『적게 일하고 많이 놀아라』의 초판을 읽고 이 편지를 보내 주었다.

어니씨에게,

『적게 일하고 많이 놀아라』에 쓰여 있는 대로 저도 몇 가지를 실천해 보았습니다.

1. 선생님께 편지를 쓰고 싶었고, 실제로 쓰고 있습니다.

2. 지금은 '힘들지만' 나중에는 살기가 훨씬 수월해질 것입니다.

3. '모르는 사람'에게 편지를 보낼 때에는 비즈니스 서식 기준에 맞춰야 한다는 규정이 있지만, 지금은 그 원칙을 지키고 있지 않습니다.

4. 오랫동안 편지를 쓰지 않았는데, 지금 편지를 쓰고 있습니다(계속 편지를 쓰겠다고 다짐만 했던 일입니다).

책을 훑어만 보고 사지 않는 사람들도 있던데, 저는 그럴 수 없었습니다. 책 내용을 하나하나 음미해 보고, ⟨Exercise⟩도 꼭 한 번 풀어보고 싶었거든요. 이 책에는 저를 끌어당기는 뭔가가 있었습니다. 중독성이 있다고나 할까. 어제 밤에도 책을 읽느라 밤을 꼬박 새웠습니다. 읽다가 생각하고, 계획도 짜고, 내가 원하는 일이 뭔지 생각도 하고 그러다 보니 그렇게 되던데요. 그리고 오늘 아침에 드디어 결론을 냈습니다. 그리고 선생님께 편지를 써야지라고 생각을 하는데, 어떻게 또 금방 선생님 주소가 쓰여 있는 페이지가 눈에 들어오지 뭐겠습니까. 저는 청소년 보호 시설에서 비행 청소년들을 가르치는 일을 하는 사람입니다.

얼마 전에는 인생의 법칙을 복사해서 아이들에게 나눠주었습니다. 처음엔 아이들이 거부할 줄 알았는데 의외로 쉽게 집중을 했습니다. 그러면서 자기들이 살아오면서 경험했던 일들을 이야기하기 시작했습니다. 저는 정말 놀랐습니다. 애들이 그럴 줄을 몰랐거든요. 예를 들어서 마약을 팔아서 쉽게 돈을 벌면 가정 파탄, 고통, 죽음, 감옥 같은 결과가 나온다는 식이었습니다. 제가 만일 이 내용들을 그냥 가르치려고 했다면, 아이들은 또 지겨운 설교를 하려나 보다라고 생각했을 겁니다.

개인적인 제 바람은 이 일을 그만두고, 하루에 3시간 이상 드라이브를 할 수 있는 그런 일을 하면서 사는 것입니다(여가를 위해 귀중한 시간을 남겨 놓는다는 뜻이죠). 물론 스트레스를 안 받아야 한다는 것은 말할 것도 없고요. 이 책 덕분에 저는 제 스스로 씌워 놓은 인생의 굴레로부터 벗어 날 수 있을 거란 희망을 갖게 되었습니다. 그리고 현재를 즐기며 사는 방법도 배웠고요. 이게 제일 큰 수확이라고 생각합니다.

선생님, 답장 써 주실 거죠? 저도 다른 일을 찾아보기로 한 계획이 얼마나 잘 진행되고 있는지 다시 알려 드리겠습니다.

그럼 이만 줄이겠습니다.

린 틸론 드림

비행 청소년들이 뿌린 대로 거둔다는 인과응보의 인생 법칙을 이해할 수 있다면, 어른들이 알지 못할 이유가 없다. 하지만 어떤 이유에서인지 많은 사람들이 성인이 되어서도 이 법칙을 지키지 않는다. 따분함은 사실 여러 가지 부정적인 결과 중 하나에 불과하다. 한편 이 원칙을 평생 충실하게 이행하는 사람들도 있다. 확실히 이런 사람들은 따분함을 모른다.

이 법칙은 사람의 모든 면에 영향을 미친다. 직장에서의 성공, 경제적인 수

익, 우정, 가정 생활의 행복, 부모 역할, 사랑, 건
강, 여가 활동에서 얻는 만족 등, 이 원칙이 적용
되지 않는 영역은 없다. 확실한 것은 이 원칙을
충실히 따를수록, 문제의 소지는 줄어들고 성공
의 확률은 높아진다는 것이다. 물론 여가 활용의

> 같은 일을 지속적으로 반복할
> 경우, 지겨움만 문제가 되는 것
> 이 아니다. 종국에 가서는 일이
> 나를 지배하는 상황이 오는 것
> 이 더 큰 문제다.
> - 헤라클리투스

효과도 증가한다. 그리고 무엇보다도 따분하게 인생을 살지 않아도 된다.

현재의 직장생활이 극도로 지겹고 따분하다면, 일을 바꾸거나 회사를 그만
두는 방안을 신중하게 고려해야 한다. 이런 경우, 뿌린 대로 거둔다는 인생의
법칙을 한번 활용해 볼 만하다. 지금은 다소 힘들고 어렵더라도 그 길을 선택해
야 나중에 후회하지 않는 행복한 인생을 살 수 있다.

재미있는 사실은 일 중독자도 이 원칙을 빗겨갈 수 없다는 것이다. 일 중독
자는 대개 자기가 남들보다 훨씬 더 힘들고 어려운 길을 가고 있다고 믿는다.
그렇기 때문에 자신이 선택한 길이 언제나 옳고, 언젠가는 부귀영화를 손에 거
머쥠으로써 그 동안의 모든 고생을 보상받을 수 있으리라 생각한다. 이런 생각
을 하고 있다면, 서둘러서 몇 달쯤 정신과 치료를 받는 게 좋을 것이다. 이런 망
상을 오래 키워봤자 도움될 것은 하나도 없다.

사실, 일 중독자가 일에 집착하는 이유는 일이 아닌 다른 것에는 신경을 쓰
고 싶지 않기 때문이다. 그런 점에서 본다면 일 중독자는 편하고 쉬운 길을 선
택한 사람들이라고 할 수 있다. 일 중독자는 실직, 비판, 불행한 결혼, 빚, 외로
움 등을 회피하기 위해 장시간 일에 매달린다. 능률적인 사람이 칭찬, 만족, 자
존심, 도전, 재미 때문에 일을 하는 것과는 대조적이다. 이런 부류의 사람들은
일을 통해서도 얼마든지 행복과 만족을 추구할 수 있는데도 인생의 다른 즐거
움을 탐닉하는 일도 게을리 하지 않는다. 열심히 일을 하면서도 그것으로부터
도피하지 않아도 되는 이유가 바로 여기에 있다.

일 중독자의 삶은 결국 불행하게 끝이 난다. 지
겨움 때문이기도 하지만 사실 능률적인 사람이
느끼는 마음의 평화나 만족을 얻을 수 없기 때
문이기도 하다. 우여곡절 끝에 따분함을 극복한

> 사무직이라고는 하지만 정말
> 너무 지겨웠다. 하루 종일 봉투
> 를 따야 했다.
> · 리타 루트너

일 중독자가 있다고 하자. 그 사람에게 가장 힘든 일은 여가를 늘리고 거기에
흠뻑 빠져드는 일이다. 물론 당장은 힘들 수 있다. 하지만 그렇게 하지 않으면
삶의 즐거움을 만끽하며 살 수 없다.

지겨운 일만 계속하면 결국엔 인생도 그렇게 끝난다

선진국 사람들은 지겹고 따분한 일일수록 더 고상하고 생산적인 일이라고
생각하는 경향이 있다(물론 처음부터 그런 의도가 있었던 것은 아닐 것이다). 이
얼마나 슬픈 일인가? 특히, 스스로 잘나고 똑똑하다고 주장하는 사회일수록 이
런 경향이 더 두드러지게 나타나고 있으니, 이 또한 인생의 아이러니가 아닐 수
없다.

사람들이 은퇴를 기피하면서까지 자꾸만 일에 매달리는 이유는 개인 생활로
는 따분함을 극복할 자신이 없기 때문이다. 영국에서 태어났지만 미국에서 활
동한 시인 W. H. 오덴은 "미국에서는 엄청나게 많은 사람들이 따분하고 지겨
운 일에 매달려 있다. 심지어 부자도 매일 같이 사무실에 나가는데, 좋아서 나
가는 것이 아니라 달리 할 일이 없기 때문이다."라고 비아냥거렸다.

물론, 재능을 과시하고 싶어 안달이지만 더 이상 높이 올라가지 못하는 사람
은 어디나 있게 마련이다. 이런 사람들은 선천적으로 여가생활에 심취하고 그
것을 통해서 전인적인 인격을 계발할 수 있는 능력이 없는 사람들이다. 이런 사

람들은 죽는 날까지 아니면 중병에 걸려 더 이상 일을 할 수 없을 때까지 일에 매달려 살 것이다.

이 책을 읽는 독자들은 죽을 때까지 일만 하는 사람들하고는 다르다고 생각한다. 여가생활도 즐길 줄 알고, 이루고 싶은 꿈도 하나씩은 있는 그런 멋진 사람들일 것이다. 사실, 이런 취미 활동이나 꿈은 그 동안 돈과 재산에 정신을 팔면서 우리 스스로 억눌러 왔던 것

> 일만 하고 놀지 못하면 남자는 바보가 되고, 여자는 돈 많은 과부가 된다.
> - 에반 에사르

들이다. 기억해 보라. 아마 명예에 대한 욕구도 직장생활을 하는 중요한 목적 중 하나였을 것이다.

명성이나 재산을 추구하는 것도 좋지만, 마이클 프리차드가 한 말을 항상 기억하라. "제 아무리 돈이 많고, 명성이 높고, 권력이 많아도, 장례식의 규모는 그 날의 날씨에 따라 결정된다."

애쉴리 몬태규도 좋은 이야기를 했다. "인간에게 가장 큰 좌절은 할 수 있는 능력이 있는데도 하지 못했던 일에 대한 회한이다." 결국 나중에 가서는 현재가 고통스러운 것이 아니라 할 수 있는 일인데도 하지 않았던 게으름이 가장 고통스러울 것이란 뜻이다.

일에 미친 사람에게는 그 일이 아무리 평균 이하의 하찮은 일이라고 해도 때려치우기가 쉽지 않다. 돈이 필요해서 그럴 수도 있고, 다른 일을 찾아 볼 시간이 없을 수도 있다. 하지만 인간성을 훼손하고 따분함만 증가시키는 일이라면 기회가 왔을 때 미래의 행복과 건강을 위해 단호히 때려치워야 한다. 단순히 일을 놓지 못해서 재미있게 살 수 있는 기회를 포기한다면 결국 인생 전체가 따분해지고 말 것이다(따분함을 자초한 것은 나 자신이다).

밥 블랙은 에세이 『Abolish Work : Workers of the World, Relax』에서 몇

가지 중요한 화두를 우리에게 던졌다. 그는 이렇게 말했다. "사람의 인생은 결국 어떤 일을 하느냐에 의해 결정된다. 따분하고, 어리석고, 단조로운 일을 하게 되면 결국 인생도 따분하고, 어리석고, 단조롭게 끝나게 된다."

> 가끔씩 표면으로 올라오는 진실을 억누르는 것은 우리의 나태함과 헛된 망상이다.
> - 버지니아 울프

현재 자신의 직업이 얼마만큼의 가치가 있는지를 확인할 수 있는 좋은 방법이 있다. 회사에 나갔을 때 가장 기다려지는 시간이 언제인지 생각해 보아라. 제일 기대되는 시간이 점심시간과 업무가 끝나는 시간이라면 더 이상 논할 여지도 없다. 행동에 들어갈 때가 온 것이다. 자기에게 정말로 의미 있는 일을 찾기 전까지는 행복한 인생이라고 말할 수 없다. 인생의 활력과 행복을 위해 제발로 회사를 그만두라고 하는 것은 말처럼 간단한 일이 아니다. 하지만 어려워서 그렇지 전혀 불가능한 일도 아니다. 많은 사람들이 그렇게 했고, 당신도 그렇게 할 수 있다.

지금까지 직장생활의 부정적인 측면을 부각시키는 작업에 집중했다. 독자들도 이 정도면 다른 대안을 찾기 시작했을 것이다. 안식년이나 조기 퇴직 같은 것은 정말 생각만 해도 환상적이다. 그 외에도 상상만 해도 가슴 벅찰 일은 얼마든지 있다. 사랑하는 사람과 카리브 연안으로 여행하기, 자녀와 함께 즐거운 시간 보내기, 수도원에서 1년 정도 수련하기, 코스타리카의 원주민으로 1년 간 생활하기 등등. 이런 상념들이 지금 떠올랐다면 더 이상 지체할 필요가 없다. "그만 두겠습니다."라고 말해야 할 때가 온 거다.

삶의 질에 고심한 사람들이 의외로 사직 결정을 쉽게 내린다. 스코트랜드 앵거스 지방에 살고 있는 이안 해몬트 씨도 사직서를 제출할 날을 기다리고 있다가 결국 일을 저질렀다. 해몬트 씨는 『적게 일하고 많이 놀아라』를 읽은 후 곧 바로 조기 퇴직을 결심했다. 그는 매사에 실행 계획을 만들어 놓고 실천에 옮기는 편인데, 사직 결정도 그렇게 했고, 결국 그 일로 그의 인생 전체가 새로운 전기를 맞이하게 되었다.

해몬트 씨는 사표를 내기 1년도 더 전에 사직서를 만들어 두었다. 그는 그 사직서를 '직장 탈출 계획표'라는 이름을 붙여 컴퓨터에 저장해 놓고 시간이 날 때마다 꺼내 보았다. 그는 이 계획표를 퇴직하기 몇 달 전에 동료들과 사장에게 공개하였다. 아래의 내용이 그가 작성한 사직서이다. 그는 너그럽게도 이 글을 실어도 좋다고 허락해 주었다.

적어도 앞으로 몇 년 간이라도 인생을 충실하게 보내고 싶어서 9월 30일자로 회사를 퇴직하고자 합니다. 저는 스스로 기술적인 부분에 능력이 있다고 믿어 그 부분에 열정을 바쳐 왔습니다. 그런데 이제는 이 회사에서 기술적인 부분이 차지하는 비중이 점차 줄어들고 있음을 실감합니다. 이런 변화가 시작된 것은 상대적으로 관리 업무가 늘어났기 때문인 줄은 알지만 문제는 그것이 제게는 잘 맞지 않고, 관심도 없다는 것입니다. 회사의 근무 평가 시스템도 기술 분야에 있는 관리자에게 기술 업무보다는 관리 업무 능력을 더 많이 요구하고 있습니다. 그리고 대졸자인 저에게 주변에서는 이상한 것을 기대하고 있습니다. 높은 자리에 올라가는 것은 가는 거고, 사람들하고는 여전히 '기술적'인 면으로 얽혀지기를 바라는 겁니다. 하지만 저는 제 자신을 팔면서까지 돈을 벌고 싶은 생각은 없습니다. 대단하지는 않지만 겉으로 드러난 것보다는 제 지적인 업적과 능력을 토대로 그것에 상응하는 연봉을 받고 일하고 싶습니다. 계속 반복되는 이야기지만, 회사에서는 자격이 있다고 생각하겠지만 저로서는 자신을 부정하게 만드는 인정과 보상보다는 때론 회사 생활 자체를 회의하게 만드는 일이 더 낫습니다. 차라리 결론도 없이 같은 자리만 맴도는 회의에 참석하거나 아무도 읽지 않을 보고서를 쓰는 게 더 의미 있게 느껴진다는 겁니다. 어떤 때는 수준 이하의 업무 성과가 나와도 그게 더 낫다는 생각도 듭니다. 부적절한 자원 배분과 엉터리 교육을 받고 양산된 스태프들이 망쳐 놓은 일이니까 마음에 그렇게 큰 부담은 없습니다. 각설하고 저는 사퇴를 할 수 있게 되어서 정말 기쁩니다. 콘월에 사시는 아버지와 프랑스에 사는 친구들도 찾아가 보고, 그 뒤에는 뉴질랜드에서 캠핑과 자전거 타기를 하면서 겨울을 날 생각입니다. 그리고 다시 캐나다로 돌아와서는 그 동안 관심만 있었지 해 보지는 못했던 일을 몇 가지 해 볼 생각입니다.

> 자기 시간을 철저히 쪼개 쓸 줄 아는 사람은 항상 여가 시간을 마련해 둔다. 항상 허둥대는 사람은 오히려 아무것도 안 하는 사람이다.
>
> - 장-마리 롤랑

- 천문학을 공부해서 학위를 따는 일
- 스페인어와 독일어를 유창하게 하는 일
- 여행기, 단편 소설, 시 같은 것을 써서 출판하는 일
- 모든 '고전'을 찾아서 읽는 일
- 외국에서 과학, 프랑스어, 영어 선생으로 자원봉사 하는 일
- 전자공학을 공부해서 학위 따는 일
- 자전거를 타고 세계 일주를 하는 일
- 콘서트를 할 수 있을 수준의 클래식 기타 솜씨 연마하기
- 여행용으로 이탈리아어와 포르투갈어 배워 두기
- 수채화 그리기
- 지금까지 생각조차 해 보지 못한 일을 10가지 찾아서 해 보기

이 목표 중에서 3분의 1만 실행에 옮겨도 저는 성공했다고 생각할 것 같습니다. 기업의 노동 윤리와 그것을 토대로 이루어진 성공은 자기가 기업에 꼭 필요한 존재이며 그 가치를 인정받고 있다고 생각하는 사람들의 어리석음이 없었으면

가당치도 않았을 일입니다. 그것을 알아주십시오.

앞으로 기업의 앞날에 무궁한 발전이 있기를 기원합니다

1997년 5월 26일 이안

독자들은 어땠는지 모르겠지만 난 해몬트 씨의 사직서를 보고 큰 영감을 받았다. 은퇴나 안식년을 계획하고 있다면, 해몬트 씨의 사직서를 모델로 사용해 보라고 권하고 싶다. 그는 편지에 쓰여진 대로 1998년 9월 30일에 은퇴했다. 그는 내게 2000년 4월 28일자로 편지를 썼고, 그 편지에 이 사직서를 같이 동봉했다. 그가 하고 싶었던 이야기들이다.

어니씨에게

지금 읽은 것까지 합하면, 이 책을 3번이나 읽은 거네요. 이렇게 옳은 소리만 써 놓은 책도 드물 거라는 생각이 듭니다. 그러니 축하한다는 말은 한 마디 해야 할 것 같습니다. 대부분의 사람들이 잘 모르고 지나치는 내용들을 아주 명확하게 집어서 써 놓은 책이라는 생각이 드는군요.

어느 비 오는 날 아침, 버스를 기다리며 서점을 기웃거리다가 이 책을 우연히 발견했습니다. 거기서 앞의 두 장을 읽어 본 후에 바로 책을 구입했죠. 그러다가 버스까지 놓쳤는데, 이 세상에 나랑 똑같은 생각을 하는 미친놈이 최소한 한 명은 더 있구나 하는 생각을 하자 은근히 기분이 좋더군요. 그래서 구입한 겁니다, 그게 사실입니다. 이건 그 쪽 능력이 대단하다는 이야기를 하는 겁니다. 내가 원래 독서광인데, 그래도 1997년에 산 책은 선생 책이 유일합니다. 언제나 마을 도서관을 이용하니까요.

> 성공은 자기가 좋아하는 일을 계속할 수 있을 때만이 의미가 있다.
>
> - 사라 캐드웰

지금까지 살아오면서 제 나름대로 일이나 사회, 인생의 목표, 고독, 돈, 동기에 대해서 여러 생각을 하고 있었는데, 이 책을 읽으면서 그 동안의 생각이 모두 틀린 것은 아니었다는 사실을 확인할 수 있어서 정말 좋았습니다. 제가 마지막으로 일했던 곳은 몬트로제에 있는 글락소인데, 거기서 분석 화학자로 일했습니다. 얼마 후 그 회사는 글락소 웰컴 스미스-클라인 베첨이라는 이름으로 바뀌게 될 것입니다. 요즘 유행하는 기업 인수 합병을 해서 그렇게 되었는데, 예상외로 일이 지연되는 것 같습니다. 저야 이제 직원은 아니고 주주로만 참여하고 있는데, 요새는 다운사이징도 있고 사람들 얼굴이 말이 아니더군요.

마지막으로 사직서를 제출하기 1년 전쯤에 작성해 놓고 틈틈이 꺼내 보던 '직장 탈출 계획서'를 동봉합니다. 선생님도 아마 원래 기술자였던 사람이 관리직을 맡게 되면서 경험하게 되는 불합리성이나 한계에 대해서 비슷한 이야

> 여가생활이 없다면 조심하라!
> 영혼을 잃게 될지도 모른다.
> · 로간 퍼살 스미스

기를 많이 들었을 줄 압니다. 제 상사도 근무 평가서를 작성한답시고 자리에 왔다가 우연히 이 책을 봤습니다. 책이 맘에 들었는지 빌려가서 읽었는데, 돌려 줄 때는 다 맞는 이야기라고 하더군요. 그 때 그 기운 없는 목소리와 표정이란…….
회사 규정에는 한 달 전에 사표 의사를 표시하도록 되어 있지만, 전 1년 전부터 이야기하고 다녔습니다. 회사측에도 좋은 일이라고 판단해서 내린 결정입니다. 주위 사람들도 진심으로 축하해 주더군요(물론 상사들은 예외입니다). 이 책을 빌려가서 읽고 싶다는 사람들이 줄을 선 것이 그 시작이었지 않겠습니까. 마지막 6개월은 정말 환상적이었습니다. 관리 업무는 다른 사람에게 맡기고, 일도 급하게 처리해야 하는 일들은 전부 손을 뗐습니다. 대신에 해결사나 전문 트레이너 노릇을 했습니다. 정말 해 볼만한 일이었다고 생각합니다.
직장생활도 그리 나쁘지는 않았는데, 일을 그만두고 제 인생은 계속 좋아지고 있습니다. 자전거를 타고 뉴질랜드를 돌며 캠핑을 즐겼죠. 원래 4개월을 생각했

는데 결국 6개월이 되기는 했지만, 풍광과 기후가 너무 좋았고 다른 무엇보다도 사람들이 정말 좋았습니다(선생도 사이클을 좋아한다니 하는 말인데, 여러 군데를 다 다녀봤지만 다른 데보다 뉴질랜드를 추천하고 싶습니다).

미국의 중서부와 카나리 군도도 두 달 정도 여행을 했습니다. 카나리 군도에 가기 전에는 계획대로 스페인어도 배웠죠. 뉴질랜드에서 찍어 온 사진을 보고 수채화도 몇 편 그렸는데, 내가 봐도 잘 그려서 내년에는 파스텔화를 한번 시도해 보려고 합니다. 1년 중에 반 정도는 여행을 했는데, 그래도 가족이나 친구를 만난 횟수는 직장에 다닐 때 보다 훨씬 더 많았습니다.

올 여름에는 다시 두 달간 아일랜드를 돌면서 25년 만에 처음으로 전자공학을 한 번 공부해 볼 생각입니다. 오랫동안 못 만났던 시드니의 친구들도 좀 보고, 겨울에는 호주를 자전거 일주로 돌려고 합니다. 이 일이 나에게는 정말 딱입니다!

이렇게 생활을 하자면 1년에 대충 6천 파운드 정도가 드는데, 수입은 투자한 돈에서 나오고 있어 걱정은 없습니다. 책 내용이 다 옳은데, 특히 돈과 환경에 대한 부분은 바로 내 이야기와 같습니다. 저도 모든 것을 다 재활용해서 쓰고 있죠. 과일이나 채소는 손수 밭에서 길러 먹고 있는데, 일이 재미있기도 하지만 내가 선택한 라이프스타일에도 아주 제격이란 생각이 듭니다. '은퇴'를 한 후 지금까지 쓰레기통을 비워 본 적이 한 번도 없습니다. 아무래도 돈을 환불 받아야 할 것 같네요.

영국에 오시거든 할 이야기가 많으니 연락 주십시오. 그게 안 되면 제가 캐나다에 가게 될 때 같이 자전거 여행이라도 했으면 좋겠는데, 밥 한 번 사는 거야 문제도 아니지요!

그럼 계속 연락하기로 하고, 감사한다는 말을 편지로 대신하겠습니다!

이안

해몬트 씨는 2001년 6월과 2002년 10월에도 편지를 보내 주었다. 2001년과 2002년에 칠레와 남미 지역을 자전거로 일주를 했다고 했다. 그리고 스페인어 공부를 많이 해서 유창하게 말을 할 수 있었기 때문에 남미 여행이 더 재미있고, 만족스러웠다고도 했다. 작년에 보낸 편지에서 그는 "다시 일을 시작하게 된다면 해외에서 자원봉사 일을 해야 할 것 같습니다."라고 썼다. 그의 다음 계획은 자전거로 아프리카를 횡단하는 것과 포르투갈 여행을 위해 포르투갈어를 배우는 것이다.

해몬트 씨의 경험에서 살펴 본 것처럼, 은퇴를 해도 얼마든지 행복하고 재미있게 살 수 있다. 동료나 친구, 가족들이 그 결정을 어떻게 생각하느냐에 관계없이 제 발로 직장을 나왔다는 점에서 대단한 용기가 필요했고, 그 만큼 어렵고 힘든 결정이었을 것이다.

> 초의 양 쪽 끝에 불을 붙이는 사람은 자기가 똑똑한 줄 알겠지만, 생각만큼 똑똑한 사람이 아니다.
> - 무명씨

결혼한 사람이라면, 이 이야기를 듣자마자 "해몬트 씨는 결혼을 안 한 사람인 게 분명해. 결혼한 사람들은 그렇게 일을 쉽게 그만두지는 못 하지."라고 불평했을 것이다. 그렇다면 다시 앞으로 돌아가서 레스 오케 씨의 편지를 읽어보라. 그는 애 딸린 유부남인데도 직장을 그만두는 결정을 내렸다. 더 이상 무슨 말이 필요한가? 물어 보나마나한 이야기 아닌가?

현대 생활의 냉혹한 현실 가운데 하나는 하고 싶은 일은 많은데 시간이 부족하다는 것이다. 그렇다면 우리는 시간 안배에 대해 신중해져야 한다. 일하는 시간은 물론이고 노는 시간과 모험을 즐기는 시간까지도 따로따로 정확하게 계산에 넣어야 한다. 여가 활동을 즐기는 데 수입이나 자산 규모는 크게 중요하지 않다. 얼마나 적극적으로 참여하는가에 따라서 인생의 성패가 결정될 것이다.

분명히 말하지만, 인생에 실패한다면 직장생활의 성공도 부질없다. 오히려 직장생활이 너무 성공적인 사람이 인생에 실패할 확률이 더 높다. 추잡한 돈 몇 푼 때문에 현재의 행복, 즐거움, 희열을 희생시켜서는 안 된다. 특히 삶의 질을 높이는 데 아무런 도움이 안 되는 장난감들을 사들이는 데 돈을 쓰는 사람은 더 그렇다. 직장에 나가는 이유 중에 가장 큰 이유가 사용할 시간도 없는 장난감들을 구입하기 위해서라면 일상생활이 어떨 것이라는 것은 생각해 볼 필요도 없다.

> 자기 사업에 지속적으로 몰두 하려면, 그 외의 일들은 끊임없 이 무시할 수 있어야 한다.
> - 로버트 루이스 스티븐슨

진짜로 사는 것 같이 살아보려고 해도 시간이 없다면, 대관절 돈이 많다는 게 무슨 소용이겠는가? 참다운 인생의 목표를 정하고 그것에 맞게 살아가기 위해서는 필요한 게 한두 가지가 아니고 모든 것을 챙길 수 없을지도 모른다. 하지만 건설적인 여가생활만큼은 절대 빼 놓아서는 안 된다. 친구, 가족, 모험, 걷기, 사색, 창조적인 빈둥거림, 영적 충만함(고된 노동으로 얻을 수 있는 것이 아닌 것들)은 모두 살맛 나는 인생을 위해 꼭 있어야 하는 것들이다.

일 외적인 것들을 모두 배제한 채, 비즈니스와 돈만 생각하는 사람이 있다면, 그 의식 수준을 한번 의심해 볼 필요가 있다. 돈은 없지만 여가생활을 마음껏 즐기는 사람과 영혼을 놓고 비교해 보자면, 이런 사람의 영혼이 더 빈곤하다는 것은 누구나 알 수 있을 것이다. 돈과 재산도 중요하지만, 그 나머지 것들을 모두 배제해도 좋을 만큼 대단하지는 않다. 떼돈을 벌기 위해 따분한 삶을 지속하고 있다면, 돈을 얼마나 버느냐에 상관없이 가난한 사람이다.

지겨움을 참고 견디는 사람들에게 한 가지 위안이 있다면, 나중에 지금의 고통을 보상받을 수 있으리라는 벅찬 희망이다. 그때 가서 원하는 만큼 실컷 인생을 즐길 수 있을 것이라 기대하면서 말이다. 이런 부류의 인간들은 먹고살기에 부족함이 없을 정도로 돈이 모여도 직장을 그만둘 생각을 하지 못하고, 연금 수

령이 가능한 나이가 될 때까지 일을 고집한다. 그러나 불행히도 이런 날은 오지 않는다. 그 전에 과로로 죽을지도 모르고, 나중에 여력이 생겼을 때는 육체적, 정신적 건강이 따라 주지 않기 때문이다.

충분히 자고, 잘 먹고, 규칙적으로 운동하고, 친구들이나 가족과 많은 시간을 함께 하고, 모험이나 재미있는 여가 활동을 원하는 만큼 즐길 수 있게 되기까지는 성공했다고 말할 수 없다. 연구 결과에 따르면, 개인 생활을 희생하면서 일이나 판에 박힌 일상에 매달린 사람보다는 자기가 좋아하는 일을 하기 위해 시간을 낼 줄 아는 사람이 훨씬 더 행복하고 오래 장수한다고 하는데, 정말 맞는 이야기이다.

결과적으로 인생의 따분함이란 우리 자신이 끌어들인 것이다. 지겨움을 극복할 수 있는 가장 좋은 방법은 사태의 심각성을 인식하고 행동에 옮기는 것이다. 레오 부스캐글리아의 말을 다시 한 번 인용하자면, "따분하다고 느낀다면 그 따분함은 우리 자신이 만든 것이다. 그리고 그것을 극복하는 것도 우리 자신만이 할 수 있다."

내가 원한다면 춤꾼도 될 수 있다

오래 전에 춤을 못 추는 젊은이가 있었다. 그 청년은 가까스로 용기를 내어 어느 아리따운 여성에게 춤을 청했다. 잠깐 춤을 추는가 싶더니, 그 여자가 짜증을 내며 더 이상 춤을 출 수 없다고 했다. 젊은이가 너무 춤을 못 춰서 춤출 맛이 안 난다는 것이었다. 그녀는 그 청년이 곰보다도 못할 거라며 냉정히 돌아섰다.

아마 백이면 백 이런 상황에 처하게 되면, 대부분의 사람들은 심한 굴욕감을 느끼고 다시는 춤에 도전할 마음을 품지 못할 것이다. 다시 춤을 추느니 텔레비전을 보거나 그냥 누워서 뒹굴뒹굴하는 게 훨씬 낫다고 생각할 게 틀림없다. 하지만 이 청년은 이 일을 계기로 춤에 대한 열정을 품게 되었고, 몇십 년을 춤만 추며 살았다.

사실, 이 남자는 현대 무용의 대가 중 한 사람으

> 젖소들이 돌아 올 때까지 당신과 춤을 출 수 있다면. 그런데 다시 생각해 보니, 당신이 돌아올 때까지 젖소하고 춤을 추는 게 더 낫겠네.
> - 그로초 막스

로 알려져 있는 유명한 춤꾼이다. 90년대 초에 사망할 때까지 그는 자신의 이름을 딴 무용학교를 무려 500개나 세워 운영했다. 춤꾼으로 명성이 자자했을 때는 11년 동안이나 텔레비전에 나와서 다양한 직종의 사람들에게 춤을 가르쳐 주는 일도 했다. 이쯤이면 이 남자가 누구인지 대충 짐작이 갔을 것이다. 그렇다. 바로 아서 머레이이다.

아서 머레이의 이야기는 성공하기 위해서는 동기와 방향 선택이 중요하다는 사실을 일깨워 주고 있다. 머레이가 위대한 춤꾼이 될 수 있었던 것은 목표를 설정하는 일이나 그것을 추구하는 일 모두 자신이 원했던 일이었기 때문이었다. 그런 면에서 볼 때, 자신이 원하는 것이 무엇인지를 정확히 파악하는 것이 중요하다. 그런데 대부분의 사람들은 원하는 바를 얻기 위해 부단한 노력을 지속하기는커녕, 자신이 진정으로 원하는 게 무엇인지조차 모르고 있다.

일단 목표를 정하라

다음의 그림을 보고 벽을 따라 시계 도는 방향으로 계속 움직여라. 어떤가? 점점 더 높은 위치로 올라가고 있다는 느낌이 들지 않는가? 처음에는 그런 줄 알았을 것이다. 하지만 조금만 더 가보면 계속 같은 자리를 돌고 있다는 사실을 알게 될 것이다. 계단을 올라가기 위해 얼마만큼의 노력을 기울였는가에 관계없이, 이 그림에서 높은 장소는 환상에 불과하다. 인생도 마찬가지이다. 애당초 목표를 제대로 정하지 않으면 행복, 만족, 성취는 그림의 떡일 뿐이다.

이 환상이 바로 목표와 꿈이 없는 인생을 상징한다. 사실 많은 사람들이 계획성도 없는 무분별한 인생을 살면서도 방향성이 있다고 오해하고 있다. 이런 상황에서는 어떤 노력을 한들 얻을 수 있는 것은 아무것도 없다. 그림에서처럼 계속 같은 자리를 맴돌 뿐이다. 높은 곳에 오르기 위해서는 목표에 맞는 노력이 필요하다. 여가 활동도 마찬가지이다. 더 높은 경지에 오르기 위해서는 시간과 목표를 투자해도 아깝지 않을 그러한 목표가 있어야 한다. 일단 목적지가 정해지고 나면 방향은 저절로 생겨날 것이다.

여가생활의 목표를 정한다는 뜻은 노력해야 할 대상을 정한다는 의미이다. 즉, 목적이 생기는 것이다. 그리고 목적과 방향이 설정되면, 혁신적이고 창조적으로 행동해야 할 이유가 생기게 된다. 또한 일단 여가생활의 목표가 정해지면, 그 목표를 달성하기 위해 더 많이 노력하고 고민하게 되는 것은 인지상정이다.

하지만 목표도 변하기 마련이다. 한 번 이룬 목표는 목표로서의 의미가 상실되면서 존재가치를 잃어버릴 것이고, 목표 자체로서의 매력이 없어지면서 사라지는 목표도 있을 수 있을 것이다. 이런 이유가 있기 때문에 여가 목표를 수정하는 작업은 지속적으로 이뤄져야 한다. 서너 달에 한 번씩은 정기적으로 목표를 검토해 주는 것이 필요하다.

정리하자면, 행복한 여가생활을 누리려면 일단 목표를 정하고 그것을 통해서 성취감과 만족감을 얻을 수 있어야 한다. 그렇지 않고 무턱대고 덤벼드는 것은 아무런 이득도 없다. 따라서 내가 원하는 여가생활이 어떤 것인지, 어떻게 그 목적을 달성할 수 있을 것인지에 대해 분명히 해두어야 한다. 인생의 목표가 확실한 사람이 여가생활에서도 확실한 목표를 가질 확률이 높다.

내가 원하는 게 진짜로 내가 원하는 일일까?

은퇴자, 실직자, 직장인 모두 균형 잡힌 삶(언제나 여유 있고, 느긋하며, 생산적이고, 성공적인 삶)을 살기 위해서는 동기가 확실해야 한다. 첫째, 동기가 확실해야 무엇이 중요하고 무엇이 덜 중요한지를 결정할 수 있다. 둘째, 동기가 있어야 중요하다고 생각하는 일에 매진할 수 있다. 셋째, 동기가 있어야 중요하지 않은 일은 손을 뗄 수 있다. 마지막으로, 동기가 있어야 걱정 없이 인생을 맘껏 즐길 수 있다.

사회적 기준으로 보면 성공한 사람인데도, 정작 본인은 부족한 게 있다고 생각할지 모른다. 죽어라 하고 일해서 성공이라고 생각한 것을 이루고 나서 보니, 진짜 그게 성공이 아닐 때는 어떤 기분이 들까? 어쩌면 실패보다 더 쓴 고통을 감당해야 할지도 모른다. 어떤 경우에는 꿈을 이루고 나서 보니 그 꿈 자체가 허망하게 느껴질 수도 있다. 특히 꿈을 이루기 위해 모든 것을 다 내던져야 했던 사람들은 더욱 그런 감정이 강하게 들 수 있다.

2001년 플로리다의 노바 사우스이스턴 대학은 자칭 '성공했다'고 하는 월스트리트의 주식 중개인들을 대상으로 연구에 들어갔다. 그런데 막상 뚜껑을 열어 보니, 월스트리트의 주식 중개인들은 일반인들이 생각하는 것만큼 성공한 사람들이 아니었다. 실험 대상자는 전원 남자로 22세에서 33세의 속하는 현역들로만 구성했다. 이 사람들은 하루 평균 10시간에서 12시간씩 일했고, 1년에 30만 달러에서 100만 달러에 달하는 높은 연봉을 받았다. 그런데 그 결과는 어땠을까? 피실험자 중에 총 66%가 우울증을 앓고 있었는데, 그 중 28%는 입원치료가 필요할 정도로 상태가 심

> 학습이란 이미 알고 있던 것을 재발견하는 것이고, 행동은 아는 것을 실천에 옮기는 것이다.
> - 리처드 바크

각했다. 보통 성인 남자의 경우 입원이 필요할 정도까지 심각한 우울증으로 고생하는 경우는 겨우 5%에 불과하다는 사실로 미루어 볼 때, 상당히 심각한 수치라고 할 수 있다.

분명한 것은 잠재적이든, 입원치료를 받아야 하는 것이든, 우울증으로 고생하는 사람은 결코 행복해질 수 없다는 것이다. 주식 중개인들의 사

> 사람들은 없어도 되는 것들 때문에 땀을 흘린다.
> - 세네카

례는 돈이 많아도 자신이 원하는 삶이 아니면 정신건강에 문제가 생길 수도 있다는 사실을 증명하고 있다. 그런데 이 연구에서 한 가지 의아했던 점은 우울증으로 고생을 하면서도 다른 대안을 찾으려 하지 않는다는 점이었다. 나 같았으면 다른 일을 찾든지, 아니면 쉬는 시간을 늘리든지 무슨 다른 방법을 찾아보려 했을 것이다. 어느 모로 보나 그런 인생을 원하지는 않았을 텐데, 수상한 점이 너무 많았다.

자신이 하고 싶은 대로 테니스를
치는 흥미로운 모습

그렇다면 성공이란 무엇일까? 진정한 성공의 의미가 심오한 인생의 묘미를 알아 가는 것이라고 한다면, 현대인들은 얼토당토 않은 꿈을 꾸고 있는 것이다. 자아 실현, 선행, 진정한 행복이 빠진 경제적인 성공은 천박하고 비본질적인 것이다. 위에 언급된 주식 중개인과 마찬가지로 대부분의 현대인들은 물질적인 풍요로움을 성공이라고 생각하겠지만, 사실 이런 인생은 성공한 인생이 아니다. 이런 부류에 속하는 사람들은 오직 일에만 매달리며 물

질적인 것만을 숭상하고 정신적이고 영적인 것은 외면한다. 그 결과 욕구불만, 스트레스에 신체적, 정신적 피로감이 나타나고, 그것이 심해지면 신경 쇠약, 경련, 발작, 심장마비 같은 큰 병으로 발전한다.

사실 사람들은 돈과 성공, 행복을 모두 같은 것이라고 생각한다. 하나만 얻으면 나머지는 저절로 따라오는 것이라 생각하는 것이다. 하지만 이 사회가 생각하는 성공과 행복은 전혀 별개의 것이다. 대부분의 사람들이 생각하는 성공(큰 집, 해변의 별장, 두 대 이상 굴려야 하는 외제차, 매력적인 배우자, 권좌)은 사람의 삶을 황폐화시킬 뿐 그 이상의 어떤 가치도 없다.

내 말의 요점은 이렇다. 성공이란 정의하기 나름이지 그 이상도 그 이하도 아니라는 것이다. 물론 성공에 대한 정의는 사람마다 다르다. 두 사람이 인생에서 비슷한 것을 성취했다고 하자. 그랬을 때 낙관적인 사람이라면 성공이라고 생각할 것이고, 비관적인 사람은 실패라고 생각할 것이다. 사람에 따라 이렇게 달라질 수 있는 것이다. 더구나 같은 사람이라고 해도 시대가 무엇을 요구하느냐에 따라 성공의 개념이 달라질 수 있다.

실패를 원하는 사람이 있는가? 한 가지 좋은 방법이 있다. 줏대 없이 다른 사람의 말에 놀아나라. 그것만큼 확실한 방법도 없다. 친구, 친척, 사회, 매스컴, 광고주들이 시키는 대로 따라 하면 반드시 실패한다. 나중에는 그것도 모자라서 어떻게 하면 더 완벽하게 실패할 수 있는 방법이 없을까 고민하는 경지에까지 이르게 된다. 하지만 남들이 시키는 대로 하는 것도 그렇게 간단치 만은 않다. 매력적인 배우자와 결혼도 해야 하고, 완벽한 가족을 만들어야 하고, 돈도 많이 벌어야 하고, 해외 여행도 가야 하고, 으리으리한 저택에 살아야 하고, 값비싼 차도 몰아야 하고, 그것도 모자라서 은퇴를 대비해 100만 달러 정도는 저축해 두어야 한다. 다 따라 할 자신이 있는가? 아마 불가능한 사람들이 더 많을 것이다. 그런데 중요한 것은 이것들을 다 따라 해도 그것이 성공이 될 수 없다는 것이다. 즉 우리가 진정으로 원하는 게 아니라는 뜻이다. 이런 성공은 결국 실패나 다름없다.

> 당신의 한계를 인정하라. 그것도 당신의 일부분이다.
> - 리처드 바크

생각이 있는 인간이라면 당연히 성공으로 가는 지름길을 항상 모색해야 한다. 그런 점에서 가장 괜찮은 방법은 되도록 성공에 대한 생각을 많이 하는 것이다. 다시 말해, 어떤 것이 성공한 삶인지를 끊임없이 생각하라는 것이다. 궁극적으로 성공을 어떻게 규정하느냐에 따라서 내 인생이 성공인지 실패인지가 판가름날 것이다.

얼마 전, 나는 알버타 주의 레드 디어에 사는 조이 발로우 씨로부터 편지 한 통을 받았다. 성공에 대해 많이 생각한 듯 싶었다.

젤린스키 선생님께,

요새 선생님이 쓴 책 『적게 일하고 많이 놀아라』를 읽었는데, 정말 너무 재미있게 읽었습니다. 이 말씀은 꼭 전해 드리고 싶었습니다.

저는 1년 반쯤 전에 해고를 당했습니다. 당시에는 무척 의기소침했죠. 한 2주 그랬던 것 같습니다. 그리고 나니까 조금 정신이 돌아오면서 오랜 동안 바쁘다는 핑계로 못 만났던 친구들이나 가족들 얼굴을 볼 수도 있겠단 생각이 들었습니다. 테니스를 쳐도 되고, 그 동안 '열성 직원' 노릇 하느라 못했던 일도 해 보고 오히려 잘 됐다 싶더라고요.

그러다가 지난 해 조그맣게 사업을 하나 시작했는데, 분점도 하나 냈습니다. 항상 마음만 있었지 배짱이 없어서 못했던 일입니다. 사업을 시작하면서 강사로도 뛰고 있는데, 창업을 시작하는 사람들에게는 거의 정기적으로 나가서 강의를 해 주고 있습니다.

강의를 나가면 제일 많이 물어 오는 질문이 "당신은 성공한 사람입니까?"라는 겁니다. 그러면 저는 성공했다는 기준이 뭐냐고 되묻죠. 은행에 돈이 많다, 뭐 그런 거냐고요? 저는 항상 제가 성공한 사람이라고 자신 있게 말합니다. 아직 자리를 잡지 못해 고생은 많이 하고 있지만 말은 그렇게 말합니다. 지금은 고객도 제법 많이 생겼는데, 고객들이 원하는 것을 충족시켜 줄 때마다 보람을 느낍니다. 무엇보다도 하고 싶은 일을 하는 게 정말 행복합니다. 은행에 돈이 많냐고요? 아닙니다. 하지만 저는 성공의 근거를 고객에 두고 있습니다. 그래서 선생님이 쓰신 책에서 성공을 다룬 부분이 특별히 의미 있게 다가왔습니다. 사람들은 돈을 성공의 유일한 기준으로 삼지만 전 언제나 맨 마지막에 놓거든요.

하여간, 이렇게 좋은 책을 써 주신 것에 대해 감사 드립니다. 지인들 중에도 여가가 부족한 사람들이 몇 있는데, 이참에 그들에게도 이 책을 돌릴 생각입니다. 그럼 이만 줄이겠습니다.

조이 발로우 씀

무엇보다도 인생의 성공을 위해서는 자신이 무엇을 원하는지를 명확히 알아야 한다. 자신이 원했던 것을 위해 도전했다가 실패하는 것은 사실 그렇게 큰 문제가 아니다. 정작 문제는 원했던 것을 얻기는 얻었는데, 나중에 보니 원하던 게 아닐 때가 문제인 것이다. 그렇다면 원하는 것을 얻지 못하는 이유는 뭘까?

그 해답은 간단하다. 뭘 원하는지 정확히 모르기 때문이다.

인생에서 공짜로 얻어지는 것은 없다. 땀과 노력, 실천이 있어야 원하는 것을 얻을 수 있다. 쓸

> 내 삶은 수많은 방해물로 가득 차 있다. 가장 큰 방해물은 나 자신이다.
> - 잭 파르

데없는 일로 시간을 낭비해서는(주식 중개인들처럼) 원하는 삶을 얻을 수 없다는 사실을 기억하라.

자신이 원하는 성공을 성취하기 위해서는 자신이 원하는 것이 무엇이며 그것을 얻기 위해서는 어떤 방법을 동원해야 하는지 알아야 한다. 이런 쪽에 경험이 없는 사람은 다음 〈Exercise〉가 길잡이가 되어 줄 것이다.

Exercise 7–1

간단한 질문

인생에서 당신이 진정 원하는 것이 무엇인가?

유명 작가인 리처드 바크는 "가장 간단한 질문이 가장 심오한 질문이다."라고 했다. 확실히 위의 질문은 간단하지만 그 의미하는 바는 매우 심오하다. 아마 누구도 쉽게 대답할 수 없을 것이다.

그럼 화제를 바꿔서 휴가 이야기를 해 보자. 이번 여름 휴가 때에는 어디로 가고 싶은가? 미처 깨닫고 있지를 못해서 그렇지 대부분의 사람

> 오직 천박한 사람만이 자신이 어떤 사람인지를 안다.
> · 오스카 와일드

들은 어디를 가는 것보다 집에서 편안하게 쉬고 싶은 게 그 본심일 것이다. 사람들이 기분 전환을 하는 데 대단한 게 필요할 리가 없다. 얼마간의 휴식, 책 서너 권 정도 읽을 수 있는 여유, 내 집의 아늑함, 그리고 배우자와 동네 레스토랑에 들러 카푸치노 한 잔 마실 수 있는 시간 정도가 전부이다. 하지만 이런 휴가를 보냈다고 하는 사람은 거의 없을 것이다. 무조건 다른 사람들이 좋다고 하는

휴가를 따라 해 왔기 때문이다.

부모님이라면 플로리다에서 휴가를 보내라고 제안할 것이다. 부모님이 이렇게 플로리다를 추천하는 이유는 별거 아니다. 한 번 가 봤었는데 생각보다 괜찮았기 때문일 것이다. 물론 거기서도 그리 신나고 멋진 휴가를 보내지는 못했을 것이다. 친구 부부는 로키산맥에서 휴가를 보내라고 한다. 그 이유는 뭘까? 자기들이 거기로 휴가를 가는데 자기들끼리 가면 같이 저녁 먹을 사람이 없기 때문이다. 심심하니까 같이 가자는 것이다.

한술 더 떠서, 여행사 직원은 아루바, 마르티니크, 버뮤다, 푸에르토 발라타, 모로코와 같은 외국으로 휴가를 떠나라고 종용할 것이다. 겉으로는 손님에게 멋진 휴가를 보내길 바라기 때문이라고 하지만 속셈은 다른 곳에 있다. 중계 수수료를 많이 챙겨야 자기도 이국 땅에서 근사한 휴가를 보낼 수 있기 때문이다. 여행사 직원은 손님이 아니면 누가 그런 곳에서 휴가를 보낼 수 있겠냐면서 열심히 연막 작전을 펼 것이고, 그러면 대부분의 사람들은 넘어가게 되어 있다. 그러고는 14박 15일 일정의 마르티니크행 비행기에 몸을 싣는다. 또

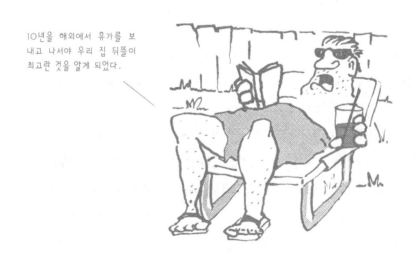

10년을 해외에서 휴가를 보내고 나서야 우리 집 뒤뜰이 최고란 것을 알게 되었다.

한 광고주들의 공세도 무시할 수 없다. 광고주들은 당신이 특별한 존재라는 것을 이 세상에 알려야 한다며 끊임없이 부추길 것이다. 하지만 특별한 존재는 사실 없다.

마르티니크에 도착해서 나흘이 지나면 이제 더 이상 볼 것도 없다. 당신과 당신의 배우자는 하루 종일 해변에 누워 비비적거리며 하루를 보내야 할 것이다. 눈에 보이는 것은 따분해 죽겠다는 표정으로 앉아 있는 사람들뿐. 그 사람들도 할 일이 없기는 마찬가지일 것이다. 읽을 책은 달랑 한 권 들고 왔는데, 벌써 다 읽었다(할 일이 없으니 저절로 책만 읽게 된다). 그런데 섬에는 서점도 없다. 설상가상으로 숙박하고 있는 호텔에서는 카푸치노를 안 판다고 한다. 2주를 그렇게 섬에 갇혀서 지내고 나면, 직장으로 돌아갈 날을 손꼽아 기다리지 않을 수 없다. 그런 지경이 되면 누구라도 별 수 없다.

비행기편으로 돌아오는 길도 피곤하기는 마찬가지다. 집에 도착하자마자 후회가 물밀 듯이 밀려온다. 몸은 파김치가 되었다. 오히려 휴가를 떠나기 전보다 더 피곤하고, 원하던 휴가가 아니었기 때문에 뿌듯한 감정도 없다. 여러 상황을 종합해 봤을 때, 남의 말을 들어서 좋을 것은 하나도 없다. 괜히 금싸라기 같은 내 휴가만 망친 꼴이 되지 않았는가?

이 이야기의 교훈은 간단하다. 성공한 인생을 살려면, 자기가 무엇을 원하는지를 정확하게 알아야 한다. 하지만 그 일은 그렇게 간단치 않다. 자기가 원하는 것이 무엇인지를 알아내기 위해서는 시간 투자가 필요한데, 그렇게 하지 않으면 영원히 그것을 알아 낼 수 없다. 그나마 자신이 진정으로 원하는 것이 무엇인지 궁금해하는 사람은 그래도 낫다. 궁금해하지도 않고 무조건 다른 사람의 기대에 맞춰 성공의 목표를 정하는 사람은 정말 구제할 방법이 없다.

에릭 프롬은 『Escape from Freedom』에서 "현대인들은 자신이 무엇을 원하는지 알고 있다는 환상 속에 살고 있지만, 사실은 원하기로 되어 있는 것을 원

> 저들은 우리를 꼬드겨 일을 시키고 우리는 그렇게 해서 번 돈을 우리에게 필요하다고 꼬드긴 물건들을 사는 데 소비한다.
> - 무명씨

하는 것이다." 라고 말했다. 현대 사회에서 광고주들과 미디어는 끊임없이 자기들이 원하는 것을 사람들에게 주입한다. 그리고 소비자들은 아무 비판 없이 그 프로그램들을 소비한다. 사실 이런 상황에서는 미운 오리새끼가 되는 것보다는 더불어 엉켜 사는 게 제일 마음 편하게 사는 방법이고, 대다수의 사람이 이런 길을 택한다.

현대 사회에서는 사회적 기준이 개인의 고유한 욕구보다 더 중요하게 받아들여지고 있다. 그런 점에서 본다면 개인이 원하는 바를 성취하지 못하는 것은 너무 당연한 일이다. 이제 대중들은 다른 사람들이 나에게 원하는 것, 이 사회가 원하는 것, 광고주가 원하는 것, 가족이 원하는 것, 친구가 원하는 것, 기자나 아나운서가 원하는 것, 자기 잇속만 챙기는 여행사 직원이 원하는 것에 훨씬 더 많은 비중을 둔다. 결국, 주변의 성화 때문에 정작 중요한 것을 우리는 잊고 사는 것이다.

복잡한 문제가 한 가지 더 있다. 그것은 사람의 욕망이 바람 부는 방향에 따라 바뀌는 습성이 있다는 것이다. 인간의 욕망은 숨겨진 욕구에 따라 만들어지고, 불가사의한 힘에 따라 새로운 모습을 갖는다. 누구나 이런 경험이 한 번쯤은 있었을 것이다. 정말 원하는 것을 얻어서 이제 기뻐하는 일만 남았다고 생각했는데, 얼마 안 가서 그게 헛수고였다는 생각이 들 때 말이다. 사람은 누구나 종종 이런 경험을 한다.

자기가 원하는 것이 무엇인지를 파악하려면 먼저 그 생각이 내 생각인지 남의 생각인지를 먼저 알아내야 한다. 어떤 것이 내 욕망이고, 어떤 것이 다른 사람의 욕망인지를 구분하는 게 쉬워질수록 관심사를 찾아내고 개발하는 일도 쉬워질 것이다. 가끔씩은 나의 욕망과 다른 사람의 욕망이 헷갈려 버릴 수도 있고, 진짜로 내 욕망이라고 생각했었는데 시간이 지나면서 아니라는 것이 밝혀질 때도 있으니 욕망을 생각하는 게 그리 쉬운 문제인 것만은 아닌 것 같다.

내가 진정으로 원하는 것이 무엇인지를 알아내려면, 생각을 게을리 해서는 안 된다. 그 문제를 생각하지 않으면 결국 평생을 남들에게 휘둘려 살아야 할지 모른다. 이제부터는 엄마가, 친한 친구가, 이 사회가 원하니까라는 말을 하지 말자. 이런 식으로 살아서는 절대로 행복해질 수 없다는 사실을 잊지 마라.

> 인간은 필요의 동물이 아니라 욕망의 동물이다.
> ·가스통 바슐라르

진정으로 원하는 삶의 모습은 어떤 것인가? 온타리오주 돈다스에 사는 질레스 개그농 부부는 자신들이 무엇을 원하는지를 분명하게 알고 있는 사람들이었다. 그들은 돈을 벌고 그것을 성공이라고 정의하는 이 사회의 믿음을 그대로 따를 수 없었다. 그들은 일하는 시간을 줄이고 대신에 여가 시간을 더 늘리기로 했다. 질레스 씨는 인생의 목표를 바꾼 후 사는 것이 즐거워졌다고 말했다.

어니 씨, 안녕하십니까?

이 편지를 선생님이 꼭 읽어 주셨으면 좋겠습니다. 선생님이 쓰신 『적게 일하고 많이 놀아라』를 읽고 많은 도움을 받았다는 이야기를 하고 싶어서 간략하게 몇 자 적습니다. 최근에 저는 8년이나 다녔던 회사를 그만두고 컨설턴트로 독립했습니다. 지금은 회사(앙드레 와인사)에 컨설팅해 주고 있는데, 그렇다고 해도 일주일에 겨우 3일만 나가고 있습니다. 나머지 시간은 뭐하냐고요? …… 다 여가 시간입니다.

저는 36세이고 결혼한 지는 11년 되었습니다. 그런데 아직 아이는 없습니다. 아내는 간호사 자격증을 가진 정식 간호사였는데, 3년 전에 일을 그만두었습니다. 오랫동안 고민을 하는 것 같더니만 그 일이 원래 자신이 원했던 것이 아니라고 하더군요. 환자 간호보다는 다른 게 더 중요한 것 같다는 거였죠. 하지만 간호학 학위를 받느라 대학에서 4년을 공부했는데, 그만둔다는 게 쉽지 않았습니다. 아내는 지금 섬유예술 분야에 관심을 가지고 열심히 공부하고 있습니다. 아직 예술가라고 할 수는 없는 단계이기 때문에 수입은 전혀 없고요.

그리고 저도 일을 반으로 줄여야 했기 때문에 수입이 줄었습니다. 돈 문제는 정말 신중하게 생각하고 있습니다. 이제 겨우 2개월밖에 안 지났지만 지금까지는

> 누구를 위해 종이 울리나 알려 하지 마라. 그것은 당신을 위해 울리는 종이다.
>
> — 존 돈

그런 대로 잘 해나가고 있습니다. 이렇게 일을 벌리는 데는 대략 2년 정도의 준비 기간이 있었습니다. 지금은 네트워크 애널리스트로 일하고 있습니다. 처음 선생님 책은 지역 도서관에서 빌려서 읽

었습니다. 그리고 1년 후에는 책을 구입했지요. 잘하고 있는 건지 다시 확인해 보고 싶었거든요.

『적게 일하고 많이 놀아라』를 구입하고 나서 곧장 행동 개시에 들어갔습니다. 작업 스케줄을 제시하고 사장과 일정을 조정했습니다. 지금 시점에서 앞날의 경제적인 문제를 언급하는 것은 시기상조이겠지만 얼추 계산해 보니 큰 문제는 없을 것 같습니다. 요즘은 워낙 소비지상주의라 돈을 못 쓰면 사람 축에도 못 끼는 세상이 되었지만, 우리는 둘 다 그런 일에는 관심이 없습니다. 단순하고 소박한 삶에서 기쁨을 얻으며 살고 있죠. 제가 제일 좋아하는 말이 뭔지 아십니까(『적게 일하고 많이 놀아라』에 나와 있는 건데)? '돈이 가장 많은 사람의 쾌락이 가장 값싸다' 라는 말입니다. 전 숲 속에서 하릴없이 거니는 것을 제일 좋아한답니다.

계속 이 일을 할 게 아니라 다른 일을 생각하고 있기 때문에, 앞으로도 여러 난관이 많을 줄 압니다. 아직까지는 전부 미지수죠. 앞으로도 시간이 나는 대로 성

찰, 독서, 자기 발견, 조사 연구에 많은 시간을 할애하려 합니다.

마지막으로 이렇게 좋은 책을 써 주셔서 감사하단 말을 다시 드리고 싶습니다.

보통사람이 선택하지 않은 길을 가려면 용기가 필요합니다. 선생님께서 그것을

가능하게 해 주셨습니다. 선생님께서 책에서 쓰신 대로 저녁 식사를 같이 할 수 있는 기회가 있었으면 좋겠습니다. 『적게 일하고 많이 놀아라』이면에 숨어 있는 젤린스키라는 사람의 숨은 면모에 대해서 좀 더 알아보고 싶네요. 농담입니다. 이 지역에 내려오실 일이 있으면, 저희가 저녁 식사를 대접하고 싶습니다.

연락 기다리겠습니다. 다시 한 번 고개 숙여 감사 드립니다.

질레스 드림

> 천재의 가장 큰 장점은 자기 인생은 자기가 책임진다는 것이다.
>
> - 존 포스터

개그농 부부가 라이프스타일을 바꿀 수 있었던 것은 자기 방식대로 살려는 용기가 있었기 때문이었다. 우리도 그렇게 할 수 있어야 한다. 이 세상과 비타협적으로 나갈수록 자신의 참모습을 발견하고 인생을 즐길 수 있는 기회는 점점 더 늘어난다. 바꿔 말하자면, 자신이 진정 원하는 것을 얻으려면 남에게 기대지 말고 내 주관대로 인생을 살아 나가야 한다는 것이다.

행복해지기를 바란다면서 주관을 버리고 대중의 의견을 아무런 비판 없이 수용하는 것은 잠수함에 방충망을 치는 것만큼이나 무모한 짓이

제발 말 좀 해 봐! 이렇게 많은 사람들을 제치고 여기까지 올라왔는데, 부족하단 이야기야? 그럼 행복해지려면 뭘 더 어떻게 해야 하는데?

다. 왜 아까운 시간과 돈을 버려가면서 인생의 즐거움을 포기하고 사는가? 사람들은 어떤 것은 중요하고 어떤 것은 중요하지 않다고 말한다. 그런데 그 중요하다고 하는 것들은 원래 중요했던 것들이 아니라 사회와 교육기관, 광고주들이 만들어 놓은 이미지일 뿐이다. 좀 더 깊이 생각해 보면, 이런 것들은 행복이나 건강한 삶과는 전혀 관계가 없다.

대다수 사람들의 생활을 관찰해 보면, 대충 비슷비슷한 모양새를 하고 있는데, 더 자세히 들여다보면 그다지 행복한 모습이 아니다. 소신을 지키는 것보다는 다수의 편에 편승해서 사는 것이 훨씬 더 편하기 때문에 그런 유혹을 느낄수 있다. 하지만 우리에게는 추구해야 할 소중한 꿈이 있다는 사실을 항상 기억하라.

행복과 만족을 동시에 느낄 수 있는 인생을 위해서는 여러 가지 지켜야 할 사항들이 많다. 그 중에서 가장 실천하기 힘든 것은 자신의 소신을 지키면서 대중을 가까이하지 않는 것이다. 감성적인 부분과 이성적인 부분이 외부의 힘에 지배를 받게 되면, 마음의 명령에 충실할 수가 없다. 하지만 그런 상황에서도 마음의 목소리를 충실히 따르는 사람이 있다. 삶에 변화가 필요했던 아이다 허드슨 씨는 미국에서 유럽으로 거주지를 옮겼고, 그 후 아래의 편지를 보내왔다.

젤린스키 씨에게,

선생님이 쓰신 책 『적게 일하고 많이 놀아라』를 재미있게 읽었다는 말씀을 드리고 싶어서 편지를 씁니다. 저는 워싱턴 D.C.에 있는 대규모 컨설팅 회사에 다녔던 사람입니다. 그러다가 작년 여름에 그냥 회사를 나왔습니다. 다른 일자리나 프로젝트를 알아보려는 계획 같은 것도 전혀 없이 말입니다. 그리고 6개월 후에, 결혼을 해서 지금은 유럽에서 덴마크어를 배우면서 글도 쓰고 행복하게 잘 지내고 있습니다.

최근까지도 저는 언제나 비관론자였고, 과잉 성취자였습니다. 하지만 이제는 제 마음에 충실하기로 했습니다. 마음을 따르면 모든 일이 다 잘 되리란 사실을 잘 알고 있으니까요. 그런 점에서 선생님의 책이 저하고 딱 맞아 떨어졌던 것 같습니다.

정말 대단한 일을 하셨습니다.

그럼 이만 줄이겠습니다.

아이다 J. 허드슨

자기에게 중요한 일이 무엇이며 그것을 충실히 따르고 있는지는 오직 그 자신만이 알 수 있다. 그리고 자신은 무엇보다도 어떤 유형의 삶을 살고 싶은지 그 개념을 분명하고 확실하게 갖고 있어야 한다. 정말로 의미 있는 일을 찾고, 그 일에 어느 정도 시간과 노력을 투입하느냐에 따라서 인생의 행복과 만족이 결정될 것이다.

마음 깊은 곳에서부터 우러나오는 목소리가 있다고 하자. 사실 그 목소리에 정말로 귀를 기울일 마음이 있으면 그것과 맞아떨어지는 라이프스타일을 찾는 것은 문제도 아니다. 그러려면 자기가 자기 삶의 주인이 되어야 한다. 사장, 정부, 배우자, 사회가 내 인생을 좌지우지하도록 해서는 안 된다. 물질 지상주의와 일 중독증에서 벗어나서 여가와 휴식, 가족을 배려하는 삶을 영위해 나가는 것은 순전히 우리 자신에게 달린 일이다.

일 중독자가 여가를 즐기는 경지에 이르기 위해서는 삶 자체를 뒤흔들어 놓을 만한 큰 변화가 있어야 한다. 그 만큼 어렵다는 이야기인데, 전

> 인생은 욕망과 욕망의 연속이지 결코 만족과 만족의 연속이 아니다.
> - 사무엘 존슨

혀 불가능한 일은 아니다. 이미 수많은 사람들이 그럴 수 있다는 것을 몸소 보여 주었다. 그들은 감정적인 부분에 호소했고, 결국엔 대다수의 사람들이 이루지 못한 일을 해냈다. 그들은 가족과 많은 시간을 보냈고, 자연과 공동체와 하나되는 경험을 했다. 그리고 그 동안 일 때문에 잊고 지냈던 소박한 즐거움들을 만끽했다. 이런 인생을 경험하는 사람들이 그렇지 못한 대다수의 사람들보다 더 행복한 삶을 누린다는 것은 조금도 이상할 게 없다. 서구 사회에서는 오직 2%의 사람들만이 이런 풍요롭고 충만한 삶을 누린다. 그 2% 안에 들어가는 것은 어디까지나 선택의 문제이다. 즉 대가를 치러야 한다는 것이다.

> 소망은 반드시 그것을 이룰 수 있는 힘과 함께 주어진다. 하지만 소망을 이뤄내기 위해서는 반드시 피나는 노력이 뒷받침 되어야 한다.
> - 리처드 바크

마음의 평화, 건강, 사랑, 행복 같은 것을 만끽하는 데 직업이나 부, 명성은 그다지 중요하지 않다. 부와 명성, 멀쩡한 직업이 중요하지 않다면, 그럼 뭐가 중요하단 말인가? 행복이란 목적지의 개념이 아니라 여행의 개념이란 사실을 꼭 기억하라. 즉 행복은 인생의 매 순간을 충실하게 보냈을 때 얻어지는 부산물인 것이다. 그리고 나는 매 순간 최선을 다하기 위해서는 여가생활이 꼭 필요하다고 믿는 사람이다.

하고 싶은 일이 있기는 한데 주변의 이러저러한 이유 때문에 할 수 없다고 불평하고 있다면, 생각 자체를 처음부터 다시 해 보는 게 좋을 것 같다. 그것은 자기가 진짜로 원하고 있는 게 무엇인지 모른다는 뜻이기 때문이다. 목적지를 정해 놓지도 않고 무조건 좋은 곳에 도착하기를 바란다는 것은 어불성설이다. 그리고 마지막으로 한 마디 더 당부하는데, 자신이 진짜로 원하는 것이 무엇인지를 알아내려면, 그 전에 반드시 내면에 대한 사전 탐사와 깊은 이해가 있어야 한다는 것이다. 그럴 때만이 정말로 원하는 것을 얻을 수 있을 것이다.

여가생활 나무를 활용하라

인생의 기쁨은 돈이나 권력 명예를 통해서 얻을 수 있는 것이 아니다. 인생의 기쁨은 가치 있는 일에 내 자신을 던지고 거기서 만족을 얻었을 때 생겨나는 감정이다. 가치 있는 일은(일이나 여가와 관련된) 그것을 행하는 것만으로도 충분한 보상이 된다. 이런 종류의 희열은 돈이나 물질로는 얻을 수 없다.

업무와 관련된 일들은 레이아웃이 미리 그려져 있는 경우가 많기 때문에 따라 하기가 쉽다. 하지만 여가 활동은 그렇지 않다. 여가 활동도 직장생활만큼이나 계획성이 필요한 일이라는 점을 사람들은 쉽게 잊어버린다.

대다수의 사람들은 일하는 시간을 제외한 나머지 시간을 잘 활용하지 못한다. 사실, 여가의 세계는 무한한 기회로 넘쳐나고 있다. 만나야 할 사람도 많고, 볼거리도 많고, 해야 할 일도 많다. 이렇게 다양한 여가 활동의 기회들이 있기에 행복하고 만족스러운 여가생활을 누릴 수 있는 것이다.

Exercise 7−2

나의 소원은?

다음 달에 임종을 맞게 되었다고 해 보자. 그래서 당신은 신에게 간청을 한다. "제발, 제게 한 번만 더 기회를 주신다면, 제가 가진 것을 전부 드리겠습니다." 신이 대답한다. "좋다. 그렇다면 앞으로 5년 간 그대가 원하는 일을 하면서 건강하게 살 수 있도록 해 주마. 단, 여가와 관련된 일만을 해야 하느니라. 나는 그대가 지금까지 살았던 것과는 전혀 다른 그런 인생을 살아가기를 기대하노라."

앞으로 수명이 5년밖에 안 남았다고 생각하고 그 동안 즐기고 싶은 여가 활동의 목록을 적어 보아라. 은퇴자, 실업자, 직장인, 누구에게라도 이 목록은 유용하게 활용될 수 있다. 일단 목록을 만들어 놓으면, 내용 기억에 큰 도움이 된다. 그리고 이 목록을 한 단계 업그레이드한 것이 '여가생활 나무'이다. 이 도표는 흔히 마인드 맵(mind map), 스포크 다이어그램(spoke diagram), 사고 웹(thought web), 클러스터링 다이어그램(clustering diagram)이라고 하는 것을 약간 변형시켜 놓은 것이다.

이 여가생활 나무는 간단해 보이지만, 그 효과는 무시할 수 없다. 사실, 행복한 삶에 필요한 다양한 활동들을 자연스럽게 유도해 낸다는 점에서 매우 창의적인 방식이다. 인간의 기억력은 우리가 생각하는 것만큼 대단한 것이 아니기 때문에, 여가 활동을 선택하기 전에 그 아이디어들을 다 옮겨 놓는 것이 좋다. 대부분의 사람들이 이용하는 것은 목록 표이지만 이 방법으로는 충분하지 않다. 목록 표의 단점을 보완한 것이 바로 이 '여가생활 나무'이다.

이 도표를 그릴 때에는 한 가운데에서부터 시작해라. 그 자리에 여가생활의 목적이나 목표를 기입하라. 〈도표 7-1〉을 보면 '여가생활'이라는 목표가 정 가운데에 적혀 있는 것을 볼 수 있다. 그 다음에는 거기서부터 사방으로 가지를 낸다. 그리고 이 가지 위에는 목표와 관련이 있는 핵심 아이디어를

> 인생은 파티다. 거기서 멍청한 자만이 굶어 죽는다.
> - 무명씨

써넣는데, 되도록 중앙에서 가까운 자리에 그 내용을 찾아 기입한다.

이 책에서 사용하고 있는 세 가지 핵심 아이디어는 다음과 같다.

도표 7-1 여가생활 나무

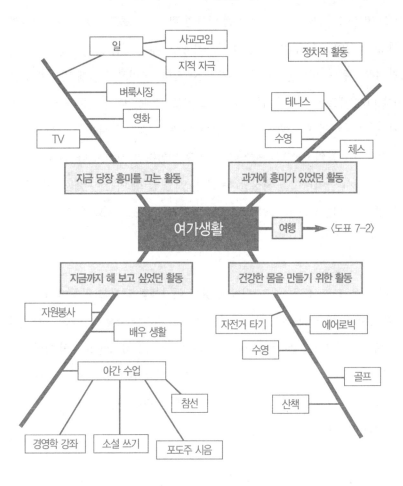

1. 지금 당장 흥미를 끄는 활동

2. 과거에 흥미가 있었지만 지금은 관심이 식은 활동

3. 생각만 했지 아직까지 실행에 옮기지 못한 활동

각각의 핵심 아이디어와 관련해서 다시 여러 가지 활동을 적어 넣어야 할 때에는 그 자리에서 다시 새로운 가지를 만들면 된다. 〈도표 7-1〉과 같이 '지금까지 해 보고 싶었던 활동'이라는 원 가지에다가 '배우 생활', '자선모금 활동', '야간 수업' 등의 새로운 가지를 추가할 수 있다. 그리고 이렇게 만들어 놓은 가지에 다시 새로운 아이디어를 기입하고 싶을 때에는 다시 다른 가지를 만들면 된다. 야간 수업에서 발전해 나온 것이 '참선', '포도주 시음', '소설 쓰기', '경영학 수업' 등의 아이디어들이다. 그리고 원한다면 거기서 다시 새로운 가지를 만들어서 아이디어를 확장할 수 있다. 예를 들어, 야간 수업을 듣고 싶은데 그 종류를 세분하고 싶으면 그림에는 없지만 '마케팅', '회계학' 같은 항목을 추가할 수 있다.

이제는 〈도표 7-1〉을 보고, 나에게 맞는 여가생활 나무를 만들어 보자. 맨 처음에 주어진 세 가지 핵심 아이디어를 활용하여(지금 당장 하고 싶은 것, 과거에 좋아했던 것, 그리고 생각은 했지만 실천하지 못한 것) 최소한 50개의 아이디어를 만들어라. 다소 이상해 보여도 개의치 말고 생각나는 대로 모두 기록하라. 여기서 그 아이디어의 좋고 나쁨을 판단하려 하지 마라. 못해도 최소한 50개는 만들어 내야 한다. 49개는 소용없다.

여기서 더 깊이 들어가고 싶은 활동이 있으면, 표를 따로 하나 더 만들어도 된다. 예를 들어 건강한 몸 만들기나 여행에 관심이 있을 수 있다. 〈도표 7-1〉에서 보는 것처럼, '건강한 몸 만들기'란 가지를 내서 거기에 여러 가지 활동을 적을 수도 있고, '여행'이란 가지를 만들어도 된다. 공간이 모자라면 다른 종이를 이용해도 된다. 그 예가 바로 〈도표 7-2〉이다.

똑같은 아이디어가 여러 활동 범주에 들어가도 상관없다. 그 만큼 그 여가생활이 중요하다는 의미이다. 〈도표 7-1〉을 보면 '수영'이 '과거에 관심이 있던

도표 7-2 한 단계 높인 여가생활 나무

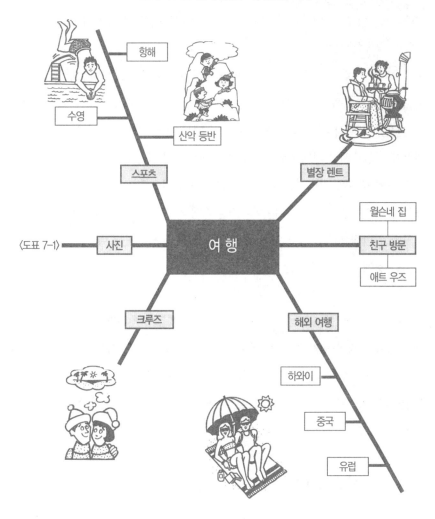

활동'에도 들어가 있고, '건강한 몸 만들기'와 '여행'에도 포함되어 있다. 이 도표의 주인에게는 수영이 제일 먼저 시작하고픈 활동인 게 틀림없다.

여가생활 나무를 활용하는 것이 왜 좋은지를 한번 생각해 보자. 첫째, 간단하다. 아이디어가 많아도 한 페이지에 다 정리할 수 있다. 필요하면 한 페이지

를 덧붙여도 좋다. 둘째, 아이디어의 범주를 만
들기 때문에 아이디어를 묶어서 정리하기가 좋
다. 더불어 가지 만들기를 통해서 새로운 아이
디어를 첨가하기도 쉽다. 그리고 마지막으로 좋
은 점은 이 도표를 장기간 사용할 수 있다는 점이다. 잠깐 옆으로 치워 놨다가
도 언제든지 다시 꺼내서 사용할 수 있기 때문이다. 그리고 일단 도표를 만든
다음에는 반드시 정기적으로 도표를 업데이트해 주어야 한다.

도표에 색깔과 이미지를 넣으면 도표가 독창적으로 보이고 기억하는 데에
도 도움이 된다. 〈도표 7-2〉는 이미지를 사용해 만든 '여가생활 나무' 이다. 이
도표가 일반적으로 많이 쓰이고 있는 일자형 목록보다 훨씬 더 재미있고 유용
하다는 것에 이의를 제기할 사람은 없을 것이다.

여가생활 나무를 5개 내지 6개 정도를 만들어 놓으면, 여가 활동 선택에 전
혀 부담을 가질 필요가 없다. 언제든 그때그때 마음에 드는 여가 활동을 고르기
만 하면 된다. 삶에 대한 열정이 있는 사람이라면 5년은 물론이고 5번 생을 거
듭한다고 해도 끄떡없을 만큼의 많은 여가 활동을 생각해 낼 수 있을 것이다.

여가 활동은 널렸다

여가 활동을 찾아서 도표를 만드는 것은 극히 개인적인 문제이다. 하지만 혼
자서 아이디어를 내는 데에는 한계가 있기 때문에 300개 남짓 여가 활동들을
별도로 적어 보았다. 각각의 활동이 다음 중 어느 범주에 들어가는지 번호를 매
겨 보아라.

1. 지금 당장 흥미가 있다.

2. 과거에 관심이 있었던 일이다.

3. 생각은 했지만 해 본 적은 없는 새로운 활동이다.

4. 전혀 관심이 없다.

1, 2, 3의 범주 안에 드는 활동이 관심이 가는 활동들로서 여가생활 나무에는 이 범주에 속하는 활동이 포함된다. 여가생활 나무를 만들어 두면 인생이 무료해지는 것을 막을 수 있다. 언제나 지금을 즐기는 것이 중요하다. 나중에는 땅을 치고 후회해 봐야 아무 소용이 없다. 그러니 이제부터라도 이런 여가 활동들을 충분히 즐길 수 있도록 노력하라.

여가 활동 목록

□ 항상 올라가 보고 싶었던 산을 등반한다

□ 골프를 처음 시도해 본다

□ 수요일 오후에는 농구 시합을 보러 간다

□ 테니스를 다시 시작한다

□ 뉴올리언즈의 마디 그래(Mardi Gras) 축제에 참가한다

□ 제2 외국어로 영어를 가르친다

□ 여자 친구나 남자 친구에게 전화를 걸어 수다를 떤다

□ 산 속의 개울을 맨발로 걸어본다

□ 인터넷 검색 엔진에 자기 이름을 쓰고, 어떤 내용이 뜨는지 살펴본다

□ 개울물의 징검다리를 깡충깡충 건너본다

□ 돈이 아닌 재미로 사업을 해 본다

□ 시를 쓰거나 노래 가사 쓰기 같은 것을 해 본다

□ 라이온스 클럽이나 킨스맨 클럽에 가입한다

□ 카리브 해안으로 크루즈 여행을 간다

□ 고향의 역사를 기록한다

□ 마사지를 배워 직접 해 본다

□ 다시 아이가 되는 법을 배워 본다

□ 26년 동안 벽장 속에 쳐박혀 있었던 기타를 꺼내 쳐 본다

□ 할 수 있다고 큰소리만 쳤던 글 쓰기를 해 본다—이제 말을 행동으로 옮길 때가 되었다

□ 초상화를 그린다—실패하면 책임을 모델로 돌리면 그만이다

□ 저소득층의 자녀들에게 독서 방법을 지도한다

□ 자서전을 쓴다

□ 악기를 연주한다

□ 악기 연주를 배워 둔다

□ 걷는다

□ 달리기를 한다

□ 자원봉사 활동을 한다

□ 그 동안 미워하고 증오했던 사람을 골라 편
　지를 쓴다

□ 토론 그룹에 참여한다

□ 해변에 앉아 바다를 응시한다

□ 지역에서 가장 인품이 훌륭한 어른을 초대하
　여 저녁식사를 같이 해 본다

□ 앞으로 5년 안에 이루고 싶은 목표를 정한
　후 편지봉투에 넣어 두었다가 5년 후에 열어
　본다

□ 피아노를 배운다

□ 영화 평론을 해 본다

□ 친한 친구를 깜짝 놀라게 해 줄 이벤트를 준
　비한다

□ 맛있는 식사를 혼자 준비해 본다

□ 요리를 배운다

□ 새로운 요리법을 개발한다

□ 최근에 사귄 친구를 만난다

□ 옛날 친구들을 만난다

□ 새 친구를 사귀어 본다

□ 하이킹을 한다

□ 유명인사에게 편지를 보낸다

□ 설문조사를 한다

□ 잠을 잔다

□ 명상을 한다

□ 시내를 한 바퀴 돈다

□ 차로 전국 일주를 한다

□ 혼자 생각해 본 300개 항목과 비교해 보면
　서 이 항목들을 세어 본다

□ 책을 읽는다

□ 라디오를 듣는다

□ 텔레비전을 본다

□ 오디오를 듣는다

□ 여행을 한다

□ 영화를 보러 간다

□ 영화를 만든다

□ 컴퓨터를 배운다

□ 컴퓨터 프로그램을 만든다

□ 집에 페인트칠을 한다

□ 골프를 친다

□ 낚시를 한다

□ 정글을 탐험한다

□ 캠핑을 간다

□ 등산을 한다

□ 정치에 참여한다

□ 시 낭독 모임에 참석한다

□ 시를 읽으면서 느꼈던 감상을 시로 만들어

본다

□ 시 낭독을 직접 해 본다

□ 언더그라운드 신문을 만든다

□ 시간 제약 없이 친한 친구와 허심탄회한 대화를 나눈다—이야기가 자연스럽게 끝이 날 때 대화를 그만둔다

□ 조상들에 대해 조사한다

□ 도면을 그려본다

□ 조상들이 나의 삶에 어떤 영향을 주었는지 써 본다

□ 싸구려 식당을 돌며 음식 맛을 평가한다

□ 주중 아침 시간에 야외 카페에 앉아서 카페라떼 한잔을 마신다

□ 자전거를 탄다

□ 오토바이를 탄다

□ 친구를 집에 초대한다

□ 새 보드게임을 발명한다

□ 도서관에 간다

□ 자녀들과 시간을 보낸다

□ 토크쇼에 나간다

□ 무보수로 할 수 있는 일을 찾아본다

□ 당구를 친다

□ 휴식 차원에서 혼자 춤을 춘다

□ 다른 사람들과 어울려 춤을 춘다

□ 댄스 교습을 받는다

□ 중고차를 수리해 본다

□ 가구를 고쳐 본다

□ 집을 보수해 본다

□ 대청소를 한다

□ 옛 친구에게 전화를 건다

□ 책을 써 본다

□ 일기를 쓴다

□ 새 만화를 그려본다

□ 다른 사람의 자서전을 대필해 준다

□ 옷이나 모자 등을 만든다

□ 15달러 정도의 싸구려 옷장을 하나 만들어 본다

□ 수집에 몰두해 본다

□ 사금을 채취한다

□ 일광욕을 한다

□ 수영을 한다

□ 섹스를 한다

□ 교회에 나간다

□ 다이빙을 해 본다

□ 스쿠버 다이빙을 해 본다

□ 스노클링을 해 본다

□ 비행기 조종사 자격증을 딴다

□ 사진 강습을 듣는다

□ 앨범을 만든다

□ 조각 맞추기 게임을 10여 개 정도 개발한다

□ 출생 당시 무슨 일이 있었는지 알아본다

□ 집 앞에다 안 쓰는 물건들을 가져다 놓고 헐값에 판다

□ 거실의 가구 배치를 바꾼다

□ 연기 수업을 듣는다

□ 희곡을 써 본다

□ 연날리기를 한다

□ 뒤로 달리기를 배워 본다

□ 유명한 사람을 흉내내는 법을 배워 본다

□ 정원을 가꾼다

□ 말타기를 해 본다.

□ 꽃을 딴다

□ 시를 지어 본다

□ 친구에게 편지를 쓴다

□ 뒤로 달리기 기록을 갱신해 본다

□ 노래를 배운다

□ 작곡을 해 본다

□ 시를 암송한다

□ 집단 체험학습 활동에 참여한다

□ 유명한 사람들이 한 말을 외워 본다

□ 노래를 외워 본다

□ 별을 쳐다본다

□ 일몰을 구경한다

□ 달을 관찰한다

□ 새로운 종교에 대해 배워 본다

□ 집을 짓는다

□ 독특한 집을 설계한다

□ 다른 나라에 가서 살아 본다

□ 항해를 떠난다

□ 하키를 한다

□ 보트를 제작한다

□ 법원에 가서 흥미 있는 소송을 구경한다

□ 주식 시장에 대해 공부한다

□ 성능이 좋은 쥐덫을 개발한다

□ 클럽을 새로 만들어 본다

□ 백화점에 가서 윈도우쇼핑을 한다

□ 차 정비하는 법을 배운다

□ 각계 각층의 사람들을 불러 파티를 연다

□ 모르는 사람들 중에 몇 사람이나 내게 먼저 인사를 건네는지 세어 본다.

□ 빗속에서 춤을 춰 본다

□ 비를 기원하는 춤을 춘다

□ 다른 사람의 인생으로 하루를 살아 본다

□ 처음 보는 사람에게 접근하여 그들이 살아 온 인생 이야기를 들려 달라고 부탁한다

□ 마을의 비포장 도로를 걸어 본다

□ 도서관에 가서 옛날 잡지를 뒤져 10대 시절을 회상해 본다

□ 어렸을 때 가장 재미있었던 놀이를 추억해 보고, 그 중 하나를 골라 다시 해 본다

□ 목공예를 해 본다

□ 옛 친구에게 친필 편지를 써 본다

□ 아이들과 장시간 대화를 나눠보고 배울 점이 뭐가 있는지를 생각해 본다

□ 그린 톨토이스(Green Tortoies) 버스 여행에 대해 인터넷 조사를 해 본 다음 직접 여행에 참여해 본다

□ 야외 활동을 즐기고, 자연의 모습을 사진으로 남긴다

□ 옷을 사기 위해 쇼핑을 한다

□ 공공장소에 나가 사람들을 구경한다

□ 롤러 스케이트를 탄다

□ 카드 게임을 한다

□ 토크쇼에 전화해서 의견을 말한다

□ 촛불을 켜 놓고 저녁 식사를 해 본다
□ 대중 앞에서 말하는 기술을 연마한다
□ 와인 시음 클럽에 들어가서 와인에 대해 공부한다
□ 대학에 다시 들어가 학위를 딴다
□ 스카이다이빙 수업을 듣는다
□ 건강과 체력 단련에 관한 모든 것을 배운다
□ 과수원에 가서 과일을 딴다
□ 지방의 관광 명소를 방문한다
□ 새로운 취미 활동을 시작한다
□ 앞이나 뒤 어느 쪽으로 읽어도 같은 말이 되는 문장을 만들어 본다
□ 환경 오염에 맞서 싸운다
□ 벼룩시장을 구경한다
□ 선잠을 자 본다
□ 다른 집의 창고 앞 세일을 구경한다
□ 환경 단체들의 열대 우림기후지대 보호 운동을 돕는다
□ 인터넷으로 학교 동창들을 찾아본다
□ 초등학교 때부터 고등학교 때까지 공부를 가르쳐 주셨던 선생님들의 이름을 전부 기억해 본다

□ 은퇴했을 때 당장 하고 싶은 일들을 생각해 내서 콜라주로 만들어 본다
□ 낙서장이나 농담 파일을 만들어서 출판이 가능한지를 알아본다
□ 해적 방송국을 설립한다
□ CD를 녹음한다
□ 하이티에 수양아들이나 딸을 만들고 후원한다
□ 하이티에 사는 수양아들이나 딸을 만나러 간다
□ 명언이나 격언들을 찾아 개인 홈페이지에 올려 본다
□ 유럽이나 해외에 가보고 싶은 장소를 정하고 아르바이트로 여비를 마련한다
□ 나무 타기를 해 본다
□ 10달러를 들고 경마장에 가 본다
□ 대중교통 수단을 이용해 본다
□ 뉴스레터를 만들어 본다
□ 다른 나라에 사는 펜팔 친구에게 편지를 쓴다
□ 사막을 걸어 본다
□ 낱말 맞추기를 해 본다
□ 홈스테이를 운영해 본다
□ 수영장을 만들어 본다
□ 공상을 해 본다
□ 스포츠 경기에 참여해 본다
□ 옛날에 자주 들르던 곳을 다시 찾아가 본다
□ 급류 타기를 해 본다
□ 기구를 타 본다
□ 빅 시스터나 빅 브라더를 해 본다
□ 좋아하는 레스토랑에 가 본다
□ 새로 생긴 레스토랑에 가 본다

□ 테니스 기술을 연마한다
□ 개에게 새로운 기술을 가르쳐 준다
□ 새로운 기술을 배워 개에게 보여 준다
□ 라이브를 보러 간다
□ 오케스트라 연주를 듣는다
□ 휴양지에서 휴가를 보낸다
□ 연락해 보고 싶었지만 미뤘던 사람에게 꼭 연락을 해 본다
□ 나만의 요리 비법을 가지고 요리 대회에 나가 본다
□ 애완견하고 논다
□ 창의력 훈련을 한다
□ 정치를 해 본다
□ 동물원에 놀러 간다
□ 와인을 직접 만들어 본다
□ 텔레비전을 멀리한다
□ 단어 실력을 늘려 본다
□ 금융 관련 자료 독해법을 배운다
□ 사람을 파악하는 기술을 배운다
□ 인품 계발에 노력한다
□ 매일매일 일과를 정리하는 버릇을 들인다
□ 자선 사업을 새로 시작한다
□ 구름을 연구한다
□ 살아오면서 성공했다고 생각되는 것들을 모두 적어 본다
□ 친구에게 장난을 걸어 본다
□ 새로운 장난거리를 구상해 본다
□ 평상시보다 식사시간을 두 배로 늘린다
□ 새의 비상하는 모습을 관찰한다

□ 만화를 만들어 본다
□ 아무것도 안 하고 가만히 있어 본다
□ 박물관을 관람한다
□ 다른 클럽에 가입해 본다
□ 빙고 게임을 한다
□ 이 목록에서 반복 기입된 것이 있는지 조사한다
□ 연날리기를 한다.
□ 줄넘기를 한다
□ 논쟁을 벌여 본다
□ 다른 사람이 일하는 것을 관찰한다
□ 해변에 누워 본다
□ 차를 세차하고 광을 낸다
□ 취미로 농장을 해 본다
□ 범죄와의 전쟁을 돕는다
□ 태양 에너지에 대해 배워 본다
□ 여가 활동에 관한 책을 써 본다
□ 최면술을 배워 본다
□ 자기 손금을 본다
□ 낱말 맞추기 퍼즐을 해 본다
□ 수공예품 전시회에 구경간다
□ 마술을 배워 본다
□ 싫은 사람에게 맛없는 음식을 만들어 먹인다
□ 프랑스어나 스페인어를 배운다
□ 아픈 사람을 돌봐 준다
□ 철학자가 되어 본다
□ 정치가들을 괴롭힌다
□ 가장 큰 실수나 약점을 5가지 적어 보고, 그 중 하나를 골라 내년에는 고칠 수 있도록 노

력한다
- ☐ 앞으로 무엇을 하며 살고 싶은지 생각해 본다
- ☐ 동화를 써 본다
- ☐ 몇 분 동안 창 밖을 내다보며 계절의 아름다움을 만끽한다
- ☐ 정치적 입장을 달리하는 정당에 대항하는 모임을 조직한다
- ☐ 남은 인생 동안 하지 말아야 할 일을 적어 본다
- ☐ 쓰지 않거나 필요 없는 물건을 조사해서 내다 판다. 그렇게 마련한 돈으로 친구들과 함께 멋진 파티를 연다
- ☐ 공동묘지에 가서 가장 멋지게 쓰여진 비문을 찾아본다
- ☐ 마찬가지로 공동묘지에 가서 가장 웃긴 비문을 찾아본다
- ☐ 비문에 어떤 글을 적을 것인지를 생각해 본다
- ☐ 야간학교에 나가 평생 익힌 취미활동을 다른 사람들에게 가르쳐 준다
- ☐ 마을의 역사 중에서 관심이 있는 부분을 찾아 조사한다
- ☐ 다른 주나 다른 도시에 사는 친구와 한 달 동안 집을 바꿔서 살아 본다
- ☐ 재미있게 유언장을 꾸며 본다
- ☐ 새로운 서비스, 제품, 기구 등을 만든다
- ☐ 집에서 50마일 반경 이내에 있는 동네를 골라서 거기에서 오후를 보낸다
- ☐ 공원에 나가 30분 동안 가만히 앉아 자연의 소리를 듣는다
- ☐ 모험이 될 만한 일을 벌인다
- ☐ 젊었을 때 즐겼던 취미생활을 현재의 취미생활과 접합시켜 본다
- ☐ 여기 적힌 목록보다 더 많은 아이디어를 내서 저자의 코를 납작하게 누른다
- ☐ 손자들과 지내는 시간을 늘린다

캘리포니아의 유키아에 사는 카렌 맹안 씨는 여가생활 나무를 이용해서 효과를 봤다는 이야기를 편지에 적어 보내 주었다(초판에서도 '여가생활 나무'라고 했다). 그는 그 도표 덕분에 인생이 훨씬 더 다채로워졌다고 말했다.

어니 씨에게,

우선 이렇게 좋은 책 쓰신 것을 축하드립니다. 저는 『적게 일하고 많이 놀아라』를 이미 여러 번 읽었습니다. 그런데도 심심하거나 아이디어가 필요할 때 자주

들여다보지요. 저는 현재 42세입니다. 직장에서나 가정생활에서는 지금이 최고 전성기인 것 같기는 합니다. 제가 다니는 회사는 캘리포니아의 멘도치노 카운티에 있는데, 힌트를 좀 드리자면 캐나다에서도 저희 회사 포도주가 판매되고 있고, 그 중 하나가 '본테라' 입니다. 제가 마음만 먹으면 계속 승진도 할 수 있고, 최소 15년에서 20년 동안은 돈도 엄청나게 벌 수 있을 겁니다. 하지만 이제는 그러지 않기로 했습니다. 많은 사람들이 지금의 저의 위치를 부러워 하지만, 사실 저는 '일하지 않게' 될 그 날을 간절히 고대하고 있습니다.

현재 저는 3년 안에 대출 받은 주택 대출금을 다 갚고, 직장을 그만둔다는 계획을 세워놨습니다. 그 후에는 씀씀이는 줄이고, 여가 활동은 늘려 본다는 생각이죠. 요즘에는 미국인들만 그런 게 아니라 저나 제 친구들을 봐도 열심히 일하고 돈을 벌어 저축한 후에는 일을 그만두거나 줄이는 방법을 많이들 생각하고 있습니다. 여가생활 나무도 만들어 보았습니다. 달리기, 테니스, 독서, 하이킹, 사진, 섹스, 음악, 자원봉사 같은 것들이 제 주요 관심사입니다(물론 순서는 이대로가 아니죠). 작가께서도 지적한 거지만, 돈을 더 많이 벌자는 게 아니고 한번 사는 것처럼 살아 보자는 게 제 목표입니다!

하지만 이런 사실을 알고 있는 사람들이 거의 없다는 사실은 정말 충격입니다. 대부분의 사람들은 만족도 못하면서 남이 시키는 대로 65세가 될 때까지 죽어라 하고 일만 해야 하는 줄 알고 있으니까요. 행복한 삶에서 제일 중요한 것은 자기가 자기 삶의 주인이 되는 거라고 생각합니다. 성숙한 사람이라면 자기 인생은 자기가 설계할 수 있어야겠죠. 누구의 희생양이 되는 게 아니고요.

다시 한 번 이렇게 좋은 책을 써 주신 것에 대해 감사를 전합니다. 캘리포니아에 들르게 되면 저를 꼭 찾아 주세요.

그럼 이만 적겠습니다.

카렌

수동적인 태도로는
아무것도 이룰 수 없다

THE JOY OF NOT WORKING

진짜 사는 것 같이 살고 있다고 자신하는가?

어느 날 저녁의 일이었다. 한 남자가 동네 술집에 무려 다섯 시간을 죽치고 앉아 술을 마시면서 TV를 보고 있었다. 그는 단골 손님이었는데 얼마 후 또 바텐더에게 술을 한 잔 주문했다. "어이 바텐더, 여기 좀비 칵테일 하나!!" 그러자 바텐더가 싱긋이 웃으며 말했다. "그렇게는 못하겠네요. 괜히 그렇게 했다가 하나님한테 무슨 벌을 받으라고요(역주 – 좀비 칵테일은 여성들이 가장 선호하는 저알콜 후르츠 칵테일이다. 좀비는 죽었다가 다시 살아난 귀신의 하나로 의지가 없다)."

이 이야기 속의 남자는 TV에 중독되어 있는 남자를 상징한다. 그런데 많은 사람들이 이 남자와 다르지 않다. 여가 시간을 수동적으로 보내기는 마찬가지

> 행동을 한다고 언제나 행복이 보장되는 것은 아니다. 하지만 행동이 없는 곳에서는 행복도 없다.
>
> - 벤저민 디즈라엘리

라는 것이다. 이런 사람들은 살아있는 사람도 아니고 그렇다고 딱히 죽은 사람이라고 말할 수도 없다. 사실, 이런 사람들은 그 둘 사이 어딘가에 어중간하게 끼어 있는 사람들이다. 아무리

잘 봐 줘도 좀비 이상의 존재가 될 수는 없다. 자가용이 있다고 해서 운전을 잘한다고 할 수 없듯이, 여가 시간이 많다고 해서 모두 여가를 훌륭하게 활용하고 있다고 말할 수 없다. 40, 50년이란 시간을 무료하게만 보낸 사람은 주변의 상황이 바뀌어도 정작 자신은 변할 줄 모른다. 감나무 밑에 앉아서 감이 떨어지기만을 기다리는 격으로 여가생활이 저절로 재미있어지기만을 기다린다. 사실, 인생이 재미있어지려면 여가생활이 즐거워야 한다.

안타까운 현실이지만, 북미 사람들은 몸을 움직이기보다는 구경하고 쳐다보는 것을 더 좋아한다. 지난 몇 년 간 도시에 사는 사람들은 점점 더 수동적인 방법으로 쾌락을 추구해 왔다. 집에서 비디오를 보거나, TV로 중계해 주는 미식축구나 하키 경기를 보고, 라디오를 듣는다. 산업 혁명의 열기가 육체 노동으로까지 확대되었던 과거에는 수동적으로 여가를 즐길만한 이유가 있었다. 하지만 오늘날 대부분의 직장인들에게는 더 이상 이유가 되지 못한다. 이제는 옛날만큼 고되게 육체 노동을 해야 하는 사람들은 거의 없을 뿐 아니라 육체 노동을 하는 사람들도 기계와 도구가 노동을 대신해 주기 때문에 예전만큼 몸을 많이 사용할 필요가 없어졌기 때문이다.

대부분의 사람들이 수동적으로 여가를 보내는 이유는 게으르기 때문이다. 육체 노동을 하는 사람들이 많았던 1930년대 사람들도 지금 사람들보다는 더 적극적으로 여가를 보냈다. 예를 들어 그 당시 사람들은 지금 사람들보다 책을 읽고, 영화관에 가서 영화를 보고, 춤을 추는 횟수가 더 많았다. 오늘날에는 대부분의 북미인들이 TV를 보거나 별로 땀을 흘리지 않아도 되는 일을 하면서 여가를 보낸다. 이런 사람들은 몸을 움직이지 않고, 머리를 쓰지 않아도 되는 여가 활동을 매력적으로 느낀다.

사실 학계의 조사에 따르면, 대략 90% 정도의 북미인들이 적극적인 여가 활동보다는 수동적인 여가 활동을 더 좋아한다고 한다. 이 그룹에 속하는 사람들은 야외에서 몸을 움직이며 활동적으로 여가 활동을 하는 것보다 10배나 더 많은 시간을 집에서 텔레비전을 보는 등의 소극적인 활동으로 허비하고 있다. 더구나 우여곡절 끝에 집밖으로 나오는 데까지 성공했다고 해도 적극적으로 여가를 보내지는 않는다. 여가를 보내는 장소로 가장 많이 지적되고 있는 장소가 쇼핑몰이라는 사실을 알면, 그 사람들이 무엇을 하는지를 대충 짐작할 수 있을 것이다.

　그렇다면 수동적으로 여가를 보내는 게 왜 문제가 될까? 지겨움을 극복하기 위해서는 마음이 즐거워야 하는데, 수동적인 여가 활동으로는 이런 것을 기대할 수 없다. 수동적인 여가 활동에는 모험과 목표, 활기, 진기함 같은 것이 빠져 있다. 뻔한 활동이기 때문에 안전하고 편안하기는 하지만, 만족이나 즐거움을 얻는 것은 포기해야 한다.

　최근 심리학자들은 행복을 두 가지 유형으로 나누었다.

　하나는 기분에 충실한 행복이고, 다른 하나는 가치를 중시하는 행복이다. TV를 통해 하키 시합 중계를 보는 것은 기분에 충실한 행복이다. 그런데 이 유형의 행복은 수확 체감의 법칙에 지배를 받는다. 시간이 지날수록(대부분 몇 분 후부터 시작되며 1시간을 넘기는 경우는 거의 없다) 만족의 수치는 계속 내려가서 0까지 떨어지게 된다.

　반면 가치 중시의 행복은 의미 있는 활동을 통해서 나오게 되는데, 무미건조한 쾌락보다는 더 높은 차원의 목적을 실현한다. 궁극적으로 가치 중시의 행복은 만족을 통해서 현실화되는데, 만족 그 자체는 개인이 가진 가치관과 일치되는 목표를 달성했을 때 얻어진다. 가치 중시의 행복에 기여하는

> 그는 특별히 하는 게 없었다.
> 그게 그의 장기였다.
> - W. S. 길버트

활동은 대개 수확 체감의 법칙의 지배를 받지 않는다. 그 지배를 받는다고 해도, 만족지수 0에 이르는 시간은 쾌락 중심의 활동보다 훨씬 더 길다.

여가 활동은 육체적, 정신적, 창의적인 면에서 여가 주체자가 의욕과 기쁨을 느낄 수 있을 때만이 만족과 행복으로 연결될 수 있다. 만족과 행복을 주지 못하는 수동적인 여가 활동의 예를 몇 가지 들어보면 아래와 같다.

- 텔레비전 보기
- 술이나 마약에 취하기
- 정크 푸드에 탐닉하기
- 자동차로 드라이브하기
- 쇼핑하기
- 돈 쓰기
- 도박하기
- 스포츠 관람

항상 여가가 생기면 그림 그리는 일을 해 보고 싶었는데, 이제는 오른쪽 뇌를 써야 할지 아니면 왼쪽 뇌를 써야 할지도 생각이 안 나네.

수동적인 활동을 무조건 멀리할 필요는 없다. 어떤 경우에는 그런 것이 필요한 경우도 있다. 예를 들어, 특별한 목적 없이 빈둥거리는 것도 정신건강과 몸에 이로울 때가 있다. 그렇다고 해도, 수동적인 활동이 너무 지나쳐서는 안 된다. 이런 활동은 적극적인 활동을 보충해 주는 정도로만 유지해 주는 것이 좋다.

결국, 행복하게 오래 살려면 능동적인 여가 활동을 해야 한다. 이 부분을 이해하려면 다시 6장으로 돌아가서 '인생의 법칙' 부분을 재확인하는 것도 좋겠다. 여가 시간을 수동적인 활동으로만 채우려고 하는 사람은 인생을 편하고 쉽게 살려는 사람들이다. 그렇게 되면 종국의 인생은 어렵고 힘들어진다. 그리고 인생이 지겨워지지 않으리란 보장도 없다. 반대로 적극적인 여가 활동을 선택한 사람은 그 때는 힘들고 어렵게 사는 것 같아도 노년은 훨씬 더 편하고 여유있는 것이 된다.

볼링이나 글 쓰기와 같이 직접 사람이 참여해야 하는 일이 텔레비전을 보는 것과 같은 수동적인 여가 활동보다 백 배 더 재미있고 유익하다. 또한 적극적인 여가 활동에 참여하는 사람들이 그렇지 않은 사람들보다 훨씬 더 육체적, 심리적으로 건강하다는 학계의 연구도 있다. 심지어는 공상, 명상, 묵상, 몽상도 본질적으로 TV보는 것보다 더 적극적인 활동으로서 정신건강이나 육체적 건강에도 더 좋다.

적극적인 여가 활동의 예를 몇 가지 들면 아래와 같다.

- 글 쓰기
- 독서
- 운동
- 공원 산책
- 그림 그리기
- 악기 연주하기
- 춤추기
- 교양 강좌 듣기

일반적으로 사람들은 책임을 벗어 던지면 인생이 즐거워질 것이라 생각하는데 그렇지 않다. 사실 인생이 수동적인 여가 활동과 쾌락으로만 채워진다면, 곧 싫증이 나서 견딜 수 없을 것이다. 여기까지 책을 읽은 사람이라면 분명 평균적인 북미인들처럼 인생을 끝내고 싶은 사람들은 아닐 것이다. 북미인들은 만족과 행복을 주는 건설적인 여가생활은 멀리하고 대신 오락거리와 레크리에이션, 싸구려 스릴을 찾는 데 혈안이 되어 있다.

쾌락 하나만으로는 지속적인 행복을 성취할 수 없다. 사실, 인생에 쾌락만 있고 다른 것은 아무것도 없다면 행복이란 것도 없을 것이다. 윌리엄 셰익스피어는 『헨리 Ⅳ』1부에서 이렇게 말했다. '일년 내내 노는 날이라면, 스포츠도 진절머리 나는 노동과 다르지 않을 것이다.' 조쉬 빌링스도 이런 경고를 했다. "쾌락과 행복을 착각하지 마라. 이 둘은 종자가 다른 개만큼이나 전혀 다른 것이다." 다시 말해, 쾌락과 안락함은 건강을 해칠 수 있다.

수동적인 여가생활은 행복한 인생에 전혀 도움이 되지 않는다. 사람은 크게 참여형과 방관형으로 나눌 수 있다. 참여형은 일을 만드는 데 주력하는 형이고, 방관형은 일어난 일을 관망하는 것으로 소일하는 사람이다. 우리네 인생은 생각하는 것보다 훨씬 더 빨리 끝나 버린다. 그런데 아까운 시간을 남의 일을 방관하는 것으로 허비해 버린다면 그것보다 더 후회막급한 일도 없을 것이다.

일단 태도와 동기가 삶의 질을 결정한다는 사실을 받아들인 사람이라면, 행복한 삶에 필요한 요건들을 창조해 내는 일에도 적극적일 수 있을 것이다. 행동 지향적이고 창조적인 정력가에게 수동적인 여가생활이라는 것은 생각조차 할 수 없다. 윌리엄 셰익스피어는 "설득력을 주는 것은 배우의 행동"이라고 했다. 적극적인 여가 활동이 소극적인 활동보다 우울증, 불안, 스트레스를 극복하는

데 더 효율적이라는 사실은 누구도 부인할 수 없다.

건강하고 행복한 은퇴생활을 하는 사람들을 관찰해 보면, 의욕과 열정을 불태울 수 있는 일을 찾아 열심히 매진한다는 공통점이 있다. 프랭크 카이저는 은퇴 후 부인과 함께 기구 타기, 패러글라이딩, 스카이다이빙 같은 여러 가지 여가 활동에 적극적으로 참여했다. 친구들은 그 이유가 궁금했지만, 카이저의 대답은 의외로 간단했다. "대부분의 늙은이들은 가만히 앉아서 죽기만을 바라고 있지. 그런데 나는 그렇게 되고 싶지는 않았어. 별 이유야 있나."

즐겁고 신나는 여가생활을 설계하고 싶다면 먼저 자신에게 가장 의욕적인 일이 무엇인지를 파악해야 한다. 어떤 일에 흥미가 있고 어떤 일이 의욕적으로 다가오는가? 여가 활동에도 성취는 중요한 의미를 가진다. 하지만 성취의 목표와 그 방법은 개인마다 차이가 있다. 예를 들어 60세의 노령자가 달리기를 한다고

> 시간은 우리가 절실하게 필요로 하는 것이다. 하지만 가장 아무렇게나 사용하고 있는 것이기도 하다.
> - 윌리엄 펜

하면 8km만 달린다고 해도 대단한 일이다. 그 연령대의 사람들은 대개 6km 달리기도 힘들어한다. 그리고 일단 어떤 목표이든지 목표를 달성하고 나면 자기 자신이 한없이 자랑스러워진다.

처음 선택한 여가 활동이 지겨워지면, 다시 다른 여가 활동을 생각해 보는 것이 좋다. '여가생활 나무'가 의미 있는 것도 이 까닭이다. 다양성은 단조로움이나 권태 극복에 상당한 도움이 된다(정신적·육체적으로). 무엇보다도 텔레비전을 볼 필요가 없고, 다시는 다른 사람들과 텔레비전을 보면서 재미있는 척 하지 않아도 된다.

다소 성가시더라도 열정을 가지고 참여할 수 있는 여가 활동이 어떤 것이 있는지 알아보아라. 대학 때 좋아했던 수업, 도시, 나라, 휴양지, 스포츠, 게임, 운동, 노래, 예술가, 작가, 예술 활동 등의 목록을 적어 보고 거기서 쓸만한 것을

골라 보아라. 이런 활동들은 인격 성장, 자기 존중감의 회복, 스트레스의 감소, 건강 증진, 모험, 행복과 만족, 삶의 질 향상 등에 많은 기여를 할 것이다.

텔레비전 때문에 죽을 수도 있다

텔레비전에 관해서는 이미 안 좋은 이야기가 많이 나와 있지만, 북미인들 대부분은 아직도 텔레비전의 마수에서 벗어나지 못하고 있다. 설문조사에 따르면, 북미인들은 여가 시간의 40% 이상을 텔레비전을 보는 데 소비한다. 운동이나 친구 만나기, 일몰 구경 같은 것은 할 시간이 없다고 하면서 사는 게 지겹다고 하는 사람들을 잘 보라. 틀림없이 이런 부류의 인간들일 것이다.

다른 일도 그렇지만 TV를 보는 것도 중용을 지키면 아무런 해가 없다. 최근 조사된 연구 결과에 따르면, 은퇴한 북미인들의 일주일 평균 TV 시청 시간은 무려 26시간이나 된다고 한다. 물론 여름이나 봄에는 4시간도 TV 앞에 앉아 있

여보, 그렇게 시트콤 재방송만 본다고 문제가 다 해결되는 거 아니잖아. 거기 나오는 애들처럼 백날 해 봐야 소용없다구.

는 것이 힘든 은퇴자들도 있다. 그리고 일부는 아예 TV가 집에 없는 사람들도 있다. 이런 사람들까지 고려한다면, 하루에 8시간 이상 TV를 보는 은퇴자들도 많다는 결론이 나온다.

그런데 아이러니한 일이 한 가지 있었다. 22개의 여가 활동 목록을 만들어 놓고 미국인들에게 어떤 활동에서 가장 큰 만족을 얻는지를 물어 본 적이 있었다. 그 때 텔레비전 시청은 17위를 차지했고, 독서는 9위를 차지했다. 18세에서 65세 사이의 성인 북미인들이 일주일에 여가 시간으로 활용할 수 있는 시간은 대략 40시간인데, 대부분의 사람들이 이 가운데 16시간 정도를 TV 보기에 소일하고

> 미식 축구 중계를 연달아 3게임 이상을 본다고 하면, 그 사람은 법적으로 죽은 사람이나 다름없다.
> - 에르마 봄벡

있었다. 재미와 만족 두 가지 다 별로 기대할 것 없는 일에 그렇게 많은 시간을 허비한다는 것은 정말 믿기 어려운 일이다. 반면, 독서와 대화의 시간은 매우 적어서 독서에는 대부분 2시간을, 친구나 가족과 대화하는 시간은 대략 4시간 정도인 것으로 조사되었다.

어쩌면 이 책을 읽는 독자들 중에도 여가 시간의 대부분을 TV 앞에서 보내면서, 다른 한편으로는 왜 이렇게 인생이 더럽고, 진부하며, 지겨울까 고민하고 있는 사람이 있을지 모르겠다. 하지만 걱정할 것은 없다. 지겨움을 극복할 수 있는 치료법이 있으니까(하지만 꼭 병을 고칠 수 있다는 보장은 할 수 없다). 그래도 문제를 알고, 뭔가 해결할 수 있는 방법이 있다는 사실은 반가운 이야기이다.

'TV 없는 미국'은 워싱턴에 본부를 두고 있는 전국적 규모의 단체로서 지나친 텔레비전 시청의 폐해를 알리는 데 주력하고 있다. 이 단체는 텔레비전을 보지 말고 사색이나 스포츠 게임, 공동체 활동, 자원봉사 같은 생산적인 활동을 해야 인생이 풍요로워진다고 주장한다.

자기 스스로 모든 것을 결정하는 버릇이 있는 사람이라면, 현실을 직시하는 게 더 쉬울 것이다. 텔레비전 앞에 오래 앉아 있는 것도 선택의 한 방법이기는 하지만, 여가 시간을 보낼 수 있는 최선의 방법은 결코 아니다. 직장인이 여가 시간의 대부분을 TV 앞에서 보내고 있다면, 현재 뿐 아니라 미래의 은퇴생활에도 결코 좋은 영향을 미치지 못할 것이다.

> 나도 텔레비전이 교육적이라는 사실을 안다. 허나 텔레비전을 켜는 사람이 있으면 나는 다른 방으로 가서 책을 읽는다.
> - 그루초 막스

일 중독도 그렇지만 과도한 TV 시청도 사실상 백해무익한 중독이다. 마리 윈이라는 작가는 텔레비전 시청의 폐해를 지칭하면서 TV를 '플러그 인 마약'이라고 했다. 텔레비전 시청은 누가 봐도 수동적인 활동이지 적극적인 여가 활동이 아니다. 텔레비전 시청으로 활력이 생기는 경우는 거의 없다. 텔레비전 시청이 본질적으로 수동적이라는 것이 문제로 지적되고 있지만, 또 다른 문제도 있다. 프로그램과 광고에 나타난 현실이 실제와 다르다는 사실이다. 프로그램과 광고는 실현될 수 없는 환상과 왜곡된 세계를 진짜처럼 그려낸다.

TV 때문에 사람을 만날 수 없다는 점 또한 텔레비전 시청의 해악이다. 데이비드 캠벨과 하버드 대학의 합동 연구팀은 2000년 초, 텔레비전 시청이 사회적 삶과 공공적인 삶 모두를 파괴한다는 충격적인 보고서를 내 놓았다. TV 시청을 가장 중요한 오락거리로 생각하는 사람들은 그렇지 않은 사람들보다 파티에 가거나, 친구를 만나는 일, 집에 손님을 초대하는 일, 소풍을 가고, 헌혈을 하고, 연하장을 보내는 일에 적극적일 수 없다. 물론 이런 자질구레한 일들은 삶의 만족과 행복에 중요한 역할을 한다.

또한 이 보고서는 TV 앞에 오래 앉아 있는 사람들은 성격적으로도 문제가 있다는 충격적인 결과를 내 놓았다. 이런 유형의 사람들은 차를 몰고 거리에 나섰을 때도 일반 사람들보다 더 상스런 말을 많이 사용하는 경향이 있다고 한다. 하지만 이렇게 과격한 행동이 지나친 TV 시청에서 비롯된 것인지 아니면 이런 특징이 있는 사람이 TV 시청을 많이 하는 것인지에 대해서는 밝혀진 바가 없다.

> 누군가에게 생선을 한 마리 주면 하루를 걱정 안 해도 되고, 고기 잡는 법을 가르쳐 주면, 일주일을 마음을 놓아도 된다.
> - 제나 샤퍼프

TV 시청이 지나치다 보면 사람이 죽을 수도 있다. 1990년대 초 UPI 뉴스에서는 플로리다에 사는 한 가정의 아버지가 가족에게 살해되었다는 엽기적인 사건이 보도되었다. 가족들은 이 작전이 성공하기 전까지 여러 번 시도했다고 고백했다. 이 아버지는 시간이 나면 무조건 소파에 누워서 텔레비전을 봤고, 가족들은 그 모습이 너무 꼴 보기 싫어 결국 죽이기로 공모했다는 것이었다. 그 남자의 딸이 울먹이며 말했다. "아버지는 언제나 직장에서 돌아오면 소파에 누워 텔레비전을 봤어요. 맨날 맨날 텔레비전만 봤어요. 다른 일은 아무것도 안 했어요."

TV 시청이 지나친 사람이 있다면 무조건 TV 보는 시간을 줄여야 한다. 그래야 행복하고 보람된 인생을 살아갈 수 있다. 얼마만큼 TV를 보는 것이 적당한지에 대해서는 정해진 것이 없다. 어디까지나 그것은 개인의 여가고 개인의 인생이다. 하지만 지금 생활이 만족스럽지 못하고, 아무래도 텔레비전 시청 시간이 지나치게 많은 것 같다면 다시 한 번 생각해 볼 필요가 있다.

소파에서 내려와서 새로운 여가 거리를 찾아본다면 권태 극복에 큰 효과를 볼 수 있을 것이다. 사실, 창의적이고 건설적인 여가 활동은 TV를 보는 것보다 백배, 천배 더 나은 일이다. 심지어는 그리 힘들지 않은 기술을 가르치는 기관에서 추천하는 것들(예를 들어, 깃털 균형잡기, 종이 비행기 만들기, 냅킨 묘기, 연필 돌리기, 기하학적인 모양으로 맥주병 깨기, 차력)이 텔레비전 프로그램을 보는 것보다 훨씬 더 재미있고 유익하다.

살 빼는 데 너무 오래 무게 잡지 마라

누구에게나 조금씩은 그런 성향이 있기는 한데, 조금 더 심한 사람들이 있다. 이런 사람들은 옆에 뭐가 있으면 꼭 입으로 넣어 봐야 직성이 풀린다. 과자, 비스킷, 땅콩과 같은 먹을 것만 입에 넣는 것이 아니다. 풀, 나무, 종이, 무엇이든 가리지 않고 손을 뻗어 야금야금 집어먹는다. 음식에 대한 탐욕도 수동적인 여가 활동의 하나이다. 대부분 과식은 지나친 텔레비전 시청과 관련이 있다. 둘 다 수동적인 활동이고, 사람을 수명보다 일찍 죽게 만드는 몹쓸 질병이다.

북미인들의 생활은 대부분이 지나치게 풍요롭다. 과체중 인구가 늘어나는 것도 이 때문이다. 캐나다 통계청에 따르면, 캐나다인들의 48%가 과체중인데, 그 중 13%는 비만이라고 한다. 미국인들도 캐나다인들에 못지 않아서 61%가 과체중이며 그 중 20%가 비만이다. 하지만 과학자들은 이보다 더 심각한 문제는 사람들이 자신들의 체중을 줄여 말하는 것이라고 한다. 따라서 실제 숫자는 이것보다 더 많을 수 있다는 게 과학자들의 공통된 의견이다.

비만 문제는 북미에만 국한되어 있지 않다. 예전에는 날씬한 국가라고 생각되었던 프랑스도 예외는 아니어서 이제 비만이 전염병으로 취급되는 지경에 이르렀다. 프랑스 정부의 보고서에 따르면, 비만율이 아직은 미국이나 영국의 그것에는 미치지 않고 있지만, 지난 3년 간 프랑스 비만 인구는 무려 17%나 상승하여 그 숫자가 420만 명에 이르렀다고 한다. 사실 세계보건기구(WHO)는 비만을 전 세계적인 질병으로 선포하였다. 그런데 아이러니 하게도 전 세계에 11억 인구가 비만인데, 이와 똑같은 숫자의 사람들이 영양실조로 죽어가고 있다고 한다.

비만이 그 어느 때보다 흔해진 것은 사실이지만, 그렇다고 해서 나까지 그래도 된다는 것은 아니다. 어떡해서든 비만을 막는 것이 최선의 방책

이다. 과체중이 되면 인생의 즐거움이 줄어든다. 뚱보가 되는 가장 확실한 방법은 살찌는 것을 정당화할 수 있는 이유를 만들어 내는 것이다. 다음 내용을 참고하라.

얼마 전 의학박사란 사람이 TV에 나와서 30세 이후에는 1년에 1.3kg 씩 몸무게가 느는 게 정상이라는 말을 한 적이 있었다. 확실히 이 의사는 별로 머리를 쓰지 않고 이 결론을 냈을 게 틀림없다. 정말 말도 안 되는 말일뿐만 아니라 위험하기 짝이 없는 주장이다. 만일 30세 이후에 1년에 1.3kg씩 찐다고 한다면 내 몸무게는 65세가 되면 121.6kg이 될 것이다. 또 이 의사의 말대로라면 80대에 몸무게가 77kg인 사람은 40세 때에는 겨우 27kg밖에 안 나갔다는 말이 된다.

이렇게 오래 살 줄 알았다면, 좀 더 관리를 잘 했을 텐데요.

살찌는 것에 대해서는 얼마든지 다른 변명을 댈 수 있다. 그리고 변명이 생기면 뱃살과의 전쟁은 쉽게 포기된다. 나이가 들면서 0.5kg나 0.9kg 정도 찌는 정도는 어쩔 수 없는 일일 수 있다. 하지만 대부분의 사람들은 운동과 식사 조절로 얼마든지 체중을 관리할 수 있다. 나는 나에게 가장 적당한 몸무게가 74kg이라고 생각했고, 그 후 30년 동안을 꾸준히 이 몸무게를 유

지해 왔다. 누구든지 건강한 몸무게를 정하고, 그것을 위해 꾸준히 노력하면 계속 그 몸무게를 유지할 수 있다.

지금은 많은 전문가들이 나이와 허리둘레가 비례 관계에 있어서는 안 된다는 점에 모두 의견을 같이하고 있다. 최근 미국 정부가 정한 가이드라인에는 나이가 들어 살이 찌는 것은 불가피한 일이 아니라고 명시되어 있다. 미 농무성과 미 보건복지부가 공동으로 발표한 가이드라인에는 더 이상 성인 표준 체중을 나이 별로 구분해 놓은 섹션을 찾아 볼 수 없다. 가이드라인에는 키 성장이 완료되는 그 시기 이후로는(대개는 21세에 키가 다 자란다) 몸무게가 4.53kg 이상 늘어서는 안 된다고 명시되어 있다.

물론 미 정부의 이런 가이드라인에 대해서 이의를 제기하는 전문가들도 있다. 특히 게으름과 폭식으로 정상 체중을 유지하지 못하는 전문가들이 더욱 그런 목소리를 많이 낸다. 하지만 운동만으로는 비만을 막을 수 없다. 운동 부족도 하나의 원인이지만, 다른 두 가지 주요 원인은 과식과 좋지 않은 음식의 섭취이다. 1600년대 초의 시인 조지 허버트는 "폭식은 칼보다 더 많은 사람을 죽일 수 있다."고 말했는데, 이 사실은 아직까지도 크게 변하지 않았다.

현재 과체중인 사람은 일본의 오키나와 섬에 사는 노인들의 생활 습관을 배워도 좋다. 연구자들에 의하면, 이 지역에 사는 노인들이 지구에 살고 있는 사람들 중에 가장 건강하고 날씬하다고 한다. 이 지역의 노인들은 '하라 하치 부'라고 부르는 습관을 생활화하고 있다. 이 말은 "배가 80% 찼을 때 그만 먹어라."라는 뜻이다. 하라 하치 부를 따르게 되면 평균적인 미국인들이 섭취하는 칼로리보다 10% 내지는 40% 정도를 더 적게 먹게 된다.

이런 생활 습관을 실천한 후에도 계속 몸무게가 빠지지 않는 사람은 그 문제를 다른 사람에게 나눠 줘 버려라. 일주일에 이틀은 금식을 하고 그 돈을 제 3세계의 기아들을 돕는 자선 단체에 기부하라.

그러면 살도 빠지고 어려운 사람들을 도울 수도 있는 일석이조의 효과가 있다. 물론 기부 활동을 통해서 얻은 자긍심은 정신건강에도 좋은 영향을 미칠 것이다.

운동은 안하고 핑계만 댄다?

주변을 보면 일흔 살이 훨씬 넘었는데도 젊은이 못지 않은 건강을 유지하고 계신 분들이 있다. 이런 노인들의 생활을 보면 중년들보다도 훨씬 더 생기가 있고 즐거워 보인다. 이런 분들은 테니스, 야구, 달리기, 조깅, 하이킹, 댄싱과 같은 스포츠를 즐긴다. 그리고 토론이나 대화를 할 때도 30~40대 못지 않은 열정을 보이신다.

반면 40대나 50대 밖에 안 되었는데도, 피곤해 보이고, 열정도 없고, 무한정 게으를 것 같은 사람도 있다. 이런 사람들은 아침에 일어나면, 물을 한 잔 마시고 TV를 켜는 것이 주요 일과다. 이런 사람들이 중년이 되면 육체적인 건강에만 적신호가 들어오는 것이 아니라, 정신적인 면에서도 큰 타격을 입게 된다. 이런 사람들은 불평 불만이 많고, 새로운 것을 배우는 것을 좋아하지 않는다. 또한 언제나 고민이 많기 때문에 심적으로도 큰 부담을 안고 살게 된다.

> 나는 오랜 시간 산책하는 것을 좋아하는데, 특히 나를 괴롭히는 사람과 같이 하는 산책이 좋다.
>
> - 프레드 알렌

질문을 한 가지 해 보자. 당신은 지금 육체적, 정신적으로 어느 정도의 건강을 유지하며 살고 싶은가? 아마 누구라도 최상의 상태를 유지하고 싶다고 말할 것이다. 그렇다면 이제 진짜로 중요한 질문을 한 가지 더 해 보자. 그렇다면 그것을 위해 오늘 나는 어떤 노력을 했는가? 30대 후반의 직장인이든 아니면 60대나 70대의 은퇴자들이든 이 질문은 누구에게나 유효하다.

은퇴자들 중에는 정신건강은 대단히 좋으나 육체적 건강이 부실한 사람들이 꽤 있다. 물론 이런 사람들도 얼마든지 행복을 누릴 수 있기는 하지만 쉽지는 않다. 육체적, 정신적으로 건강한 것이 자유롭고 행복한 은퇴생활을 할 수 있는 가장 쉬운 방법이다. 은퇴 전후로 정신적, 육체적 건강을 어느 정도 유지했느냐에 따라 은퇴생활의 만족도가 결정된다.

물론 은퇴 전부터 정신적·육체적 건강을 지킬 수 있는 라이프스타일을 유지하는 것이 중요하다. 이런 라이프스타일을 유지해야 은퇴 전에 미리 사망하는 일도 막을 수 있고, 즐거운 은퇴생활을 위한 능력도 배양할 수 있다. 건강 상태가 평균 이하인 사람은 은퇴 자금 마련을 위해 쏟아 부었던 노력이나 시간보다 더 많은 정력과 시간을 건강 회복에 쏟아 부어야 한다. 돈은 많은데 건강하지 않은 은퇴생활은 아무 소용이 없다. 건강이 없으면 부자도 될 수 없다.

사람들 중에는 운동도 안 하고, 건강한 음식을 먹는 것도 아니고 금연한 것도 아닌데 꽤 오랜 세월을 건강하게 버티는 사람들이 있다. 이런 사람들은 자신의 건강을 자신하면서, 운동이나 영양제 섭취 같은 것은 건강에 목숨 건 바보들이 시간과 돈이 남아 돌아서 하는 짓이라고 비난한다. 그런데 이런 사람도 언젠가는 건강이 예전 같지 않음을 느끼게

> 운동할 시간이 없다고 하는 사람들은 병이 찾아 올 것을 예상하고 있어야 한다.
> · 무명씨

될 날이 온다. 그리고 건강이 나빠지고 나서야 비로소 그 전에 건강관리를 했어야 했다고 후회하게 되는 것이다.

자기 자신에게 가장 절친한 친구를 세 명 꼽으라고 했더니 텔레비전과 소파, 냉장고 세 가지를 꼽은 사람이 있다. 이런 사람은 지금 당장 운동 프로그램을 만들어서 열심히 운동을 해야 한다. 운동을 하면 몸이 건강해질 뿐만 아니라 기분이 좋아지기 때문에 다른 일에도 훨씬 더 적극적으로 임할 수 있다.

건강이 좋은 사람들과 그렇지
않은 사람들을 비교해 보면, 건강
한 사람들의 여가생활이 더 적극
적이고 의욕적일 가능성이 더 높
다. 정기적인 운동과 알맞은 몸무
게는 행복과 건강에 지대한 영향
을 미친다. 정기적으로 몸을 움직
여 주면 육체적 능력과 기능들을
더 오랜 동안 최적의 상태로 유지
할 수 있는 힘이 길러지게 된다.

정기적으로 몸을 움직여 주는
운동이 좋다고 하는 이야기는 누

구나 한 번쯤은 다 들어봤을 것이다. 그렇지만, 좋은 이야기는 또 잘 잊어버리
는 게 사람의 속성이기 때문에 여기서 한 번 더 반복한다고 해서 나쁠 것은 없
겠다. 여러 가지 연구 자료에 따르면 운동을 하게 되면 몸무게가 줄고, 불안이
감소되며, 우울증이 없어지고, 식탐을 억제할 수 있으며, 깊은 숙면을 취할 수
있다고 한다. 또한 대장암, 유방암, 심장병, 발작, 고혈압, 전립선 이상, 당뇨병
등의 병이 발생할 위험도 줄일 수 있다고 한다.

장기적인 안목에서 보자면, 운동은 강인한 체력, 장수, 육체적 매력, 행복 등
에 기여를 한다. 로이 쉐퍼드 박사는 「운동과 노화」란 논문에서 정기적으로 적
당한 운동을 하는 은퇴자들은 그렇지 않은 은퇴자보다 노인 보호시설에 의존하
지 않고 지낼 수 있는 기간이 10년에서 20년 정도는 더 늘어난다고 설명했다.

사실 운동을 할 수 없는 구실을 찾기란 너무 쉽다. 하지만 운동의 필요성을
알고 있으면서도 운동을 하지 않게 되면 자기 존중감을 가질 수 없다. 자신이

변덕스럽고 약속도 못 지키는 형편없는 인간으로 생각될 것이기 때문이다. 이런 생각은 사람을 지치게 만들고 결과적으로 건강에 부정적인 영향을 미친다.

운동을 못하는 변명도 얼마든지 만들어 낼 수 있다. 하지만 변명은 변명일 뿐이다. 마크 트웨인은 "1001가지 변명이 있어도 충분한 이유가 있는 것은 하나도 없다."라고 일침을 놓았다. 성인이라면 핑계를 만들어서 그 순간을 모면해 보자고 덤벼드는 것만큼 어리석은 일도 없다는 사실을 잘 알고 있을 것이다.

다소 괴벽스러운 구석이 있기는 했지만 피트니스계의 거물이었던 리처드 사이몬은 〈USA 투데이(USA Today)〉와의 인터뷰에서 이렇게 말했다. "항상 사람들한테 '제발 운동을 좀 하세요, 지금 안 하시면 안 됩니다' 라는 말을 하고 다닙니다. 사람들은 영화를 볼 시간도 있고, 쇼핑을 갈 시간도 얼마든지 있으며, 외식하러 나갈 시간도 있습니다. 그런데 운동할 시간은 없다는 거 아닙니까. 운동기구는 사 놓기만 하면 뭘 합니까? 금방 창고 안으로 들어가 버리는데 말입니다."

운동에서 제일 중요한 것은 일단 나가서 시작하는 것이다. 별로 움직이고 싶

지 않은 마음이 들 때가 실은 가장 운동이 필요할 때다. 동기도 중요하다. 운동을 회피하려는 마음을 의식적으로 극복할 수 있어야 한다.

무슨 운동이든 처음 10분이 힘들다. 어떤 때는 나도 억지로 운동을 해야 할 때가 있다. 그러나 일단 나가서 뛰거나 자전거를 타면 기분이 좋아진다. 그리고 운동을 다 끝내고 나면 나가기를 잘했다는 생각이 든다. 오히려, 왜 내가 운동을 하지 않으려고 했는지 그 자체가 의심스러울 정도다.

이미 다 알고 있는 이야기이지만, 탄력 있고 건강한 몸을 만드는 가장 확실한 방법은 지속적으로 격렬하게 운동을 해 주는 것이다. 19세기 프랑스의 언론인이었던 피에르-조셉 프라우드혼은 "인생, 건강, 생기의 공통 조건은 움직임이다. 움직임을 통해 유기체는 그 기능이 발달되고 에너지가 증가되며, 원래 주어진 수명을 다 할 때까지 살 수 있는 것이다."라고 규정했다.

사실 시간 당 3.2km의 속력으로 자전거를 탄다거나, 윈도우 쇼핑을 하면서 15분간 걷는 것만으로는 탄력적인 몸을 만들 수 없다. 하버드 대학의 교수들은 적정 체중을 유지하기 위해서는 꽤 오랜 시간 격렬한 운동을 지속해야 한다고 주장한다. 그들은 격렬한 운동이 장수와 관련이 있다고 말하면서 골프 한 라운드 뛰는 것은 격렬한 운동이 될 수 없다고 꼬집었다. 마찬가지로 정원 손질을 30분 간 지속하는 것도 아무것도 안 하는 것보다는 낫겠지만, 그것만으로는 탄탄한 몸을 만들 수 없다. 최소한도로만 운동 효과를 보고 말겠다는 사람은 그렇게 해도 좋다.

2002년 5월 영국의 권위 있는 저널인 〈역학·공중보건 저널〉에는 활달하게 걷는 운동이 마루바닥을 닦거나, 먼지를 훔치거나, 창문을 닦는 등의 가사 일보다 살을 빼고 건강한 몸매를 유지하는 데에 훨씬 더 효과적이라는 논문이 실렸다. 특히 60세에서 79세 사이의 나이든 여성들에게는 걷는 운동이 더 없이 효과가 좋다는 주장도 나왔다. 사우스웨스턴 잉글랜드 브리스톨 대학의 역학 전문

의이자 노화 전문가인 샤 에브라힘 박사는 "나이
든 여성들일수록 더 많이 몸을 움직여 줘야 한
다. 집안 일로는 기대만큼의 성과를 올릴 수 없
다."고 충고했다.

건강한 몸을 유지하고 이를 장수로까지 연결하
려면, 한 번에 45분씩 시간 당 6.4km 내지 8km
의 속력으로 걸어야 한다. 또 한 번 걷고 끝내는 것이 아니라 일주일에 여러 번
걷기 운동을 해야 한다. 건강한 몸을 유지할 수 있는 유일한 방법은 심혈관 시
스템을 활발하게 작동시키는 것이다. 30분 간 집중적으로 걷기, 뛰기, 수영, 춤,
하이킹, 자전거 타기 등의 운동을 하는 것은 최소한도의 운동량이다. 최소한 20
분은 쉬지 않고 땀을 흘리며 운동을 해야 그 효과를 볼 수 있다.

베이비붐 세대들은 운동을 해도 힘 안들이고 할 수 있는 방법을 찾는다. 최
근 신문에 베이비붐 세대들이 '편안한 운동'을 좋아한다는 기사가 난 적이 있
었다. 다소 어폐가 있는 말인지 모르겠지만, 사실 움직이지 않고 가만히 있는
것이 다름 아닌 '편안한 운동'이다. 하지만 편안하게 운동을 해서는 누구도 탄
력적인 몸을 만들 수 없다. TV 시청도 본질적으로는 편안한 운동에 속한다. 그
런데 TV는 건강을 증진시켜 주기는커녕 오히려 해를 입힌다.

일주일은 총 168시간이다. 경험상 유추해 보면, 일주일 동안 필요한 최소 운
동량은 5시간이다. 미국 스포츠의학회는 최적의 상태의 몸을 만들기 위해서는
일주일에 3번 이상 에어로빅 체조를 20분에서 60분간 지속해야 한다고 밝히고
있다(달리기, 걷기, 수영, 춤도 된다). 또한 일주일에 두 번 웨이트트레이닝을 해
줄 것을 권하고 있다. 무거운 것을 들어올리는 운동은 균형 감각과 자세 교정에
도움을 주며, 근육과 뼈를 강하게 만든다.

탄력 있고 날씬한 몸은 다른 사람의 부러움을 산다. 더 중요한 것은 자신감

이 생겨난다는 점이다. 과체중에다가 몸이 허약한 사람들은 살을 빼서 건강한 몸을 만드는 일이 하루아침에 되는 일이 아니란 사실을 알아야 한다. 지속적으로 시간과 노력을 투자해야 한다. 그러나 투자에 대한 보상은 그만한 가치가 있다. 같은 또래의 사람들이 제 나이를 먹어 보이거나 그보다 더 들어 보일 때도 나만은 통통 튀는 젊음을 유지할 수 있다.

안 하는 게 하는 것보다 더 힘들다

많은 사람들이 작가가 되는 것이 꿈인데, 독자들 중에도 그런 사람이 있을 수 있다. 가슴 속 깊은 곳에는 언제나 스타벅스의 랩탑 컴퓨터와 카푸치노에 대한 미련이 남아 있었을 것이다. 그냥 본능적으로 작가가 되었어야 했다고 생각한 적이 있으면, 이제라도 한번 신중하게 고려해 보아라. 사실, 마음속 깊이 작가가 되고 싶은 생각을 품고 살았다면, 글을 쓰지 않는 것이 오히려 글을 쓰는 것보다 더 힘들 것이다.

뉴욕 타임스에 난 베스트셀러들을 보면서 "나라면 더 잘 할 수 있을 텐데"라고 허세를 부렸던 적이 있는가? 분명 그랬던 경험이 있을 것이다. 맞는 말이다. 왜 나라고 못하겠는가? 다른 창작 활동도 마찬가지이다. 우리는 그들에 버금갈 만한 능력이 있다. 특히 항상 도전해 보고 싶은 분야가 있었

> 어떤 일에도 특별한 재능이 없는 사람들이 결국 펜을 잡는다.
> · 오노레 드 발자크

던 사람들은 뒷짐을 지고 앉아서 떠들고만 있을 시간이 없다. 그것은 스스로를 과소 평가하는 일이다.

나는 이 책을 쓰면서 책을 쓰는 이야기를 꼭 넣기로 마음먹었다. 그 이유는 의외로 책을 쓰고 싶어하는 사람이 많다는 사실을 잘 알기 때문이다. 책을 쓰는

일만큼 개인의 생각과 창조적인 재능을 마음껏 표현할 수 있는 방법도 없다. 마음만 먹는다면 기회와 선택은 얼마든지 있다. 우선 책을 쓰려면 열의를 가지고 도전할 수 있는 장르를 먼저 선택해야 한다. 소설, 자기 계발 서적, 여행 가이드 등 종류는 많다.

책을 쓰는 것이 무조건 쉬운 일만은 아닐 것이다. 『갈매기의 꿈』을 쓴 리처드 바크는 그 다음에 베스트셀러가 된 책 『환상(Illusions)』을 쓰면서 너무 힘들었다는 이야기를 고백한 적이 있다. 어니스트 헤밍웨이는 "가끔씩 글을 쓰다가 힘들 때는 전에 쓴 책들을 읽어보고 책을 쓰는 일이 항상 힘든 일이라는 사실을 되뇌게 된다."고 토로했다. 『캐치-22』의 작가인 조셉 헬러는 위대한 작가들 중에 글쓰기의 고충을 몰랐던 사람은 없었다고 말했는데, 이 말보다 더 명확하게 글 쓰기의 고통을 집약해서 보여주는 말도 없을 것 같다.

사람들이 모두 같은 재능을 타고나는 것은 아니다. 어떤 사람은 분명 태어날 때부터 다른 사람들보다 더 많은 재주를 갖고 태어난다. 이런 사람은 다른 사람보다 잠재력이 더 많기 때문에 무슨 일을 해도 남보다 뛰어날 수밖에 없다. 성공한 작가가 되는 것도 예외는 아니다. 하지만 글을 쓰는 일은 대부분, 글 쓰기에 대한 헌신과 인내가 뒷받침되지 않으면 성공할 수 없다.

나를 예로 들어보겠다. 나는 작가로서 한계가 많은 사람이다. 내 글솜씨는 조지 버나드 쇼나 노벨상 수상자들의 그것과는 비교도 안 된다. 만약 내가 노벨 문학상을 받는다면 세계 문학계에 가장 큰 논란거리가 될 것이다.

하지만 나는 재능이 부족하다고 해서 내가 할 수 있는 것마저 포기하고 싶지는 않다. 윌리엄 셰익스피어가 쓴 것 같은 대작을 쓸 수는 없겠지만 내

> 처음에는 돈을 주겠다는 사람이 없어도 글을 쓴다. 하지만 3년 안에 돈을 주겠다는 사람이 나타나지 않으면 그 작가 지망생도 별 수 없다. 작가가 아니라 벌목꾼이 되었어야 했다고 생각할 것이다.
>
> · 마크 트웨인

능력에 맞는 책은 얼마든지 쓸 수 있다는 사실을 난 얼마 전에 깨달았다. 그때는 내 능력의 한계에 대해서 고민이 많았을 때였다. 하지만 난 이미 성공한 작가였고, 거기서 멈출 수 없었다. 나는 노

> 아무것도 하지 않는 것은 이 세상에서 제일 어려운 것이면서 또한 지적인 것이다.
> - 오스카 와일드

력을 통해 글솜씨를 다듬고 더 많은 책을 쓰면서 실력을 늘려가기로 마음을 고쳐먹었다.

나는 일주일이 멀다 하고 나보다 훨씬 더 똑똑하고 글재주가 좋은 사람들을 만난다. 책을 쓰고 싶어하는 마음은 누구에도 뒤지지 않을 자신이 있는데 내 글재주는 그런 사람들 근처에도 가지 못한다. 나는 대학교 1학년 교양 영어 수업을 연달아 세 번이나 낙제한 사람이다. 그래도 나는 나보다 세 배나 더 잘난 사람들보다도 더 유능한 작가가 될 수 있다고 생각한다. 재능이 아무리 많아도 겁이 많아서 책 쓰기를 시도조차 하지 못한다면 나보다 나을 것이 하나도 없기 때문이다.

무엇보다도 내가 글을 쓰는 데 성공할 수 있었던 이유는 하루에 적어도 3시간을 글 쓰는 데 바치기로 결심하고 그 약속을 지켜나갔기 때문이다. 나는 3시간 동안 대략 4쪽 정도의 글을 쓴다. 이때 쓰는 글이 반드시 대작이 될 필요는 없다. 신세 한탄조의 글이 나와도 상관없다. 중요한 것은 최소한 하루에 4쪽을 쓰려고 노력한다는 사실이다. 하루에 3시간씩 글을 쓰겠다고 한 약속을 지키지 않고 겨우 15분 정도만 글을 쓰고 그만둔다고 하더라도, 10시간씩 글을 쓰고 싶다고 떠들면서 정작 글 쓰는 시간은 단 1분도 내지 못하는 사람보다는 내가 훨씬 더 책 쓰기에 적합한 사람이라고 자신할 수 있다.

사람에 따라서는 글 쓰기 강좌가 도움이 되는 사람도 있겠지만 대부분의 사람들에게는 그것이 생각만큼 꼭 필요한 것은 아니다. 사실, 유명 작가들 중에 창작 수업을 들었다는 사람은 거의 없다. 나이키의 로고처럼 '그냥 해' 보면 된

다. 여기에도 인생의 법칙이 적용이 된다. 어렵고 힘든 일을 자청해서 시작하면 언젠가는 보상을 받게 된다는 것이다. 무슨 일이든 열심히 하지 않으면 평생 매달려 봐야 아무 소용이 없다.

단시일 내로 큰돈을 벌 수 있는 방법이 여러 가지 있겠지만 작가가 되는 것도 그 중 한 방법이다. 하지만 글을 쓰게 되면 돈보다 더 소중한 것들을 얻을 수 있다. 모험, 개인적 만족, 독자들로부터의 인정이 그것이다. 성공한 작가들을 보면 하나같이 가장 큰 보람은 금전적인 것이 아니었다고 고백하고 있다. 자신의 생각을 세상의 다른 사람들과 공유하는 것, 그리고 독자들로부터 책을 읽고 큰 즐거움을 얻었다는(영적인 충만함을 느끼기도 한다) 이야기를 들어본 경험이 있는가? 이것만큼 짜릿한 느낌도 없다.

누구든 책을 쓰고, 그 책을 베스트 셀러로 만드는 데 필요한 수고를 아끼지 않는 사람은 이런 기쁨을 누릴 수 있다. 책을 썼는데 출판해 줄 출판사를 찾지 못하거든 자비로 출판하라. 베스트 셀러가 된 책들 대부분은 이렇게 자비로 출판된 것들이다. 하지만 성공을 베스트 셀러가 되는 것과 동등하다고 생각하지 마라. 자기가 쓴 책을 나 아닌 다른 사람이 단 한 사람이라도 재미있게 읽어줄 수 있다면 그게 바로 성공이다. 그 이상의 것은 보너스이다.

창조적 역량을 발휘할 수 있는 기회는 은퇴자, 실업자, 직장인 모두에게 열려 있다. 늘어난 여가 시간은 쓰고 싶었던 책을 쓸 수 있는 자유를 보장해 준다. 마니토바 주의 닐 콘버거 씨에게도 이런 일이 일어났다. 지난 번 책에도 글 쓰기에 관한 부분이 있었는데, 콘버거 씨는 그 부분을 읽고 이 편지를 보내 주었다.

어니 선생님께,

선생님은 우리 사회에 만연해 있는 잘못된 믿음과 오해들을 잘 지적해 주셨습니다. 물질주의, 황금만능주의, 일 중독증 등이 그것이죠. 하지만 제게 가장 인상 깊었던 부분은 행복한 인생을 살기 위해서는 창의력과 상상력을 활용해야 한다는 부분이었습니다.

이 책을 읽은 후에 저는 제 삶을 다른 방향에서 돌아다 볼 수 있었습니다. 생각해 보니 제게도 제가 미처 깨닫지 못했던 창조적인 능력이 있다는 사실을 알게 된 겁니다. 그래서 작년부터 글을 쓰기 시작했는데 뭔가를 이뤄냈다는 성취감은 그 동안 제가 경험해 보지 못한 전혀 새로운 감정이었습니다. 너무 기분이 좋았기 때문에 이렇게 편지까지 쓰게 되었네요. 글을 쓰면서 제가 항상 기억했던 말은 선생님의 이 말이었습니다. "자기가 쓴 책을 나 아닌 다른 사람이 단 한 사람이라도 재미있게 읽어줄 수 있다면 그것이 바로 성공이다. 그 이상의 것은 보너스이다."

이렇게 좋은 책을 쓰신 것을 진심으로 축하드립니다. 이 책이 제게 인생다운 인생을 돌려주었습니다. 정말 훌륭한 일을 하셨습니다.

자비 출판에 대해 말씀하셨죠? 어디서부터 해야 할지 몰라서 그러는데, 조언 주시면 감사하겠습니다.

그럼, 이만 줄이겠습니다.

닐 콘버거 씀

창조적 역량을 가진 사람이 의욕적이고 생산적인 활동에 몰입할 수만 있다면, 남아도는 여가만큼 권태 극복에 훌륭한 처방도 없다. 로마의 위대한 정치가이자 웅변가인 키케로는 이렇게 말했다. "여가란 한 인간을 도덕적, 지적, 영적으로 성장시켜 줄 수 있는 선한 활동들로 구성되어야 한다. 우리의 인생을 살맛나는 것으로 만들어 주는 것이 바로 이 여가이다."

우리가 경험할 수 있는 순간은 오직 지금뿐이다

두려움과 공포로
더 이상 앞이나 뒤를 쳐다보지 않으리.
지금 여기에서 최상의 것을 찾아
그것에 감사하리라.

— 존 그린리프 휘티어

〈월드 테니스(World Tennis)〉에서 500여 명의 테니스 선수들을 대상으로 섹스와 테니스에 관한 의식 조사를 했다. 설문조사에 응한 사람들 가운데 54%는 테니스를 하면서도 섹스를 생각한다고 응답했다. 그렇다면 이 말은 무슨 뜻일까? 사실 여러 가지를 생각해 볼 수 있다. 테니스가 지겨워졌다고 생각할 수도 있고, 아님 상대 선수가 너무 섹시한 상대여서 섹스 생각이 났을 수도 있다. 프로이드 식의 설명을 한번 해볼까? 섹스에 지나치게 집착하는 사람들은 섹스에

> 단 하루의 시간이라도 제대로 알고 사용할 줄 아는 사람에게는 무한한 시간이다.
> · 요한 볼프강 폰 괴테

대한 생각을 한시도 떨쳐 버릴 수가 없다. 그래서 테니스를 치고, 밥을 먹고, 바느질을 하고, 말을 타면서도 섹스에 관한 생각을 한다.

하지만 참선 수행자라면 틀림없이 어떤 일을 하건 간에 지금 이 순간에 충실하지 않기 때문에, 즉 현재에 충실할 수 없기 때문이 일어난 일이라고 설명할 것이다. 잡지사에서 더 이상 깊게 들어가지 않은 것은 적잖이 유감스러운 일이다. 아마도 이 테니스 선수들은 섹스를 하면서도 테니스에 대해 생각할 것이다. 그리고 베토벤의 심포니 오케스트라 5번 C 단조를 연주하는 심포니 오케스트라의 단원들도 연주에 집중하지 못하고 테니스, 섹스, 그 외 오만 가지 잡생각에 머리가 흔들리고 있을 것이다.

우리들 대부분도 이 테니스 선수들과 크게 다르지 않다. 그 만큼 순간에 충실하는 일은 쉽지 않다. 항상 '지금'이 아닌 '이전'이나 '이후'를 살게 된다. 과거나 미래에 초점을 맞추면 맞출수록 현재는 점점 우리에게서 멀어져 간다. 과거와 미래에 마음을 빼앗겨서 인생에서 가장 소중한 순간들을 대부분 잃어버리고 살아야 한다는 것은 정말 슬픈 일이다.

현재에 충실한 삶이 가치 있는 삶이라는 것은 결코 과장된 개념이 아닌데도 불구하고 이 개념을 실천하는 사람은 거의 없다. 사실 잠에서 깨어 돌아다녀도 잠든 상태인 듯한 사람들이 대부분이며, 주변에서 땅이 무너지는 일이 일어난다고 하더라도 관심 밖이다. 철학자들은 사람들이 대부분의 시간을 무의식 속에서 살아간다고까지 주장한다. 어떤 사람들은 단 한 번도 의식의 상태에 있어 본 적이 없다.

의식 있는 소수의 사람들 속에 동참하는 방법은 현재를 받아들이는 것이다

(오직 현재만을 받아들여야 한다. 지금 이 순간이라는 것을 경험해 본 적이 있는 가). 현재에 집중하는 것이 행복한 생활에 필수적인 이유는 우리에게 진짜로 주어진 것은 현재라는 순간밖에 없기 때문이다. 현재 이 순간말고는 우리가 경험할 수 있는 게 아무것도 없다. 지금에 충실하다는 것은 과거나 미래는 경험할 수 없다는 사실을 인정한다는 뜻이다.

한 마디로 정리하자면, 지금이 전부라는 이야기이다. 믿든지 말든지 그것은 자유지만, 우리가 현재 소유하고 있는 것, 그리고 앞으로 소유하게 될 것은 지금 이 순간이 전부라는 것이다. 하지만 의기소침해 할 필요는 없다. 이 지금이라는 것이 자유와 마음의 평화를 가져다 주는 열쇠이니까.

지금 이 순간에 충실하라

문화에 따라서는 한 순간이 오후 시간 전부를 의미하는 곳도 있다. 모든 활동에는 정확한 시간과는 관계없이 시작되고 끝나는 때가 있다. 사람들이 대화를 할 때 대화 시간을 15분이나 30분으로 정해 놓지 않는 것만 봐도 그렇다. 대화는 시작할 때 시작되고 끝나는 곳에서 끝난다. 근처에 시계가 몇 개가 있는지는 상관없다.

안타까운 일이지만 요즘에는 친척이나 친구, 이웃들과 정말 느긋하게 시간에 구애받지 않고 대화다운 대화를 나누기가 정말로 쉽지 않다. 어떤 기관의 설문 조사에 따르면 대부분의 부부들이 일주일 동안 평균적으로 나누는 대화 시간은 대략 18분 정도라고 한다. 이 데이터를 근거로 해 봤을 때, 기억에 남을 만큼 오랜 시간 배우자와 의미 있는 대화를 나눴을 사람은 거의 없을 것 같다.

내게는 시간에 구애받지 않고 느긋하게 대화를 즐길 수 있는 미제이 렐지(Mij Relge) 라는 친구가 있어 얼마나 다행인지 모른다. 우리는 가끔씩 식당에서 만나 점심식사를 같이 즐기곤 한다. 우리 사이에서 약속 시간을 오전 11시 30분으로 정했다는 뜻은 30분 정도는 그 전에 와도 되고 그 후에 와도 된다는 말이다. 식당에서 만난 다음에 이어지는 우리의 대화는 통상 몇 시간씩 계속된다. 어떤 때는 오전 11시 45분에 시작해서 오후 5시 30분 가량이 되어야 끝난다. 그래도 우리 둘 다 시계를 보지 않는다. 나는 이런 것이 진짜 현재에 충실한 삶이라고 생각한다.

지금에 충실하라는 뜻은 현재의 이 순간을 만끽하라는 뜻이다. 미제이가 오랜 동안 지켜온 생활 수칙이 바로 이것이었다. 그는 친구와의 대화에서 뿐만 아니라 모든 일에서 이 원칙을 지켰다. 43세에 미제이는 내면을 탐구하고 이를 통해 한 인격체로 성장할 수 있는 기회를 얻기 위해 대학 교수직을 그만두었다. 미제이가 실직자로 지내기 시작한 지 2년 정도가 지났을 때, 내가 호기심에서 여가 시간을 어떻게 보내는지 물었다. 미제이는 '순간을 지배' 할 수 있기 때문에 일없이 지내는 그 시

어제는 일출과 일몰 사이에 두 시간을 잃었다. 황금 같은 두 시간, 그 시간 안에는 각각 다 이아몬드처럼 값비싼 60분이 들어 있었다. 하지만 현상금을 걸 수는 없었다. 한 번 가면 영원히 돌아오지 않는 것이기에.
· 호레이스만

간이 전혀 힘들지 않다고 말했다.

여가, 나아가서 인생 전체를 즐기기 위해서는
순간을 지배하는 능력이 있어야 한다는 말은 두
말할 것도 없다. 여가 활동에 얼마만큼 전념할
수 있는가에 따라 삶의 질이 결정된다. 무슨 일

> 시간은 모든 것이 한꺼번에 발
> 생하는 것을 막기 위한 자연의
> 기술이다.
> - 무명씨

이든 전념하지 못하면 큰 만족을 얻기 힘들다. 체스를 둘 때도, 친구와 대화를
할 때도, 시냇물을 건널 때도, 일몰을 구경할 때도 모두 마찬가지이다. 지금 이
순간의 여가 활동에 몰두하는 방법을 배워라. 그러면 자유를 얻고 이 세상과 평
화롭게 공존할 수 있을 것이다.

지금 이 순간에 충실하라는 것은 동양사상의 하나인 선(禪)의 핵심이다. 선
사상의 핵심은 개인의 깨달음이다. 다음 이야기는 순간을 지배할 줄 아는 것이
참선의 핵심임을 보여 주는 일화다.

참선 수행을 하는 제자가 스승에게 물었다. "스승님, 선이 무엇입니까?" 스
승은 이렇게 답했다. "선이란 마루바닥을 청소할 때는 마루바닥을 닦는 것이고,
먹을 때는 먹는 것이고, 잠 잘 때는 잠을 자는 것이니라." 그러자 제자가 이렇게
대꾸했다. "스승님, 그게 그렇게 간단한 겁니까?" 그러자 스승은 "그래도 그렇
게 할 줄 아는 사람은 거의 없느니라." 하고 대답했다.

선 사상에서 말하는 대로라면, 테니스 선수들은 테니스를 칠 때도 테니스에
집중하지 못했던 것이다. 마찬가지로 섹스를 하면서도 다른 생각을 한다고 응
답한 사람들도 섹스에 집중하지 못했던 것이다. 즉, 사람들은 자신이 하고 있는
일을 온전하게 의식하지 못한다. 이런 부류의 사람들은 결과적으로 인생에서
소중한 것들을 놓치고 살아갈 수밖에 없다.

반대로 깨어 있는 의식을 가진 사람들은 '지금' 과 '여기' 라는 시간, 공간을

온전하게 의식할 수 있는데, 그 이유는 현재 하고 있는 일에 완전히 몰두할 수 있기 때문이다. 이렇게 집중력이 높은 사람은 시간 감각을 잃어버리기도 한다. 그리고 이런 사람들은 한 가지 일에만 몰두하기 때문에 다른 잡생각이 끼어 들 틈을 주지 않는다. 또한 이런 부류의 사람들은 지금 이 순간을 있는 그대로 즐기며, 미래에 대해서도 염려하지 않는다.

충만한 삶을 위해서도 순간에 충실할 수 있어야 한다. 여가생활에서만 그런 것이 아니라 일상적으로 반복되는 일에서도 마찬가지이다. 지금이라는 순간에 충실하기 위해서는 현재 하고 있는 일에 온 정신을 집중해야 한다. 대부분의 사람들은 순간의 일을 목적을 위한 수단쯤으로 여기고 있는데, 순간의 일이 목적 그 자체가 되도록 해야 한다. 예를 들어, 샤워를 할 때는 비누 향기는 물론이고, 물소리와 느낌에도 세밀한 관심을 기울여야 한다. 그리고 물에 몸이 닿아 하나가 되었을 때의 그 감촉도 느낄 수 있어야 한다. 샤워를 통해 만족과 마음의 평화를 느꼈을 때, 진정 샤워를 했다고 말할 수 있다.

한 번에 두 가지, 세 가지를 하는 게 아니라 한 번에 한 가지씩 하는 법을 배우는 것이야말로 순간을 지배하는 필수 기술이다. 몸으로는 이것을 하면서, 머리로는 저것을 생각하는 것은 옳지 않다. 머리로 다른 생각을 하고 있다면, 그것은 몰두하는 것이 아니다. 순간을 지배하는 열쇠는 그 일에 끝까지 충실한 것이다. 어떤 활동이건 온전한 관심을 받을 만한 가치가 있고, 또 시작했으면 끝내는 것이 당연하다.

갑자기 어떤 불가사의한 힘 같은 것에 사로 잡혀서 뭔가 형언할 수 없는 희열 같은 것을 느껴 본 경험이 있는가? 그런 경험이 있다면 순간을 지배하는 것에 성공한 것이다. 틀림없이 일상생활에서는 경험할 수 없었던 다채로운 느낌을 경험했을 것이다. 서든 일리노이 주립대학의 심리학과 교수인 하워드 E. A. 틴슬리 박사와 다이안 J. 틴슬리 교수는 여가생활에 몰두하게 되었을 때 경험할 수 있는 느낌의 종류를 아래와 같이 정리했다.

- 자유로움
- 현재하고 있는 일에의 완전한 몰입
- 자기 중심적인 생각에서의 탈피
- 사물과 사건에 대한 인식의 확대
- 시간의 흐름에 대한 의식 감소
- 몸의 민감성 증가
- 감정의 민감성 증가

포르쉐를 타고 일주를 했으면 좋았을 걸.

오후에 집에서 그냥 빈둥 거리고 놀면 좋을 텐데.

캘리포니아 주 샌디에고에 사는 켐 게이스 씨가 내게 아래의 편지를 보내 주었다. 그는 서구 사회에 있는 대부분의 사람들보다 현재를 즐기는 방법을 더 많이 알고 있는 똑똑한 사람이었다.

어니 선생님,

어니 선생님 책은 정말 재미있게 읽었습니다. 어제 밤 자정부터 시작해서 오늘 아침 8시까지 '보초'를 서면서 책을 읽었습니다. 저는 인도양을 항해하고 있는 선원인데 지금은 잠시 정박 중에 있습니다. 일몰과 보름달의 아름다움을 즐기라는 부분을 읽으면서 하늘의 보름달을 쳐다보았죠. 그리고 금방 또 아름다운 일출을 봤습니다. 아마 느긋한 사람들은 일출을 보러 일어나지도 않겠죠. 그런 점에서는 선생님이랑 저랑 통하는 면이 있네요. 좋아하는 글귀들만을 모아서 책을 하나 낸 것이 있는데, 선생님 책을 읽어보니 거기도 많이 나와 있더군요.

전 직업이 선원이라 여행을 좋아하고, 또 여행을 할 기회도 많은 편입니다. 몇 년 전에 여자 친구랑 홍콩과 방콕에 다녀왔고, 작년에는 런던, 암스테르담, 뮌헨, 베니스, 스위스, 파리 등을 여행했습니다. 1월에는 카리브 해안으로 크루즈 여행을 떠날 생각입니다.

사실 배에서 일하는 사람들은 일주일에 7일을 일만 합니다. 특히 휴일이나 주말에는 돈을 더 많이 주기 때문에 쉬지도 않죠. 그래도 저는 그 날은 쉽니다. 해변에 가서 수영도 하고 편지도 쓰고 그렇게 지냅니다. 사람들은 '보너스 데이'에 빈둥거리는 저를 보고 기겁을 합니다. 내일은 일요일인데, 스케줄은 마찬가지입니다. 여가 시간에 할 일이 많죠, 저야. 책 읽고, 글 쓰고, 수영도 좀 하고. TV는 안 봅니다. 대신에 비디오나 영화는 봅니다.

6개월 남았다고 생각하며 살라고 한 선생님의 말은 제가 닌자 철학과 예술을 공부하면서 동감했던 부분입니다. 닌자 철학에서는 현재에 충실하라는 말을 '현존: 현재 닥친 순간에 온전히 집중하는 것'이라고 설명하고 있습니다. 요가와 참선에서도 어니 선생님이 설명한 것처럼 단순한 대상에 집중해야 한다고 가르치고 있습니다.

저는 고독도 좋아합니다. 책을 읽을 때 한장 한장 동감하는 내용이 나오면 그렇게 좋을 수가 없습니다. 그렇게나 많은 아이디어와 생각들을 어떻게 한 책에 다 실을 수가 있는지 정말 대단하단 생각입니다.

그럼 좋은 시간 보내세요.

캠 드림

신바람 나는 캠의 인생의 비밀은 재미있고 의욕적인 여가 활동 참여와 현재를 지배할 수 있는 능력이다. 캠처럼 현재를 지배하는 방법을 배워라. 그러면 상상할 수 없을 정도로 행복하고 충만 되며, 의미 있는 순간들을 경험하게 될 것이다.

현재를 지배하는 것은 대단한 일이 아니다. 아무 생각 없이 도서관에 가서 오후 내내 책을 뒤적거린다거나 항상 마음만 있었지 실천하지 않았던 편지 쓰기를 해 보는 것도 다 여기에 해당된다. 순간을 지배한다는 것은 하고 있는 일에 깊이 매료되고, 그 즐거움에 푹 빠져서 시간과 공간에 대한 감각을 잃어버리는 것이다. 내가 누구인지도 모를 정도로 여가 활동에 푹 빠져 있을 때, 비로소 순간을 지배하는 법을 터득했음을 알게 될 것이다.

러시아의 대 문호 레오 톨스토이는 세 가지 질문을 했다.

1. 가장 중요하게 생각해야 할 시간은 언제인가? 지금
2. 가장 존중되어야 할 사람은 누구인가? 당신과 함께 있는 사람
3. 가장 먼저 시도해 봐야 할 일은 무엇인가? 존중받아야 하는 사람에게 도움이 될 일

톨스토이의 질문은 현재에 충실하기의 중요성을 강조하고 있다. 톨스토이는 결과에 초점을 맞추는 것이 아니라 과정에 초점을 맞출 것을 강조하고 있다. 과정에 초점을 맞추게 되면 그 과정과 결과 모두를 즐길 수 있다.

> 우리 인생의 절반은 바쁜 시간을 쪼개 만들어 둔 시간으로 뭘 할 것인지를 고민하는 데 허비된다.
> - 윌 로저스

현재에 충실한 삶을 산다는 것은 목표 도달보다 우리의 노력 그 자체를 더

소중히 여기며 거기에서 더 많은 만족과 기쁨을 얻는다는 것을 의미한다. 목표의 중요도에 상관없이 목표 성취를 통해서 얻은 만족은 오래 가지 못한다. 로버트 루이 스티븐슨은 "희망이 있는 여정이 목적지에 도착하는 것보다 더 행복하다."고 말했다.

그대의 마음이 불필요한 걱정들 때문에 흐려지지 않는다면, 지금이 그대의 삶에서 가장 좋은 때이다.
- 우멘

행복한 여행을 하고 싶다면 주변에 있는 것들, 일몰, 음악, 그밖에 멋있고 아름다운 것들을 감상할 수 있는 능력을 키워야 한다. 인생을 당연한 것으로 받아들이면 귀중한 순간을 놓치게 된다. 작은 눈송이라고 해도 똑같은 것이 하나도 없듯이 일몰도 똑같은 일몰은 하나도 없다는 사실을 마음에 새겨라. 아침에 일어나 눈을 떠 새소리를 듣고, 꽃향기를 맡으며, 나무의 결을 느껴라.

하루하루 매 순간을 만끽할 수 있는 대상을 찾도록 노력하라. 모든 상황에서 긍정적인 면을 찾아내라. 매일 매일 이 생각으로 하루를 시작하고 보내라. 의식의 영역에서 하루를 신나고 재미있게 보내야 한다는 생각을 반복하라. 현실 감각을 잃지 말고 행동하고, 현재에 충실함으로써 매 순간을 즐겨라. 이 순간 이외에 다른 순간은 없다는 사실을 기억하라. 한 번에 단 한 순간을 살 수 있을 뿐이다. 결국 그 순간이 바로 우리 자신이다.

꼭 서둘러야만 한다면, 천천히 서둘러라

"5분 후에 음식이 나오지 않으면……

8분이나 9분 후에는 음식이 나올 것입니다. ……

아뿔싸, 12분이 될지도 모르겠군요

그러니 느긋하게 기다려 주세요!"

— 에드몬튼 리쯔 식당 메뉴판에서 뽑음

현대 사회를 살아가는 대부분의 사람들은 방향도 분명하지 않은 목적지를 향해 급히 내달려 간다. 하지만 대다수는 왜 그렇게 부산을 떨며 서둘러야 하는지에 대해 아무런 자각이 없고, 심지어는 어디로 가고 있는지조차 모른다. 그렇게 부산을 떨어도 득이 되는 것은 없다. 목적지에 일찍 도착했으니 더 오래 기다려야 할 뿐이다.

그렇다면 인생에서 그렇게 서둘러야 하는 것은 무엇일까? 친구와 마음을 터놓고 허심탄회하게 이야기를 나눠 본 때가 언제였는가? 왜 서둘러야 하는지에 대해 생각해 본 적이 있는가? 굳이 뛰어가서까지 전화를 받아야 할 정도로 급한 전화도 없는데, 전화만 오면 뛰고 있지는 않은가? 한 번 더 벨이 울리도록 내버려둔다고 해서 그 사이에 위태로운 일이 벌어지지는 않는다.

굳이 서둘러야 한다면 천천히 서둘러라. 속도는 사람을 죽게 한다. 그것도 여러 가지 다양한 수법으로 사람을 죽인다. 서두름 병에 걸린 사람들은 높은 사망률에서부터 심장병에 이르기까지 다양한 질병에 시달린다. 시간으로 스스로를 소진시키는 사람들은 생리학적으로 심장 박동 증가, 고혈압, 위장병, 근육 긴장 등의 특징을 나타낸다. 매사에 서두르려고 하는 사람들은 심각한 질병을 갖게 되고 결국엔 조기 사망에 이르게 된다.

에릭 호퍼는 이렇게 지적했다. "서둘러야 한

> 세상은 자연의 흐름에 지배를 받는 것이지, 끼어 든다고 해서 되는 일이 아니다.
> - 노자

천천히 똑똑하게 처신하라.
빨리만 가려하는 사람들은 제
발부리에 걸려 넘어진다.
- 윌리엄 셰익스피어

다는 생각이 드는 이유는 대개가 인생을 더 충실하게 살아야겠다거나 시간이 없어서가 아니다. 오히려 인생을 낭비하고 있다는 막연한 불안감 때문이다. '지금 이 일을 해 놓지 않으면 다른 일을 할 수 없다. 이 세상에서 내가 제일 바쁜 사람이다' 라는 생각을 가지고 있기 때문이다."

이 세상에 똑똑하다고 하는 사람들이 일관되게 하는 말이 있다. 가 봐야 별 것도 없는 곳에 빨리 가지 못해 안달하는 사람은 바보들뿐이라는 것이다. 이런 견지에서 토마스 새드웰의 말을 기억하고 있는 게 여러 모로 좋겠다. "바보가 서두르는 것이 세상에서 가장 우둔한 짓이다." 원하는 것(만족, 건강, 마음의 평화, 행복)을 얻기 위해 이리 뛰고 저리 뛸수록 그것들은 점점 더 우리에게서 멀어져 갈 뿐이다.

일반적인 통념과는 달리, 목적지에 이르는 가장 빠른 방법은 속도를 줄이고 느긋하게 가는 것이다. 더불어 사태의 결말을 내 마음대로 조정하겠다는 마음을 버려야 한다. 조정하려는 마음은 자기 파멸의 지름길이다.

말을 타 본 사람이라면 말이 가는 대로 가는 것이 훨씬 말타기 쉬운 방법이

서두르는 사람 치고 세련되고
교양 있는 사람 못 봤다.
- 윌 듀란트

라는 사실을 잘 알고 있을 것이다. 이 세상살이도 세상이 가는 대로 같이 흘러가는 게 훨씬 인생 살기에 편한 방법이다. 즉, 매사를 자기 맘대로 조정하고자 하는 욕망을 버려야 한다. 다음의 이야기는 인생을 제 마음대로 지배하고자 하는 욕망을 버리는 것의 소중함을 일깨워 주고 있다.

물살도 세고 변덕도 심한 강에서 래프팅을 한다고 가정해 보자. 자칫 잘못해

서 보트가 뒤집히는 날엔 급류에 떠내려갈지도 모른다. 이런 상황에서는 두 가지 선택이 있을 수 있다. 하나는 물살을 지배하겠다는 생각으로

물과 맞서 싸우는 것이다. 이 방법을 선택한다면 바위에 부딪쳐서 결국은 심한 상처를 입게 될 공산이 크다. 다른 선택은 완전히 내 자신을 물에 내맡기는 것이다. 물살을 지배하겠다는 생각을 포기하는 순간 물이 당신을 지배하려 할 것이다. 이제는 물살과 함께 흘러가면 된다. 물은 바위를 돌아서 흘러가는 성향이 있기 때문에 바위에 부딪쳐 뒤집히는 일은 없을 것이다.

인생도 물살이 센 급류와 같다. 큰 상처와 고통 없이 인생을 순조롭게 살 수 있는 최선의 방법은 속도를 늦추고 그 흐름에 합류하는 법을 배우는 것이다. 흐름과 함께 간다는 뜻은 양보할 줄 알고 세상을 지배하려는 마음을 비운다는 뜻이다. 우리가 통제할 수 없는 요소들은 셀 수도 없이 많고, 이러한 것들이 우리들의 계획을 망치게 되어 있다.

만족과 마음의 평화, 행복을 가져다 주는 성공을 얻기 위해서는 행동만 필요한 게 아니다. 인내도 있어야 한다. 참을성이 없는 사람들은 원하는 곳에 도달하지 못한다. 설사 어떻게 해서 도달한다고 해도 참고 기다렸던 사람들보다 더 많은 시간이 걸리게 마련이다.

과정이 아닌 목적에 초점을 맞추는 것은 목적을 성취할 수 있는 가장 확실한 방법이 아니다. 서두르는 데 급급한 것도 목적을 성취하기에 좋은 방법은 아니다. 천천히 일을 진행하면 창의력을 발휘하게 되고, 전 세계 사람들에게 도움이 되는 참신한 아이디어가 떠오르게 된다. 그렇게 되면 자연스럽게 자기가 제안한 아이디어를 실행하고 그것을 통해서 목표를 이룰 수 있는 위치에 서게 된다. 상당히 모순적이지만, 성공 자체에만 급급할수록 그리고 조급해 하며 안달할수록 성공하기는 더 어려워지고 더 멀어진다.

가장 중요한 것은 결과가 아니고, 결과로 가는 과정이며 그 과정에서 느끼는 만족이다. 그리고 그 여정에는 언제나 모험과 재미가 함께 해야 한다. 속도를 늦추고 상상력을 동원한다면 부자가 되기 위해 안달하는 사람들이 미처 보지 못하는 돈 버는 아이디어를 쉽게 발견할 수 있다. 또한 서두르지 않는다는 것은 현재 이 순간 주변에서 일어나고 있는 일을 세밀하게 관찰한다는 것을 의미한다. 우리의 삶은 언제나 우리 곁에 있고 앞으로도 그럴 것이다.

일을 할 때나 놀 때나 성공한 사람이 되려면 어리석은 토끼가 되지 말고 똑똑한 거북이가 되어야 한다. 바보 토끼는 땅 욕심 때문에 마냥 서두르기만 한다. 행복이라는 목적지에 눈먼 토끼는 정신 없이 그 곳을 향해 내달린다.

반면, 거북이는 토끼처럼 많은 땅을 차지할 필요가 없다. 거북이는 땅이 행복을 의미하지 않는다는 사실을 잘 알고 있다. 똑똑한 거북이는 행복이라는 목적지가 따로 없으며, 이미 그 행복을 얻었다는 사실을 잘 알기에 서두르지 않는다. 행복이 있는 곳에서는 언제나 평안과 만족을 경험할 수 있다.

현대인들도 토끼와 다르지 않다. 있지도 않은 목표에 도달하지 못해 안달을 하는 것이 현대인들이다. 지금 자기 자신이 어떤 위치에 있는가만 정확히 알고 있어도 나머지 90%의 사람들보다 더 행복하게 살 수 있다.

문제가 된다한들 그게 대수인가?

서두르는 질병도 그렇지만 자꾸만 걱정하는 병도 현재를 앗아간다. 펜실베니아 주립대학의 연구에 의하면 미국 인구의 15% 정도는 하루 24시간 중 최소한 50% 정도를 걱정하는 데 허비한다고 한다. 그 외에도 북미인들 3명 중 1명은 걱정이 너무 지나쳐서 심각한 정신질환을 앓고 있다고 하는 연구 결과도 있다.

어떤 사람들은 걱정하는 것에 너무 익숙해서 걱정거리가 없는 것을 걱정하기도 한다. 걱정에 중독되어 있는 사람들은 아래 목록을 활용하는 것도 좋겠다. 언젠가 내가 자주 가는 커피 숍에서 시를 읽을 게 아니라 중독에 관한 글을 읽는 게 낫지 않을까 하는 생각이 떠오르게 되어 만들어 두었던 목록이다. 엔지니어로 활동하던 시절에 내가 자주 내놓았던 그 많은 위대한 아이디어처럼 이 아이디어들도 사람들의 즉각적인 호응을 얻지는 못했는데, 앞으로는 결코 그렇지 않을 것이다.

─ 걱정거리

- 의욕이 너무 넘쳐나는 데 그게 문제가 되지는 않을까?
- 누가 자꾸만 내 양말을 훔쳐가고 있는 것은 아닐까?
- 내가 오페라에 게스트로 초대를 받는다면 어떤 옷을 입어야 할까?
- 누가 양말을 발명했을까?
- 앞으로 나로 환생하는 사람은 누가 될까?
- 어째서 이 카페에 있는 사람들은 전부 나를 알아보는 걸까?
- 왜 이웃집 고양이는 한 번도 병이 나지 않는 걸까?
- 왜 셀린 디옹은 나랑 결혼하지 않았을까?
- 복권에 당첨되면 어떤 차를 살까?
- 왜 이 카페에 손님이 나 한 사람밖에 없는 걸까?
- 미친 사람들에게는 어떤 사연이 있을까?

- 이까짓 책을 쓰고 앉아 있기에는 내가 너무 똑똑한 거 아닐까?
- 독서 장애자들이 내가 만든 회문(앞뒤 어느 쪽에서 읽어도 같은 어귀)들을 이해할까?
- 사람들한테 경각심을 불러일으킬 정도의 대단한 목표가 있어야 하는 거 아닐까?
- 저 쪽의 저 금발 미녀가 누구일까?
- 내가 저 금발 미녀와 재미를 볼 수 있을까?
- 내가 금발 미녀와 결혼한다면, 나중에 갈색 머리 여자가 더 좋아지진 않을까?
- 왜 사람들은 이제 더 이상 차에 펜더(fender)를 달지 않는 걸까?
- 나 같은 완벽주의자도 패러다임을 바꿀 수 있을까?
- 패러다임을 바꾸지 않은 사람이 나 말고 없는 것은 아닐까?
- 누가 이 목록을 훔쳐다가 데이비드 레터맨 쇼에 큰돈을 받고 팔아먹으면 어쩌나?
- 이 목록을 만들었다는 죄목으로 나를 감금하지는 않을까?

다음은 참선 수행하는 선사들의 이야기이다. 이 이야기를 통해 걱정이라는 것이 무엇인지 다시 한 번 생각해 보는 계기를 갖도록 해보자.

이안잔과 테키도라는 두 수도승이 흙탕길을 걸어가다 한 아리따운 아가씨를 만나게 되었다. 그 아가씨는 실크로 만든 신발에 흙탕물이 튈까 봐 길을 건너지 못하고 있었다. 그 때 수도승 이안잔이 아무 말도 하지 않고, 그 여자를 업어다가 길 건너편에 내려 주었다. 그리고 두 수도승은 계속해서 길을 걸었다. 하루해가 다 질 때까지 둘은 아무 말도 하지 않았다. 드디어 목적지에 도착하자, 테키도 수도승이 물었다. "수도승들은 여자와 가까이 해서는 안 된다는 사실을 잘 알텐데, 왜 오늘 아침에 그 여자를 업어다 준 겁니까?" 그러자 이안잔이 대꾸했다. "나는 그 여자를 길 건너편에 내려 주고 왔는데, 왜 당신은 아직까지도 그 여자

> 나를 돌게 만드는 것은 오늘의 경험이 아니다. 어제 일어난 일에 대한 회한이며 앞으로 밝혀질 미래에 대한 두려움이다.
>
> - 로버트 존스 버뎃트

와 함께 있는 겁니까?"

이 이야기는 과거에 연연해서는 안 된다는 점을 강조하고 있다. 하지만 많은 사람들이 아쉬움 속에서 과거를 잊지 못한다. 물론, 과거는 바뀔 수 없다. 그렇기 때문에 과거에 집착함으로써 생기는 부정적인 생각들은 다 헛된 것이다. 더구나 이런 생각들은 현재를 즐기는 것을 방해한다.

미래에 대한 걱정도 현재의 즐거움을 방해하기는 마찬가지이다. 우리의 말, 생각, 행동의 상당 부분이 미래에 일어날 문제에 대한 두려움에 영향을 받는다. 하지만 현재에 초점을 맞추면, 이런 문제들은 잊고 살 수 있다. 사실, 우리가 이런 문제점을 망각해야 하는 이유는 이 문제들이 상상에서 나온 것이지 현존하는 것이 아니기 때문이다.

에크하르테 톨레는 『지금 이 순간을 살아라(The Power of Now)』에서 모든 걱정과 부정적인 생각은 현재에 충실하지 않음으로 해서 생기는 결과라고 설명한다. 그는 "불편함, 불안, 긴장, 스트레스, 근심(두려움의 모든 형태들)은 현재의 부재와 미래에 대한 집착 때문에 일어난다. 죄책감, 후회, 분노, 슬픔, 애통함, 서운함, 그리고 용서할 수 없는 것과 관련된 모든 감정들도 과거에 대한 집착과 현재의 부재에 의해 야기된다."고 주장했다.

혹시 걱정하는 데 시간을 허비하느라 허송세월하고 있지는 않은가? 지금 그리고 여기라는 시공간에 집중하고 그것에 충실하고 있는가? 상실, 실패, 실수에 관한 시간 낭비는 사람을 위축시키고 불안하게 만든다. 과도한 걱정은 스트레스, 두통, 공황, 궤양이나 그밖에 여러 가지 관련 질병들을 유발할 가능성이 높다. 걱정과 상심은 대부분 그 폐해가 자기 자신에게 돌아오게 되어 있다. 다음의 글을 읽고 잘 생각해 보아라.

위의 글을 보면 위로부터 4개의 항목이 걱정의 96%를 차지하고 있다. 이 걱정들은 우리가 통제할 수 없는 것이다. 그렇기 때문에 이런 걱정은 쓸데없는 걱정이다. 그리고 나머지 4%의 걱정은 우리가 통제할 수 있다는 점에서 쓸데없는 걱정이기는 마찬가지이다.

다시 말하자면 통제할 수 없는 걱정은 통제할 수 없기 때문에, 그리고 통제할 수 있는 걱정은 통제할 수 있기 때문에 쓸데없는 걱정이다. 그렇기 때문에 우리가 걱정하느라 보낸 시간은 100% 전부 낭비한 시간이다(이제는 걱정하느라 시간을 낭비했다는 사실 때문에 걱정을 시작한 사람도 있겠다).

걱정의 덫에서 빠져 나오려면 이 모토를 받아들이는 것이 최선의 방법이다. 궁극적으로 문제가 될 것은 아무것도 없다. 그리고 설사 그렇다 한들 뭐가 대수인가? 이 모토에 준해서 살아간다면, 현재에 훨씬 더 충실한 삶을 살 수 있을 것이다.

시간은 돈보다 더 가치 있는 것

시간은 다들 돈이라고 알고 있다. 하지만 사실 시간은 돈보다 더 가치 있는 것이다. 돈을 잃어버리면 더 많은 돈으로 잃어버린 돈을 대체할 수 있지만, 시간은 그럴 수 없다. 벤저민 프랭클린은 "잃어버린 시간은 절대로 다시 찾을 수 없다."고 했다. 이런 의미에서 돈은 무한한 것이지만, 시간은 유한한 것이다. 그런데 어떤 사람들은 그 반대를 사실이라고 믿고 사는데, 정말 안타깝다.

시간이 돈보다 중요하단 말은 언제나 진실이다. 하지만 오늘날과 같이 변화속도가 빠르고 스트레스가 증가하는 환경에서는 그 어느 때보다 그 말이 더 절실하게 들린다. 사실 시간은 희소 자원이다. 시간에 대한 인간의 욕구는 무한하지만 시간의 양은 한정되어 있기 때문에 시간의 희소 가치는 커진다.

시간을 내 편으로 만들고 싶은 사람이라면, 맞서 싸우는 것만으로는 안 된다. 시간과 싸우는 것은 중력의 법칙이나 인생의 법칙과 싸우는 것만큼이나 무모한 짓이다. 이 세 가지 법칙은 변하지 않는 자연의 법칙이다.

시간에 쫓겨 허둥대며 산다는 것은 시간과 무모한 싸움을 계속하고 있다는 확실한 증거다. 이것보다 더 확실한 증거는 없다. 시간에 쫓겨 사는 것은 행복한 사람들의 생활방식이 아니다. 가능한 한 빨리 목적지에 도달해야 한다는 것이 결코 인생의 목표가 될 수 없다. 사람들 중에는 시간에 쫓겨 사는 것이 문제가 있는 삶이란 것도 모르는 사람이 있다. 하지만 이런 생활 패턴은 되도록 빨리 그만두는 것이 좋다. 느긋하게 사는 법을 배운다면 훨씬 더 젊은 나이에 원하는 목표에 도달할 수 있다.

앞으로 올 미래에 대해 걱정하지 않는 것 역시 중요하다. 미래가 현재보다 더 낫기를 원한다면 미래보다는 현재를 충실하게 살아야 한다. 경험은 있지만 아직 재미까지는 느껴 보지 못했던 일들을 즐겨 보아라. 조급했던 라이프스타일 때문에 잃어버렸거나 가볍게 생각했던 재능과 활동들을 다시

속도를 줄여, 과속이잖아. 오늘 아침으로 세상 끝낼래?
- 사이먼 앤 가펑클

한 번 꼼꼼히 살펴보자. 좋은 책들, 진정한 우정, 예술적 자질, 취미, 열정, 꿈 같은 것들.

사실, 평생을 행복할 수 있는 가장 좋은 방법은 짧은 행복을 계속 이어가는 것이다. 그러기 위해서는 현재라는 시간 속에서 일과 놀이를 적절히 조화시키는 것이 중요하다. 적당히 일하고 적당히 노는 일을 몇 년 뒤로 미루는 것은 은퇴 후까지 섹스를 미뤄두는 것이나 다름없다. 어떤 경우든 미루는 것은 좋지 않다.

좋은 생각은 훌륭한 자산이 될 수도 있지만 그렇지 못한 생각은 오히려 우리를 기만한다. 말도 안 되게 억지스러운 생각 중 하나가 일하면서 놀기에는 시간이 너무 부족하다는 핑계다. 하지만 이런 생각은 필히 재고해 보아야 한다. 하루에는 1440분이 있고 8만 6400초가 있다. 이 시간은 지구 상의 모든 사람들에게 똑 같이 주어진 시간이고, 그 중에는 이 시간만으로도 보다 알차고 느긋하게 충만한 삶을 살아가는 사람들이 분명히 존재한다.

내 인생의 목표는 매 순간을 행복하게 열심히 살고 한 번에 한 가지씩 배우는 것.

나를 위한 시간을 만들어 내는 일이 그렇게 어려운 것만은 아니다. 시간이 부족하다 싶으면 그때 그때마다 시간을 최대한으로 활용하여 나를 위해 사용할 수 있는 시간을 만들어 내야 한다. 최근 펜실바니아 주립대학교에서 연구한 바에 따르면, 우리가 시간 부족이라고 인식하고 있는 것들은 대부분 우리의 인식에 문제가 있는 것이라고 한다. 시간의 30% 내지 40%만 더 잘 활용해도 시간이 부족한 일은 없을 것이다.

나만을 위한 시간을 만들라고 말하면, 어떤 사람들은 빨리 빨리 일을 끝내라는 말로 알아듣곤 하는데, 그런 말이 아니다. 아마도 이런 시도를 해 본 사람은 그렇게 해 봐야 시간은 더 부족하게 느껴진다는 사실을 잘 알고 있을 것이다. 네덜란드에서 전해져 내려오는 속담이 하나 있는데, 이 상황에 꼭 맞을 것 같다. "서두르면 서두를수록 더 뒤로 처진다."

시간을 초월하려면 내게 맞는 속도로 세상을 살아가면 된다. 다시 한 번 이야기하지만, 대중이 뭘 하는지에 대해서는 생각하지 마라. 설사 나말고 다른 사람 모두가 매일같이 속도 전쟁에 나섰다고 해도 나까지 따라갈 필요는 없다. 현대 사회가 당신의 중심을 흔들어 놓는다고 하더라도 거기에 휘말리지 말고 나만의 육체적, 정신적 영역을 확보하라.

하루를 더 길게 사용하려면 서두르지 말고 천천히 가야 한다. 매 순간 순간을 충실히 보내다 보면 마술과 같이 하루해가 더 길게 느껴질 것이다. 일단 속도를 줄이면 시간과 싸울 필요가 없어지고, 그렇게 되면 시간을 지배하는 경지에 오르게 된다. 글 쓰기, 공원 산책, 이웃과의 대화, 샤워 등 어떤 일을 하든 그 일에 몰두해서 그 일을 온전히 이해하려고 한다면, 이 세상도 우리를 위해 천천히 돌아가 줄 것이다.

일몰을 보고 싶은데 시간이 없다는 생각이 들거든 다시 한 번 생각해 보아라. 그러면 그 때야 말로 꼭 일몰을 감상해야 할 때라는 것을 느끼게 될 것이다. 10분 동안 해지는 모습을 쳐다보는 것이 몇 시간 동안 조급해 하며 일에 쫓기는 것보다 훨씬 더 세상을 따라잡는 데 효과적이다. 그렇게 만 된다면 이 세상이 나를 위해 천천히 돌아가고 있음을 실감하게 될 것이다.

일몰을 감상하는 횟수가 늘어날수록 인생은 더 여유로와지고 더 느긋해진다. 또한 활동의 양보다는 질이 삶의 질을 높이는 데 중요함을 깨닫게 될 것이다. 천천히 여유를 가지고 삶을 즐기며 사는 것은 죄가 아니며 누구에게 용서를 구할 필요도 없다. 도대체 그런 생활을 통해서 얻는 게 뭐냐고 묻는 사람이 있거든 『적게 일하고 많이 놀아라』를 권하라. 모든 사람이 다 우리의 행동방식을 인정해 주지는 않을 것이다. 하지만 우리에게는 이 또한 기쁨이 될 것이다.

다음 내용은 효율적인 시간 관리를 위해 자주 생각해 보면 좋을 듯한 내용들을 정리해 본 것이다. 나만을 위한 시간을 확보하여 삶의 즐거움을 더욱 더 많이 만끽해 보자.

— 천천히, 진짜 사는 것 같이 사는 방법

- 삶은 불가사의하고 예측 불가능하고 비밀스러운 것이다. 그런데 삶의 즐거움을 만끽하기 위해서는 비밀을 캐내려는 노력을 최소화해야 한다. 모든 비밀을 다 알아야만 인생을 즐길 수 있는 것은 아니다.
- 어떤 맛의 아이스크림을 사 먹을까 고민하는 데 1분 이상 귀중한 시간을 낭비할 필요 없다. 결정이 어렵거든 동전을 사용하라.
- 이웃을 염탐하는 데 시간을 낭비하지 마라. 대신에 내 생활을 재미있고 활력 있게 만들어서 다른 사람들이 궁금해서 기웃거리게 만들어라.
- 일은 해야 하는데 시간과 여력이 부족한 것은 다 안다. 하지만 그럴 때조차도 더 효과적이고 능률적인 방법이 있다는 사실을 기억하라.
- 일을 처리할 때에는 다음의 세 가지 방법 중에서 하나를 선택하라. 혼자서 할 일은 혼자서 하고, 전문가를 고용할 일은 전문가에게 맡겨라. 그리고 쓸데없는 일은 가차 없이 작업 목록에서 지워 버려라.

사장한테 일주일에 나흘만 일하자고 했더니, 벌써 그렇게 하고
있다는 거야. 그럼 뭘 해, 이걸 다 하려면 5일이 걸리는데.

- 내년에는 하루 TV 시청 시간을 적어도 1시간 정도 줄여 보아라. 그러면 시간상으로는 1년에 365시간, 날짜로는 15일을 더 얻는 셈이다. 그 시간에 가치 있는 일을 즐겨라.

- 창조적인 것도 좋지만 선택도 잘해야 한다. 어떤 일을 할 것인지 현명하게 선택하라. 쓸데없는 일 여러 가지보다는 중요한 일 몇 가지에 시간과 정력을 투자하라. 잡다한 일에 정력을 골고루 분산하는 것보다는 몇 가지 중요한 일을 정해 놓고 그 일에 정력을 집중하는 것이 훨씬 더 재미있고, 만족스럽다.

- 가장 최악의 시간 낭비는 어울리고 싶지 않은 사람들과 함께 어울리는 것이다. 그런데 놀랍게도 많은 사람들이 마음에 들지도 않는 사람들과 의외로 많은 시간을 보낸다. 마음에 맞는 사람과 함께 시간을 보내라. 그리고 싫어하는 사람은 피하라.

- 새로운 물건을 많이 사들일수록 이미 사 놓은 것들을 즐길 수 있는 시간은 줄어든다는 사실을 기억하라.

- 최고라는 말이 인생의 주제라면, 중용은 항상 읊조리는 후렴구가 되게 하라. 세상에 완벽함이란 없다. 그러므로 완벽을 찾는 일은 그만둬라. 할 만한 가치가 있는 일일지

라도 지나치다면 결코 좋은 것이 아니다.

- 다음의 세 가지 경우를 구분하는 법을 배워라. 그 전에 했던 일이기는 하나 개선의 여지가 필요한 일, 그냥 내버려둬도 되는 일, 불필요한 일. 불필요한 일은 할 필요가 없는 일이기 때문에 이 세상에 적응하지 못하는 사람들에게 그 몫을 남겨두는 게 좋겠다.

- 일주일에 한두 시간 정도는 아무것도 하지 않고 그냥 쉴 수 있는 시간을 가져라. 누구보다도 바쁘고 충만한 삶을 사는 작가 스코트 펙은 이런 질문을 종종 받았다. "어떻게 그 많은 일을 다 해내시는 겁니까?" 그러면 그는 항상 이렇게 대답한다. "그거야 적어도 하루에 두 시간 정도는 아무것도 안 하고 빈둥거리기 때문이죠."

- 힘들고, 지겹고, 시간만 낭비하는 것 같다는 생각이 들 때는, 이 일을 하지 않았을 경우 어떤 일이 생길 것인지를 스스로에게 물어라. 별 일 없을 것이다라는 답이 나오거든 당장 그만둬라.

- 인생에는 세 가지 귀중한 자원이 있다. 시간과 돈과 창조적 능력인데, 이 중에서 무한한 자원은 창조적 능력뿐이다. 창의력을 제일 중요한 자원으로 삼아라. 그러면 시간과 돈의 가치도 따라 증가할 것이다.

- 커피 한 잔을 마실 때에도 그 순간에 충실하라. 온 세상이 내가 커피 맛을 음미하는 것을 보기 위해 멈춘 것처럼 천천히 집중하면서 마셔라.

- 나만이 위기에 빠진 이 우주를 구할 수 있는 것처럼 그렇게 마구 내달리지 마라. 잠시 멈춰서 생각해 보라. 보다 고차원적인 시각에서 보면, 내 인생보다 더 중요한 일이 있다는 사실을 반드시 깨닫게 될 것이다.

- 매일 30분 정도 아무 때나 시간을 내서 그때그때 떠오르는 일을 찾아서 해 보아라.

- 매일 한두 시간은 혼자 있는 시간을 가져라. 전화도 응답기가 대신 받도록 하라.

- 해가 지는 그 시간만큼은 고스란히 해가 지는 모습을 감상하는 데 사용하도록 하라.

- 이웃과 진솔한 대화를 한번 가져 보아라. 시간을 정해 놓지 말고 자연스럽게 대화가

시작되고 자연스럽게 끝나도록 하라.

- 아침 샤워의 참맛을 충분히 느낄 수 있을 만큼 오래 샤워를 즐겨라.

물질주의, 일 중독증, 속도에 중독된 문화의 구호는 '시간은 돈'이다. 하지만 시간은 돈보다 더 가치 있는 것이기 때문에 시간을 순전히 돈으로만 환산하려는 생각은 거부하는 게 상책이다. 시간의 가치를 표현하는 적당한 격언은 '시간은 행복이다'이

> 길 위가 여관보다 낫다.
> - 미겔 데 세르반테스

다. 이 격언대로 사는 사람들은 그것 때문에 훨씬 더 행복하고 풍요로운 삶을 살 수 있을 것이다.

아무리 열심히 일을 해도 시간을 벌 수는 없다는 점을 새겨두자. 돈이 아무리 많아도 시간을 돈으로 살 수는 없다. 그러니 돈보다 더 현명하게 사용해야 하는 게 시간이다.

무엇보다도 오늘이 나의 마지막이 될 수도 있다고 생각하고, 오늘을 만끽하도록 하라. 이점을 마음에 새겨 두어라. 그리고 행복한 순간을 찾는다고 시간을 허비하지 마라. 우리 자신이 바로 그 순간이다!

혼자 있기 위해서는 내가 강해야 한다

바쁘게 돌아가는 세상 때문에
너무 오랜 동안 자신의 모습을 외면하고 살아왔지만,
힘들고 일상생활에 지치고, 쾌락마저 싫증났을 때에도
이 고독만큼은 너무나 여유롭고 다정다감하구나!

—윌리엄 워즈워드 『서곡(*The Prelude*)』

자기 자신에게서 만족을 찾을
수 없는 사람은 다른 데서 만
족을 찾아도 소용없다.

- 프랑소아, 드라 로슈푸코

언젠가 가전제품 텔레비전 광고에 외로움에 몸
부림치는 사람이 나와 큰 인기를 모은 적이 있었
다. 광고 속의 남자는 광고하는 제품이 모든 것
을 다 알아서 해 주기 때문에 할 일이 없어 외로
워하는 남자로 묘사되었다. 또 다른 광고에서는 이 남자가 호텔에 투숙하려고
데스크에서 서명하는 장면이 있었다. 거기서 호텔 직원이 이런 비슷한 이야기

를 했던 것 같다. "여기서는 꼭 외롭지 않게 해 드리겠습니다."

현실에서였다면 그 여자의 말은 그냥 농담이었을 것이다. 사실 당사자말고는 이 세상 어느 누구도 외로움을 덜어 줄 수 없다. 정말이지 많은 사람들이 다른 사람들과 함께 있어도 외로움을 느낀다. 그러니 혼자 보내는 시간이 많다고 해서 그 사람만 외로운 것은 아니다.

사실, 혼자라는 말은 외로움이란 말과 동의어가 아니다. 혼자라는 말에는 두 가지 측면이 있다. 고통스러운 측면은 외로움이다. 외로움은 불안이나 불행과 같이 권태와 관련된 병으로 발전하기 쉽다. 더 심해지면 두통, 과다수면, 불면증, 우울증으로 발전하고, 극단으로 치닫게 되면 자살을 하기도 한다.

혼자라는 말의 또 다른 측면은 고독이다. 고독은 혼자서만 즐길 수 있는 활동에 몰입할 수 있는 기회를 의미한다. 외로움이 실의와 슬픔을 의미한다면, 고독은 만족과 환희를 의미한다. 안타까운 일이지만, 대부분의 사람들은 혼자라는 말의 이 긍정적인 측면을 발견하지 못한다. 실제로 어떤 사람들은 10분 이상 혼자 내버려두면, 정신적으로 문제를 일으키기도 한다.

아주 짧은 시간이라도 혼자 있는 것을 견딜 수 없는 사람들은 집에 들어가자마자 텔레비전을 켜거나 라디오 토크쇼에 채널을 맞춘다. 외로운 사람들이 대부분 그런 것처럼 외로움이 죽기보다 싫었던 엘비스 프레슬리도 아무도 없는 쓸쓸한 방에 들어가 텔레비전을 켰다. 앞서도 이야기했지만 텔레비전을 많이 보는 것은 충만한 여가생활이 될 수 없다.

대부분 사람들은 혼자라는 사실을 여가 시간을 즐길 수 없는 핑계거리로 사용한다. 예를 들어, 내 친구는 어느 해 여름인가 자전거 타기에 아주 푹 빠진 적이 있었다. 그래서 그 해에 아주 비싼 자전거를 구입했는데, 사 놓고서는 단 한 번밖에 타지 않았다. 같이 탈 친구가 없다는 것이 그 이유였다.

하지만 나는 혼자서 자전거를 타거나 조깅하는 게 더 좋다. 친구들이 같이 가겠다고 해도 혼자 가겠다고 한다. 그럴 때나 같이 가는 사람들이 지겨워할까 봐 같이 갈 수 없다고 말한다. 사실 나는 사람들과 어울리기를 좋아하는 사람이다. 하지만 혼자 있는 것이 더 즐거울 때도 종종 있다.

내 행동을 이상하게 보는 사람도 있겠지만, 나는 여러 모로 혼자 있을 때가 더 좋다. 일찍이 성공한 사람들은 고독을 찬양했다. 헨리 데이비드 소로우는 "나는 혼자 있는 시간이 더 유익하다고 생각한다. 아무리 좋은 사람과 함께 있어도, 다른 사람과 같이 있게 되면 곧 피곤하고 산만해진다. 나는 혼자가 너무 좋다. 고독처럼 좋은 친구를 나는 아직까지 사귀어 본 적이 없다."고 했다.

하지만 오늘날의 사회에서는 혼자라는 것은 반사회적인 행동으로 받아들여지고 있다. 그래서 대부분의 사람들은 일찌감치 여가 시간을 다른 이들과 함께 보내는 방법을 배운다. 클럽 활동이나 팀 활동, 혹은 혼자가 아니라는 것을 확인해 줄 조직생활에 동참한다. 아주 당연한 이야기이지만 이런 사람들은 혼자 남는 것을 극도로 불편해 한다. 혼자 있는 시간을 즐기기는커녕 따분한 텔레비전 프로그램이나 라디오 디제이가 할 일 없이 떠드는 소리에 귀를 기울인다. 심한 경우에는 결혼생활이 파탄에 빠지는 원인이 되기도 한다.

심리학자들은 외로움이란 북미 지역, 특히 대도시 지역에서 많이 나타나는 문제로서 심각한 질병이라고 말한다. 설문 조사에 따르면 북미 인구의 4분의 1이 만성적인 외로움에 시달리고 있다. 〈현대 심리학〉에 실린 최근 자료를 보면, 미국 인구의 50% 이상이 외로움으로 고통받고 있다는 것을 알 수 있다(가끔씩 느끼는 것과 자주 느끼는 외로움을 모두 합한 수치). 이 말은 1억 명 이상의 사람들이 외로움을 경험하고 있다는 말이 된다.

사람들은 흔히 외로움의 원인을 다음과 같이 지적한다.

· 친구가 별로 없다

· 결혼을 안 했다

· 인간 관계가 없다

· 이사온 지 얼마 안 되었다

· 대도시에서 산다

· 친구 관계가 피상적이다

사실 위에 적힌 항목 중에서 단 한 개도 궁극적인 외로움의 원인이 될 수 없다는 점을 고려한다면, 외로움이 얼마나 처절한 것인지를 알 수 있을 것이다. 이 요소들은 외로움을 느끼게 만드는 원인이 될 수는 있지만, 그렇다고 외로움의 근본적 원인이 되지는 않는다. 사람들이 외로운 이유는 외롭도록 내버려두었기 때문이다. 간단하게 말해, 자기 자신에게서 재미를 찾을 수 없는 사람들이 외로움을 느낀다.

외로움을 극복하려면 먼저 혼자서 창조적으로 시간을 보낼 수 있는 방법을 배워야 한다. 대다수 사람들은 자기 내부의 권태로부터 도망치기 위해 사람들의 무리 속으로 들어가고 싶어한다. 그리고 또 한 가지 지겨움에 지친 사람들이 사회를 향해 달아나는 이유는 혼자 있는 것에 대한 두려움 때문이다. 하지만 많은 사람들이 혼자 있을 때보다 대중 속에 있을 때 더 많은 외로움을 느낀다.

혼자 있는 것에 대한 두려움은 기본적으로 우리 내부에 불안정한 측면이 있다는 사실을 말해 준다. 사실, 이 세상에서 가장 외로운 사람들은 항상 다른 사람들과 함께 있는 사람들이다. 외로움을 느끼는 사람들을 보면 상당수가 아주 매력적이고 안정적인 사람들이다. 하지만 이런 사람들은 혼자 남는 시간을 견려내지 못한다.

이런 게 외로움이라면 좋아.
더 즐기고 싶어.

사람들 대부분은 외로움의 근원을
자신의 내면에서 찾지 못한다. 어떤 사
람들은 다른 사람들과 어울리기 위해
마약이나 알코올에 손을 대는 무모한
짓을 저지른다. 그리고 생각이 필요 없
는 사람들은 텔레비전이나 스테레오를
켠다. 주변에 사람 소리가 들리게 하기
위해서이다.

수피교에서 보면 뮬라라고 하는 가공 인물에 관한 우화가 있다. 이 우화는
문제 해결을 위해서는 자기 내면을 바라 봐야 하는데도 불구하고 자꾸만 외부
세계로만 눈을 돌리는 인간의 어리석음을 꼬집고 있다.

어느 날 뮬라는 집 앞에서 뭔가를 열심히 찾고 있었다. 친구가 우연히 그 근
처를 지나가다 뮬라를 발견하고 묻는다. "어, 뮬라, 뭘 찾아?" 뮬라는 "열쇠를
잃어 버렸어."라고 말한다. 그러자 친구가 "그래, 그럼 내가 도와줄께."라고 말
하며 열쇠 찾는 일을 거든다. 얼마 후, 열쇠 찾기에 지친 친구가 뮬라에게 다시
묻는다. "야, 어디서 열쇠를 잃어버렸는지 알고 찾는 거야?" 그러자 뮬라는 "응,
집 안에서 잃어버렸어." 그러자 황당해진 친구가 뮬라에게 다시 묻는다. "야,
그런데 왜 열쇠를 밖에서 찾아?" 그러자 뮬라는
"여기가 더 잘 보이니까 그렇지."라고 답한다.

사람들하고 있을 때만 잘 하는
사람은 진짜 잘 하는 사람이 아
니다.
- 클라크 E. 무스테키스

이 우화는 웃기면서도 꽤 진지한 면이 있다. 외

로움을 해결하기 위해 대부분의 사람들은 외부 세계를 바라다본다. 집 밖에서는 열쇠를 찾을 수 없는 뮬라와 같이 우리도 외부 세계로만 눈길을 돌린다면 외로움을 극복할 수 없다. 그것은 외부 세계에 빛이 얼마만큼 있는가와는 상관없는 일이다. 우리 내면에 외부 세계만큼 많은 빛이 있지는 않을지라도, 외로움을 극복할 수 있는 열쇠는 우리 자신 안에 있다는 말이다.

내 안에 우주가 있다

혼자 있는 것이 좋은가? 그렇지 않다고 대답한 사람이 있다면, 자기 내면에 외로움을 즐길 수 있는 자질이 없다는 신호일 수 있다. 다시 말해 자존감이 낮고, 스스로를 가치 없는 존재로 느끼고 있다는 뜻이다. 자기 자신을 사랑하지 않는 것은 여가 시간을 즐기는 데 커다란 장애가 된다. 나조차 나를 마음에 들어 하지 않는데, 왜 다른 사람이 나를 좋아해 주기를 바라는가?

우리네 인생에서 행복만큼 소중한 것은 없고, 행복은 자존감이 없으면 얻을 수 없는 것이다. 다른 사람에게서 나오는 존경과 자기가 자신에 대해 느끼는 자존감은 별개의 것이다. 자존감은 타인 혹은 환경을 통해서 얻을 수 없다. 그것

은 오직 나만이 줄 수 있는 것이다.

스스로를 얼마만큼 사랑하고 있는가는 다른 사람의 애정을 얻기 위한 노력의 정도로 가늠할 수 있다. 끊임없이 다른 사람이 나를 좋아해 주기를 바라고, 다른 사람의 비위를 맞추기 위해 노력하는 사람은 틀림없이 자존감이 낮은 사람이다. 자존감이 낮은 사람임을 나타내는 또 하나의 신호는 혼자 있는 시간이 많다는 사실을 다른 사람이 알까 봐 전전긍긍해 하는 마음이다.

자존감이 부족한 사람은 반드시 자긍심을 높여야 한다. 다른 사람이 생각이야 어떻든, 내가 나를 사랑할 수 있으면 자존감도 높아진다. 다른 사람이 만든 기준에 나를 맞추려고 하지말고 내 기준으로 만든 내 채점표를 항상 지니고 다녀라.

인간의 목표는 자아 실현이 되어야 한다. 자아 실현의 상태란 다른 사람이 옆에 있거나 없거나에 관계없이 스스로 즐길 수 있는 능력을 갖게 된 상태를 의미한다. 유명한 인문주의 심리학자인 아브라함 매슬로우는 자기 실현의 욕구는 자기 계발 단계에서 제일 상위의 단계에 해당하며, 이 경지에 오른 사람들은 외로움으로부터 도망치지 않는다고 설명한다. 사실 이 부류에 속하는 사람들은 일을 하거나 놀거나 간에 혼자 있을 때 가장 능률적이 된다.

일반적으로 사람들은 자아 실현의 욕구를 충족했다고 하더라도 혼자 지내는 시간이 많은 사람들은 외로울 거라 생각하지만 사실은 그렇지 않다. 외로운 사람들은 누구와도 잘 어울리지 못한다. 외로움을 타는 사람들은 신경과민 증세가 있고, 비밀이 많으며, 매사에 적응력이 떨어진다. 하지만 자아 실현의 욕구가 충족된 사람들은 정신적으로 건강한 사람들로서 누구와도 잘 어울린다. 매슬로우는 정신적으로 건강한 사람들은 독립적일 뿐만 아니라 다른 사람과 어울리는 데도 문제가 전혀 없다고 주장한다.

모순적이지만, 자아 실현의 욕구가 충족된 사람들은 고독한 사람처럼 행동하지만 사실은 사람들과 함께 하기를 좋아할 뿐만 아니라 사회성이 발달한 사람이기도 하다. 이들은 사회에서 가장 개인주의적인 성향이 강한 사람임과 동시에 가장 사회적이고, 다정다감하며, 사랑스러운 존재들이다. 이런 부류의 사람들은 타인과도 잘 어울린다. 그리고 무엇보다도 자기 자신과도 잘 지낼 수 있는 사람들이라는 점이 중요하다.

자기 내면을 꾸준히 계발해 간다면, 누구든지 자아 실현이 가능한 경지에 올라서서 일할 때나 놀 때나 혼자서도 행복할 수 있는 그런 능력을 갖게 될 것이다. 그러기 위해서는 이 세상에 나서기 전에 나 자신과 세계를 먼저 사랑할 수 있어야 한다. 일단 자아 실현의 경지에 이르게 되면, 남의 도움 없이도 성공하고 성취하고 승리할 수 있는 법을 터득하게 될 것이다. 무엇보다도 자신이 어떤 사람인지를 더 잘 알게 될 것이다. 즉, 내 안에 우주가 들어있음을 확인하게 될 것이다. 적극적인 인생에 언제나 타인의 도움이 필요한 것은 아니다.

부정적인 사람을 보면 힘껏 도망쳐라!

성숙한 인간이라면, 혼자 있는 한이 있더라도 같이 있고 싶지 않은 사람들이 반드시 있을 것이다. 잘 살아 보기 위해 의욕을 불태우고 있는데, 오히려 그 불을 끄려고 하는 사람이 있으면 피해 가라. 따분한 사람이야 물을 약간 끼얹는 정도이지만 부정적인 사람은 행복과 건강에 큰 위협이 될 수 있다.

부정적인 사람은 특히 유머가 없다. 부정적 인간의 인생관은 매우 비관적이다. 인생은 엄청난 사기극이며, 더 이상 나빠질 수 없을 정도로 이 세상은 타락했다. 그리고 이런 사람들의 또 한 가지 특징은 자기 생각을 남들도 지지해 주기를 바란다는 점이다. 사실 매사에 긍정적이고 자존감이 높은 사람들에게는 부정적인 인간만큼 진절머리나는 존재도 없다. 부정적인 사람은 긍정적인 사람을 우울증에 빠뜨리는 일을 위해서라면 그 어떤 일도 마다하지 않는다.

사람의 에너지를 소모시킬 것 같은 사람은 정확하게 집어내서 피해야 한다. 주변을 둘러보면 대개 항상 우울해 있고, 인생에 대해 불평불만이 많은 사람이 한두 명씩은 꼭 있다. 이런 사람들은 사람들의 긍정적인 에너지를 아주 조금씩 소진시킨다. 일시적으로 안 좋은 일이 있어 부정적인 생각을 가지게 된 사람인 경우가 아니면 부정적인 사람과는 오랜 시간을 같이 보내서는 안 된다.

『The Power of Positive Thinking』이란 책을 사려고 했는데, 문득 이런 생각이 들었다. 이게 무슨 도움이 되겠어?
-로니 쉐이크스

지나치게 많은 짐을 떠 안으려고만 하지 않는다면, 인생은 살기가 훨씬 수월해진다. 그런 점에서 보면 부정적인 사람들은 그 짐이 너무 많은 사람들이다. 비행기를 탈 때도 짐이 많으면 돈을 더 내기 마련인데, 부정적인 사람들은 돈보다 더 중요한 것을 우리에게 요구한다. 부정적인 인간들이 요구하는 것은 우리의 시간, 에너지, 행복이다. 나중에 가서는 멀쩡한 정신까지 내 놓으라고 할지도 모른다. 아무리 좋게 생각해 주려고 해도, 차라리 혼자 있는 것만 못하다.

부정적인 인간을 긍정적인 인간으로 바꿔 놓을 수 있다는 기대를 갖고 사람을 변화시키려고 노력한다면, 그것은 대단한 실수다. 리처드 바크는 『One』에서 이렇게 썼다. '문제 해결을 원치 않는 사람의 문제는 해결해 줄 수 없다.' 일반적으로는 부정적인 사람도 변화하기를 원한다. 하지만 변화가 가능하다고 해도 너무 오랜 시간이 걸린다. 우리에게는 그렇게 낭비할 시간이 없다. 부정적인 인간을 바꾸는 데 정력을 낭비하지 말고, 자신에게 투자해서 더 훌륭한 사람이 되는 게 훨씬 더 경제적이다.

그런데 독자들 중에는 이런 정신질환자들을 꼭 한 번 고쳐 놓고야 말겠다고 나서는 '착한 사마리아인'들이 있을지도 모른다. 나는 이 프로젝트가 모험이며 백해무익한 일이라는 점을 경고해 주고 싶다. 성격 자체를 아주 개조하지 않는한, 모든 노력은 수포로 돌아갈 것이다. 여기 전갈과 개구리에 관한 옛날 이야기가 하나 있다. 이 이야기를 통해서 부정적인 인간이 어떤 사람들인지를 이해해 보자.

연못을 건너고 싶었던 전갈은 친절한 개구리 한 마리를 찾아냈다. 전갈이 개구리에게 부탁을 했다. "개구리야, 나 좀 저 쪽으로 데려다 줄래. 난

> 가장 큰 불행 : 고독할 수 없는 것.
> - 장 드 라 브뤼예르

수영을 못해서 그래, 네가 도와주면 정말 고맙겠어." 그러자 개구리가 말했다. "안 돼, 안 되고 말고, 난 네 놈을 잘 알아. 내가 너를 등에 업고 가면, 아마 중간쯤 가서 나를 찌를 거야. 그럼 나는 수영을 할 수 없으니까 연못을 건너갈 수도 없겠지. 난 빠져 죽고 싶지는 않아."

그러자 전갈은 "바보 같이 굴지마. 네 등에 올라타면 난 너밖에 의지할 곳이 없는데 그게 말이 되니. 내가 널 물면, 나도 같이 물에 빠질 것 아냐. 내가 왜 그런 짓을 하겠냐?" 개구리는 이 말을 듣고 마음이 누그러졌다. "그래 네 말을 들으니 맞는 말인 것 같다. 그럼 자, 업혀." 전갈은 개구리의 등에 업혔고, 연못을 건너기 시작했다. 전갈은 연못을 반쯤 건널 때까지는 개구리를 물지 않으려고 이를 악물고 참았다. 그런데 전갈은 인간들처럼 더 이상 유혹을 참을 수 없었다. 결국엔 개구리를 찔렀다.

그러자 둘 다 물 속으로 가라앉기 시작했고, 개구리가 전갈에게 물었다. "도대체 왜 그런 거야? 우리 둘 다 죽게 되잖아." 그러자 전갈은 인간에게서 많이 듣던 그런 대답을 했다. "참을 수 없었어. 그게 내 천성인 걸 어떡해."

부정적인 사람은 이 우화에 나온 전갈 같은 인간이다. 행복과 생존이 걸린

문제라고 하더라고 절대 변하지 않을 사람들이다. 설사 변한다 하더라도 이런 사람들은 계속 개종자를 물색하면서 절대로 자기 주장을 굽히지 않으려 할 것이다. 우리말에 동병상련이라는 말이 있다. 같은 병을 가진 사람들끼리 서로 불쌍히 여기면 그만이다. 그런데 그것을 강요한다면 문제는 달라질 수 있다.

간단히 말해 귀중한 시간까지 투자해 가면서 불행해 죽겠다는 인간을 행복하게 만들어 보겠다고 하는 것은 그야말로 헛된 일이다. 마술사 정도는 돼야 성공시킬 수 있는 일이다. 부정적인 사람을 다루는 데 효과적인 방법이 한 가지 있기는 있다. 내 인생에서 완전히 지워 버리는 것, 이 방법뿐이다.

조지 워싱턴의 말에 나는 전적으로 동감한다. "나쁜 친구들하고 같이 있기보다는 혼자가 낫다." 무엇보다도 자신의 행복을 위해서는 부정적인 인간들을 피해야 한다. 그런 사람들의 무리에 섞여 있다는 판단이 들거든, 그냥 걸어나오는 것만으로는 부족하다. 냅다 달려라.

여가생활은 혼자 즐겨라

혼자 있게 되면 아무래도 자기 자신과 직면하는 시간이 많아진다. 혼자 있으면 다른 사람과 같이 있었을 때는 전혀 알 수 없었던 새로운 세계를 경험할 수 있다. 높이 날아오르려면 다른 사람과 함께 나는 것보다는 혼자 나는 것이 더 효과적이다.

혼자 있어 외롭다는 느낌이 들 때, 두 가지 반응이 나올 수 있다. 한 가지는 슬픔을 나타내는 수동적인 반응이다. 울기, 인상 찡그리기, 과식, 잠, 자기 연민 등이 여기에 속한다. 이 반응은 일반적으로 자기 존중감이 낮고 외로움을 관리하는 방법을 모르는 사람에게서 많이 나타난다.

외로움을 해결하는 방법 중에 건강하지 못한 방법은 잠, 마약, 술, 도박, 쇼핑 따위에 탐닉하는 것이다. 이런 방법은 단기적으로는 외로움을 완화시켜 주는 듯 보인다. 하지만 장기적으로는 아무런 도움도 되지 않는다. 외로움을 극복하기 위해서는 사람 사귀는 기술의 습득, 친밀한 인간관계 형성, 자기존중감 계발 같은 것들이 필요하다.

슬픔이나 수동적인 것과 대조적인 반응은 미리 창의적인 계획을 세워 놓고 그것에 따라 움직이는 것이다. 독서, 편지 쓰기, 공부, 음악 감상, 취미 생활, 악기 연주 같은 다양한 활동이 포함될 수 있다. 계획에 따라 시간을 보내게 되면 정체성도 뚜렷해지고 다음에 다시 혼자가 되었을 때도 두려움 없이 잘 지낼 수 있는 감각을 계발할 수 있다.

Exercise 10 - 1

여가생활 혼자 즐기기

혼자라는 것을 달리 생각해 보면, 다른 사람이 있으면 할 수 없는 일을 할 수 있는 절호의 기회가 될 수 있다. '여가생활 나무'로 다시 돌아가서, '혼자 즐길 수 있는 여가 활동'이란 항목을 하나 더 만들어 보자. 그런 다음 거기에 혼자서 할 수 있는 여가 활동들을 생각나는 대로 적어 보아라.

옆에 누가 없어도 할 수 있거나 없어야만 할 수 있는 일들은 얼마든지 있다. 그 중에 몇 가지를 적어 본다.

— 명상
— 전에 읽어 볼 기회가 없었던 책이나 잡지를 읽는다.

— 다른 사람과 동행하기는 약간 거북한 사람을 방문한다.

— 예술적이거나 창조적인 일을 해 본다.

— 자선 모금 활동에 나가 봉사를 한다.

— 나만의 꿈을 꿀 수 있는 시간을 가져 본다.

— 새로운 취미를 찾아본다.

— 사람 구경을 한다.

— 커피 파는 곳에 가서 사람을 사귄다.

— 자전거 타기, 조깅, 수영을 한다.

— 새로운 도구나 물건을 만들어 본다.

— 차를 수리한다.

— 집을 고친다.

— 공원에 산책을 나간다.

— 빗속을 걸어 본다.

— 낮잠을 잔다.

— 편지를 쓴다.

— 음악을 듣는다.

— 취미 생활을 열심히 한다.

— 정원 가꾸기를 시작한다.

혼자서 할 수 있는 여가 활동은 개성을 창출하고 여가생활의 질을 높인다. 혼자 있으면 자신에게만 전적으로 의지하게 되므로 잠재되어 있던 능력이 발현되는 실질적인 장점이 있다. 배우자, 가족, 친구들과 같이 있을 때보다는 혼자 있을 때 스스로에게 더 많은 책임이 가게 된다. 책임을 진다는 뜻은 어떤 활동을 하건 간에 그 활동의 유일한 주인이 된다는 뜻이다.

고독에게도 기회를 주어라

> 미국에서 가장 필요한 것은 창조적인 고독을 발견하는 일이다.
> - 칼 샌드버그

많은 사람들이 아직까지도 혼자 있는 법을 배우지 못한 이유는 고독할 수 있는 기회 자체를 가지려 하지 않았기 때문이다. 이런 사람들은 외로움을 극복하기 위한 방법으로 텔레비전에 의존하거나 살 필요도 없고 살 능력도 안 되는 물건을 사는 데 돈을 낭비한다. 또한 혼자 있을 수 있는 기회 자체를 박탈하기 때문에 이런 사람들은 고독을 이해하고 즐길 수도 없다.

정도의 차이는 있지만 사람들과 어울리다 보면 같이 있는 것에 중독이 되기 마련이다. 특히 같이 있는 사람들이 좋은 사람들일 때는 더욱 그렇다. 리처드 바크는 저서 『환상(Illusions)』에서 다른 사람과 함께 있다가 다시 혼자만의 세계로 돌아가려면 언제나 노력과 적응의 시간이 필요하다고 기술했다. 바크는 이렇게 썼다. "사람은 원래 혼자 있는 것에 익숙한 존재다. 하지만 단 하루라도 다른 사람과 함께 어울리다 보면, 혼자 있는 것이 낯설어진다. 그럴 때 다시 혼자로 돌아가려면, 다시 그것에 익숙해져야 한다."

책을 쓰게 되면 어쩔 수 없이 혼자 있는 것에 익숙해지게 된다. 처음 15분에서 30분 동안은 전화를 걸거나 내 일과는 아무 상관도 없는 라디오 토크쇼를 틀어 놓고 싶은 충동이 인다. 하지만 혼자라는 현실을 직시하고 나면 안정적인 글쓰기를 시작할 수 있고 혼자라는 사실을 즐기게 된다.

혼자 있을 때 내가 만일 전화나 라디오, 책, 컴퓨터, 잡지, 자동차 따위에 의

이제 됐어! 이제 다른 잎은 다 지고, 이제 나도 고독이란 걸 좀 즐길 수 있게 되었군.

존하려고 했다면 아무리 짧은 시간이라 하더라도 외로움을 느꼈을지도 모른다. 하지만 진화가 많이 된 사람들은 삶이 비참하다거나 의미 없다는 생각을 하지 않고, 오랜 시간 고독 속에 스스로를 유폐해 왔다. 나는 시드니 리텐버그에 관한 자료를 꽤 많이 수집했는데, 그의 이야기를 들으면 혼자라는 것이 어떤 의미인지를 잘 이해할 수 있다.

시드니 리텐버그는 중국에서 11년이란 시간을 감옥, 그것도 독방에 갇혀 지낸 사람이다. 여러 해 동안 간수들은 리텐버그가 혼자말로 중얼거리는 것도 금했고, 펜과 종이로 편지를 쓸 수도 없게 했다. 리텐버그는 뉴욕 한 복판에서 1만 명 가량의 사람들과 함께 지냈더라도 쓸쓸한 감옥에 혼자 있는 것보다 훨씬 더 외로웠을 거라는 말을 수도 없이 되뇌었다고 한다. 리텐버그는 문명의 혜택 하나 없이 독방에서 11년을 버텼지만, 미치지도 않고 감옥을 나왔다. 그러니 우리도 하루에 몇 시간 정도는 얼마든지 혼자 잘 지낼 수 있다.

시드니가 자기 혼자서도 행복하게 잘 지낼 수 있는 방법을 선택했다면, 우리도 그럴 수 있다. 혼자라는 사실을 알게 되었을 때는 불안이나 두려움의 감정이 생길 수 있다. 그럴 때 무조건 도망치려 애쓰지 마라. 버림을 받았다거나 소외되었다고 느낄 필요도 없다. 아무도 없이 혼자 남았다고 생각할 것이 아니라 진짜로 중요한 사람, 즉 나 자신과 함께 있을 수 있게 되었다고 고맙게 생각하라. 그것은 고독만이 줄 수 있는 소중한 기회다.

오늘 혼자 있으면 내일이 더 행복해진다

적어도 하루나 이틀 정도는 사람들, 신문, 라디오, 텔레비전과 떨어져 있는 게 좋다. 지금 나이에서는 굳이 혼자서 많은 시간을 보낼 필요가 없다고 하는 사람들도 이런 연습이 필요하다. 지금 혼자 지내는 법을 배워 두면 나중에 혼자 있어야만 하는 상황이 되었을 때 훨씬 더 유연하게 대처할 수 있다.

> 외로움이 무서우면 결혼하지 마라
> - 안톤 파블로비치 체홉

익숙한 사회 구조나 친구 관계에 변화가 생기면 생활도 바뀐다. 은퇴, 다른 도시로의 이사, 혹은 가까웠던 사람의 죽음과 같은 변화가 생기면 혼자 있는 시간이 늘어난다. 혼자 있는 법을 터득하게 되면 주변에 많은 사람이 없을 때를 대비할 수 있다.

일찌감치 혼자 살면서도 행복하게 지내는 방법을 배워 두면 노년에 외로움을 해결해야 할 때 도움이 된다. 밴쿠버에서 사회복지사로 일하고 있는 글로리아 레비와 베릴 페티는 이혼이나 사별로 배우자를 잃고 혼자 힘으로 살아야 하는 사람들보다는 아예 처음부터 결혼을 하지 않은 사람들이 노년을 더 잘 꾸려 나간다는 사실을 알아냈다. 평생을 혼자 산 노인들은 외로움을 많이 타지 않는다. 오랜 시간 혼자 살아왔기 때문에 배우자 없이도 만족을 얻는 여러 가지 방법을 알고 있기 때문이다.

노인들의 경우에는 배우자를 잃고 나서 1~2년 후에도 다른 배우자를 찾지 못하면 사망하는 경우가 빈번하게 일어난다. 특히 남자 노인의 경우가 더 심하다. 남자 노인들은 대부분 일밖에 모르고 살았던 사람들이기에 일과 부인이 모두 사라지게 되면 당연히 인생살이가 힘들어질 수밖에 없다. 남편이 죽고 혼자

사는 여자 노인들도 힘들기는 마찬가지이다. 경
제 문제, 집수리, 중요한 결정 같은 것들을 전부
남편에게 의존해 왔기 때문이다.

> 고독은 우리를 스스로에게는
> 더 엄격한 사람으로, 다른 사람
> 한테는 더 관대한 사람으로 만
> 들어 준다. 양 쪽 모두 우리의
> 인격을 함양시킨다.
> - 프리드리히 니체

그런데 정반대의 주장도 있다. 레비와 페티에
따르면 일부 노인들은 배우자를 잃어도, 슬픔이
나 비통함을 극복하고 난 후에는 오히려 더 잘 지내는 경우가 있다고 한다. 이
런 노인들은 자신의 창조적 능력을 발견하고, 그 능력을 글 쓰기나 그림과 같은
활동에 쏟아 붓는다. 그리고 이렇게 사는 노인들은 결혼생활에서 누리지 못했
던 자유로움과 독립심을 혼자 사는 생활을 통해 경험하며, 그 어느 때 못지 않
은 행복한 노년 생활을 만들어 나간다.

혼자 있음을 자축하는 날을 정하라

고독을 즐길 수 있는 한 가지 방법은 일주일에 한 번 예술가의 날을 정해 놓
고 자기의 내면 안에 숨어 있는 예술적 기질을 밖으로 끌어내는 것이다. 이름은
뭐라고 해도 상관이 없다. 이 날은 나만이 가진 상상력과 관심사를 마음껏 발휘
할 수 있는 그런 특별한 날이다. 스스로 예술적 재능이 부족하다고 생각하는 것
도 문제가 되지 않는다. 일주일에 한 번 나를 위해 시간을 투자할 수만 있다면,
그 동안 사용해 보지 못했던 혹은 있는지도 몰랐던 창조적 재능을 발견하는 좋
은 시작이 될 것이다.

일주일에 하루 시간을 정해 놓고 혼자 있는 시간을 만들어서 서너 달 동안
꾸준히 항상 해 보고 싶었던 일, 혹은 전엔 많이 했지만 잠시 미뤄 뒀던 일들을
시작해 보아라. 이 일을 할 때에는 혼자 해야 한다는 것이 핵심이다. 다른 사람

의 비난에 대해서는 걱정할 필요가 없다. 혼자 있는 것을 즐기기만 하면 된다.

신이 주신 재능을 아직까지 사용하고 있지 않은 사람이라면, 창조적 능력의 재발견을 통해서 기적을 만들어 낼 수 있다. 글 쓰기도 창의력을 표현할 수 있는 한 방법이다. 소설을 쓰거나 일상생활을 기록하는 일기를 써도 좋다. 글 쓰기가 맞지 않는다면, 목공예나 중고차 수리 같은 것도 좋다.

예술 활동은 자신의 내면에 있는 창조적 영혼과 일 대 일로 깊은 대화를 나누는 것이며, 반복적인 일상생활과 쾌락 때문에 오랜 세월 억압되었던 예술적 재능에 다시 불을 붙이는 것이다. 그림 그리기, 시 쓰기, 도자기 만들기 모두 이 범주에 드는 예술 활동이다.

> 역시, 단조로움이란 창조적 활동에 가장 좋은 조건이다.
> · 마가렛 새크빌

그림 그리기, 조각, 글 쓰기 등의 활동은 진정 예술적인 것이다. 일부 엘리트주의자들은 사진이 예술적인 면에서 떨어진다 말하기도 하지만, 사진도 마찬가지로 예술 활동이다. 좋아하거나 혹은 항상 마음만 있었던 예술 활동들을 적어 보는 것부터 시작해 보자. 15가지 정도만 나열해 보아라.

- 책을 쓴다
- 그림을 그린다.
- 영화를 10개 골라 비평을 시도한다.
- 살고 있는 도시에서 가장 가 볼만한 곳을 골라 답사한다.
- 노래를 여러 곡 작곡해 본다.
- 근처에 서식하는 모든 종류의 새 사진을 찍어 본다.
- 여러 군데 음식점을 찾아다니면서 내가 살고 있는 도시에서 먹어 볼 수 있는 음식에 어떤 종류가 있는지를 조사한다.

- 심포니, 오페라, 라이브 극장 공연을 관람하고 비평을 써 본다.
- 악기 다루는 법을 배운다.

적어 놓은 목록에서 관심과 목표를 가지고 집중해 볼 수 있는 활동 한 가지를 선택한다. 그런 다음에는 반드시 최소한 12주를 그 일에 매달려야 한다. 12주 정도의 시간이면, 훌륭한 예술가가 되기에 충분하다. 그 때가 되면 왜 창조적인 예술가들이 대부분 고독을 통해서 위대한 영감을 얻는지 그 이유를 알게 될 것이다. 화가, 조각가, 시인, 작가, 작곡가들은 대부분 혼자서 보내는 시간이 많은데, 그 이유는 혼자 있을 때 훨씬 더 영감이 잘 떠오르고 일이 잘 풀리기 때문이다. 더불어 고독은 성찰과 재활의 기회이기도 하다.

창조적 활동을 할 때는 그 결과보다는 과정을 중시해야 한다. 예를 들어, 풍경화를 그리기로 했다면 갤러리에 그림을 팔 수 있는가의 여부는 중요하지 않다. 오랜 동안 생각에만 그쳤던 일을 드디어 행동으로 옮겼다는 사실 때문에 풍경화를 그린 과정이 더 중요한 것이다.

예술가의 날을 통해서 그 동안 억압해 왔던 창조적 능력과 만날 수 있는 기회를 갖게 될 것이다. 그리고 생각했던 것보다 훨씬 더 많은 능력이 내 안에 잠재되어 있었음을 알게 될 것이다. 그리고 무엇보다도 매달렸던 일이 끝나게 되면 벅찬 만족과 자신감을 경험하게 된다.

일이 끝나면 그 다음에는 그 결과를 칭찬할 줄도 알아야 한다. 풍경화를 그린다고 그렸는데, 사람들이 호수 밑바닥을 그린 것으로 생각한다고 하자. 하지만 그런들 어떠랴? 중요한 것은 예술 작품을 만들어 내면서 내면 깊이 가라앉아 있던 욕망을 만족시켜 줄 수 있었다는 사실이다. 무엇보다도 상

> 대화는 이해를 풍성하게 하지만, 천재들의 학교는 고독이다.
> - 에드워드 깁본

상력이 넘치는 예술 작품을 만들어 냈다는 사실 하나만으로도 예술적 재능에 대한 자신감을 회복하고, 혼자서도 얼마든지 알찬 여가를 보낼 수 있다는 용기를 얻었을 것이다.

행복하게 오래 살려면, 괴짜가 되어라

스코틀랜드에 사는 알랜 페어웨더는 구워 먹고, 튀겨 먹고, 쪄 먹고, 오직 감자만 먹고사는 사람이다. 아주 드물게 다른 것을 먹기도 하는데, 감자 먹는 게 너무 지겨울 때 초콜릿 바를 먹는 정도다. 페어웨더에게 감자는 주식이기도 하지만 그의 인생이기도 한다. 그는 스코틀랜드 정부의 농림부에서 감자 검역관으로 일하고 있다. 그가 감자를 사랑하는 것은 너무 당연한 일이다.

개중에는 "그것 참 별난 사람이군."이라고 말하는 사람이 있을 수도 있다. 맞는 말이다. 생각은 자유지만 그렇다고 페어웨더나 그런 부류의 별난 사람들을 불쌍하게 생각할 필요는 없다. 『true eccentric』의 공동저자인 데이비드 윅스와 제이미 제임스의 기준에서도 '페어웨더는 정말 기이한 사람'이다.

감자 애호가인 페어웨더처럼 별난 인간들은 혼자 보내는 시간이 많다. 그렇지만 불행한 사람들은 아니다. 놀랍게도 윅스와 제임스가 발견한 바에 따르면, 별난 인간들은 보통 사람들보다 훨씬 더 행복하며, 건강도 더 좋고, 더 오래 사는 경향이 있다고 한다.

일반 사람들은 페어웨더가 정상이 아니라고 생각할 테지만, 윅스와 제임스는 괴짜들은 평범한 일반인들보다 훨씬 더 지능이 높다고 주장한다. 괴짜들은 사회에 순응하는 사람들이 아니다. 고도의 창조적 능력과 호기심을 갖고 있는 사람들이고 이상주의자며, 지능이 높고 자기 주장이 분명하고, 자기만의 취미

생활에 푹 빠져 지내는 사람들이다. 웍스와 제임스는 이런 괴짜들을 900명 이상 조사했는데, 대부분의 사람들이 그 독특함 때문에 배우자를 만나지 못하고 혼자 사는 경우가 많았다. 그렇다고는 해도, 이런 사람들에게 혼자만의 시간이 문제가 되지는 않는다. 오히려 이들은 그 시간을 기반으로 삶을 만들어 간다.

페어웨더와 같은 괴짜들은 타인의 시선을 의식하지 않고 자신의 본 모습에 충실할 수 있는 비범한 능력의 소유자들이다. 물론 우리 사회의 대부분의 사람들에게 이런 능력은 사치이다. 또한 괴짜들은 자신의 열정을 쏟을 수 있는 취미 생활과 라이프스타일을 추구하는 데 있어서도 매우 자유롭다. 사회에 순응해야 한다는 부담이 없기 때문에 다른 사람들이 어떻게 생각하는가 따위에는 관심이 없다.

매슬로우의 기준에서 보면 괴짜들과 자아 실현을 이룬 사람들 사이에는 똑같은 특징들이 많다. 가장 중요한 특징(높은 자존감, 자신감, 자유로움)은 두 부류 모두 행복과 장수를 누릴 수 있게 해 준다는 점이다.

그러므로 행복하게 장수하기를 원한다면 괴짜가 되어야 한다. 자아 실현을 위한 노력과 자기 계발은 경이롭고 신비하며 매혹적이다. 특히 혼자 있는 시간을 갖기 시작하면 곧 여가 활동에도 영적인 면이 있다는 사실을 발견하게 될 것이다. 사람은 그러한 영적 발견을 통해서 성찰하고 명상하며 성장할 수 있게 된다.

무엇보다도, 고독을 즐기는 것에서 그치지 말고 그것을 추구하도록 하라. 그리고 자기를 발견해 가는 과정 중에는 반드시 스스로를 더 사랑하도록 하라. 내 안에 내가 그토록 찾아 헤매던 낙원이 있다는 사실을 기억하라. 그 안에서 우리는 그 동안 간절히 염원해 왔던 모든 행복을 발견하게 될 것이다.

돈의 자리를 찾아 줘라

돈만으로는 행복해질 수 없다.
돈만으로는 기쁨을 얻을 수도 없다.
그런데도 우리는 언제나 부자 되는 기회를 노리니,
이 얼마나 슬픈 일인가.

— C. C. 콜튼

이 장은 여가생활과 인생 전반에 걸쳐서 돈이 어떤 역할을 하며 그것이 어떤 의미를 가지는지에 대해 설명하는 장이다. 돈이 우리의 행복에 중요한 역할을 하는 것은 사실이지만, 사회 대다수의 사람들이 믿는 것처럼 그렇게 대단한 역할이 있는 것은 아니다.

돈에는 두 가지 측면, 즉 좋은 측면과 나쁜 측면이 있다. 조지 버나드 쇼는 돈에 대해 이렇게 말했다. "돈을 중시하는 태도는 우리 문명이 희망적이라는 사실을 나타낸다. 돈은 이 세상에서 제일 중요하다. 건강, 힘, 명예, 관용, 아름다움을 보여 주는 것이 돈이다. …… 돈은 귀족을 비호하고 그들을 더욱 고귀하게 해 주는 만큼 비천한 사람들을 파괴시킨다는 점에서 최소한의 미덕도 없다."

돈이 연루된 곳에서는 상식이 통하지 않는다. 심리학자들은 대부분의 사람들이 섹스보다는 돈을 더 어렵게 생각한다고 꼬집는다. 돈과 관련된 모든 문제들을 고려해 본다면, 차라리 돈 없이 사는 게 더 속 편할지도 모를 일이다.

하지만 어쩌겠는가, 돈 없으면 살 수 없는 것을. 그래서 어느 정도는 돈에 관한 게임의 법칙을 알아 둘 필요가 있다. 먹을 것, 집, 교육, 교통, 건강 보험, 옷 입기 따위를 모두 해결하려면 돈이 있어야 한다. 그렇기 때문에 대부분의 사람들이 생계를 꾸리기 위해 시간과 정력을 투자하고 땀을 흘리는 것이다. 생계 마련을 위한 이런 노력은 당연히 인생의 즐거움을 만끽하는 일과 상충된다.

서구 사회에 사는 대부분의 사람들이 돈이 중요하다고 생각하는데, 사실 그렇게 생각해서는 안 된다. 돈 문제는 그 게임의 규칙만 알면 쉽게 해결될 수 있다. 나는 얼마 전에 그 비밀을 깨달았다. 돈을 관리하는 비밀은 두 가지다. 그 비밀을 모르는 사람들을 위해 이 장의 뒷부분에서 그 비밀을 공개하기로 하겠다.

삶의 기본적인 욕구를 충족시킬 수 있는 사람들은 일단 돈에 관한 개념만 제대로 이해하고 있으면 모든 금전적인 고통으로부터 벗어날 수 있다. 사회경제적인 문제들의 대부분은 경제 문제라기

보다는 가치관이나 기대 수준과 관계된 문제들
이다. 대부분의 사람들은 이미 기본적인 욕구는
모두 충족할 수 있는 상태에 있다. 이미 가진 것
을 즐길 시간마저 없는데도 사람들은 더 많은 것
> 부자 가운데 자기자신이 재산을 소유한 사람은 거의 없다. 대부분 재산이 그들을 소유한다.
> - 로버트 G. 잉거솔

을 원한다. 그렇게 되면 전보다 더 시간 내기가 힘들어질 것이 분명하다. 그런
데도 사람들은 끊임없이 가지지 못한 것을 열망한다.

아래에 소개하는 편지는 리사 말렛 씨가 보내 준 것이다(편지 뒷 부분에 개인
적인 이야기가 나오는 이유로 이름을 약간 바꿨다). 편지 후반부에 돈이 사람들에
게 어떤 영향을 미치는지가 언급되어 있다.

젤린스키 씨에게,

이제 막 선생님께서 쓰신 『적게 일하고 많이 놀아라』를 다 읽었습니다. 오랜만
에 정말 유익한 책을 읽은 것 같습니다. 저는 아주 우연히 이 책을 알게 됐습니
다. 남편하고 CBS 라디오를 듣고 있었는데, 그 날의 주제가 '당신, 너무 열심히
일하는 것 아닙니까?' 였습니다.

저는 지금 직장에 안 다닌 지가 2년이 다 되어갑니다. 이 책을 읽으면서 저는 제
가 실직하면서 느꼈던 감정이나 그밖에 여러 가지 문제점을 해결하는 데 많은
도움을 얻었습니다. 사실 일을 그만둔 것에 대해 죄책감이 많았거든요. 하지만
지금 생각해 보면 제 직장은 선생님 책에 설명된 그 지옥과 다르지 않았습니다.
게다가 저는 일주일에 꼭 두 번은 편두통이 있었거든요. 이 회사는 지난 2년 동
안 저랑 같이 일했던 사람들을 전부 해고했습

> 신용만 잘 지킨다면, 부자가 되기에 충분할 것이다.
> - 플라토니쿠스

니다. 전 제 발로 걸어 나온 경우였기 때문에
더 죄책감이 있었나 봅니다. 다시 일을 못할

수도 있다는 걱정도 있었고요.

지금으로서는 앞으로 어떻게 될지 잘 모릅니다만, 일에 대한 생각을 바꾼 것은 사실입니다. 뭘 해서 돈을 벌는지는 아직 모르지만, 여가를 잘 활용하려는 생각만은 분명합니다. 사람들이 뭐하고 지내느냐고 물으면 전에는 아무것도 안 한다고 말했는데, 이제는 그저 현재를 즐기고 있다고 말해 주죠.

제 남편하고 저는 매일 운동도 하고 도자기 만드는 수업도 듣습니다(물레로 하는 건데 아주 재미있고 더 배울 계획입니다). 아주 훌륭한 취미죠.

그런데 중요한 것은 제가 굳이 일을 하지 않아도 된다는 사실입니다. 신탁펀드에서 나오는 돈이 있거든요. 물론 그동안의 수입과 맞먹을 만큼의 돈은 안 되지만, 집세를 내고 먹을 것을 구입할 정도는 확실히 됩니다. 제 남편도 은퇴를 하고 연금을 받게 될 것 같고요. 항상 은퇴했을 때 돈이 넉넉지 않으면 어쩌나하고 걱정을 했었습니다. 그런데 이제 보니 잘

> 난 보물 중에서도 가장 훌륭한 보물을 가지고 있다. 즉 돈을 탐내지 않는 마음이다.
> - 엘레오노라 두세

만 꾸려 나가면 문제없겠어요. 남편하고 저는 생활비를 줄이고 저희가 쓸 수 있는 범위 내에서 생활하려고 합니다. 그래야 다시 그 끔찍한 직장에서 일하지 않아도 되겠죠. 그리고 저는 돈이 사람들을 어떻게 만드는지를 주변에서 많이 봤습니다. 저희 집안에는 돈이 많거든요. 그런데 저희 엄마말고는 전부 다 돈밖에 모르고 사람 뒤통수나 치고 뭐 그런 작자들입니다.

다시 한 번 이런 책을 써 주신 것에 대해 감사 드립니다. 정말 많은 도움을 받았고, 무거운 짐으로밖에 여겨지지 않았던 문제들을 새로운 시각에서 바라 볼 수 있는 눈을 열어 주셨습니다. 그럼 안녕히 계십시오.

리사 말렛

애석한 일이지만, 노후 비용을 위한 돈 모으기에 집착하는 사람들은 돈을 위

해서라면 뭐든지 할 사람들이기 때문에 계산적이 될 수밖에 없고, 인간적인 품위까지도 상실하게 된다. 더구나 돈이면 뭐든지 다 할 수 있을 거라는 얼토당토않은 기대심리는 질투, 상실감, 낙담, 환멸 같은 부정적인 감정을 낳는다. 설상가상으로 돈에 목을 맨 사람들은 까딱하면 목숨까지도 잃을 수 있다.

돈만 아는 사람들은 돈 버는 법은 알아도 쉬는 법, 웃는 법, 스스로 즐기는 법은 모른다.

사람이 돈이나 물질적인 것들을 추구하는 것은 부족한 부분을 보상받으려고 하는 노력이지만 모두 헛된 짓이다. 이런 맹목적인 욕망은 인간관계와 같은 소중한 것들을 훼손시킨다. 문제는 사람들이 돈으로 보여 줄 수 있는 것만으로 사람을 평가한다는 것이다. 쓰고 나면 사라지고 마는 재화를 축적하는 데 열심일수록, 행복과 마음의 평화를 위한 여가 활동의 시간은 줄어들게 된다.

세상에 충분한 것은 없다

얼마 전 〈월스트리트 저널〉에서는 로퍼사를 통해서 미국인들이 아메리칸 드림이라는 것을 어떻게 정의하고 있으며, 얼마만큼 그 꿈을 이루었다고 생각하는지에 관해 조사를 한 적이 있었다. 한때 아메리칸 드림은 자유를 상징했다. 그런데 이제 대부분의 사람들에게 그 꿈은 부귀영화나 풍요로움을 상징한다. 이제는 돈이 많아야 자유를 누릴 수 있다고 사람들은 생각하게 될 것이다.

대부분의 사람들은 아메리칸 드림을 이룬 사람들이라면 가난한 사람보다는 잘 사는 사람들

> 많은 돈을 건네 받는 것은 유리로 만든 칼을 건네 받는 것과 같다. 그것도 칼날 쪽을 먼저 받는 것과 같다. 그게 뭔지 알아내는 동안은 아주 조심조심 다루어야 할 것이다.
> - 리처드 비크

이 더 많다고 짐작하고 있을 것이다. 그런데 사실은 그렇지 않았다. 연봉 5만 달러 이상을 버는 사람들 중에 겨우 6%만이 아메리칸 드림을 이뤘다고 말한 반면, 연봉 1만 5천 달러 미만의 사람들은 5%가 그 꿈을 이뤘다고 응답했다. 연봉 1만 5천 달러가 안 되는 사람들은 중간 소득이 5만 달러가 되면 아메리칸 드림을 이뤘다고 말할 수 있을 것이라고 생각한 반면, 연봉 5만 달러 이상의 사람들은 적어도 10만 달러는 되어야 그 꿈을 이뤘다고 생각할 수 있을 것이라고 응답했다.

일반적으로 경제가 성장하면 미국 중산층들이 더 잘 살게 될 거라 믿지만 사실은 그렇지 않다. 미국 중산층들이 가지고 있는 경제적인 문제점들은 대부분 심리적인 것이다. 북미인들은 정신과 육체, 이중으로 고통을 당하는데, 그것은 인간관계가 풍부하지 못하고 건설적으로 여가생활을 즐기지 못하기 때문이다.

캐나다와 미국의 빈곤선은, 제 3세계 국가에서는 중산층이나 상류층에 속한다고 생각되는 수준으로까지 와 있다. 한때는 흑백 TV 한 대만 소유해도 북미 중산 계층에게는 사치라고 생각되던 시절이 있었다. 그 다음에는 컬러 TV가 사치인 시대가 되더니, 이제 컬러 TV는 생활 필수품이 되었다. 사실 TV가 한 대인 가정은 모두가 빈곤선 아래에 있는 셈이다. 북미 가정의 50% 이상이 두 대 이상의 TV를 소유하고 있다는 점을 고려해 본다면 요즘은 컬러 TV 두 대도 대단한 게 아니다.

미국인들의 삶의 만족도를 조사해 보니 1955년도에 만족도가 가장 높았던 것으로 조사되었다. 그 때에 비해서 지금은 식기세척기를 사용하는 가정은 7배로 늘었고, 2대 이상 차를 소유한 가정도 3배나 늘었다. 그런데도 불구하고 사람들의 삶에 대한 만족도는 현격히 낮아졌다. 오늘날의 미국인들은 1950년대 평균적인 미국인들이 소유하고 소비했던 것의 2배 이상을 소유하고 소비하고 있다. 그런데도 불만은 1950년대 북미인들에 비해 적어도 2배 이상 늘어났다.

문제는 탐욕이다. 실제로 대부분의 사람들이 모든 것을 갖기를 원한다. 돈, 고급 주택가의 대 저택, 자가용 2대 이상, 카리브 해안으로의 멋진 휴가 등. 하지만 '말 타면 경마 잡히고 싶다' 고 욕심은 끝도 없다. 필요한 것보다 3배나 더 많은 욕실, 최소한 450마력을 갖춘 컴퓨터와 비상용 전기, 디자이너들이 평상복용으로 디자인한 옷들이 가득한 옷장 등을 갖춘 여름 별장도 이 항목에서 빠져서는 안 된다. 이렇게 모든 것을 다 갖고 싶은 심리상태는 삶에 대한 만족도를 떨어뜨린다. 물론 가진 것만으로 따진다면 그 어느 세대보다도 많은 것을 가졌지만 말이다.

모든 것을 다 가져야 직성이 풀리는 심리는 생각 외로 단단해서 오늘날 서구 사회를 병들게 하는 주요 요인으로 떠올랐다. 광고주들은 광고를 통해 가공의 사치품들을 열망하도록 만들고,

> 부가 사람들에게 해 줄 수 있는 유일한 일은 부를 잃을까 봐 걱정하게 만드는 일이다.
> - 안토니 드 리바롤

그것을 누릴만한 가치가 있다고 선동한다. 대다수 사람들의 기대 수준은 터무니없이 높아졌고, 신(神)도 사람들이 원하는 것을 다 챙겨주기에는 힘들 정도가 되었다.

궁극적으로, 이런 심리 상태는 행복과 만족을 불러오지 않는다. 그렇다면 어떤 결과를 가져올까? 모든 것을 다 가지려고 애쓰는 사람들은 일에만 매달리기 때문에 이미 가지고 있는 것도 즐길만한 시간이 없다. 슬픈 일이지만 이런 사람들은 시간 낭비의 가장 큰 주범이 끊임없이 갈구하는 자신들의 욕망이라는 것조차 깨닫지 못한다.

현대인들은 대부분 물질적인 안락과 장시간 지속되는 경제적 안정이 행복의 조건이라고 믿도록 스스로를 세뇌시켜 왔다. 서구 사회의 대다수 사람들은 그

전 세대의 사람들은 상상도 할 수 없을 정도의 풍요로움을 누리고 있다. 빈곤, 배고픔, 질병, 자연 재해로부터 고통받고 있는 사람들은 이제 거의 없어졌다는 것이다. 더구나 제 3세계에 사는 사람들은 북미인들이 가진 것의 10분의 1만 가지고도 행복을 누릴 수 있다. 그런데도 우리는 회사가 어려워지고 몇 사람을 일시적으로 해고해야 하는 상황이 되면 불행을 한탄하기에 급급하다.

과시적 소비는 자연스러운 본능이 아니다. 재화를 끊임없이 축적하려고 하는 충동은 자본주의, 산업혁명, 노동 윤리와 함께 등장한 주입된 행동방식이다.

텔레비전도 중요한 역할을 한다. 텔레비전 광고가 무차별적으로 쏟아 내는 메시지는 우리의 정신건강을 해친다. 광고는 최신 유행하는 기계장치나 장신구들을 구입하지 않으면 패배자나 실패자가 될 것처럼 믿게 만든다. 광고를 통해 우리는 어떤 사람이 되어야 하고, 무슨 옷을 입어야 하며, 어떤 전자제품을 사고, 어떤 차를 몰며, 집 평수는 얼마 정도가 적당한지에 대해 교육받는다. 광고에 나오는 제품들은 자존감, 행복, 권력을 포함하여 모든 것을 약속한다. 그리고 사람들은 이렇게 만들어진 성공의 이미지에 부합하지 못할 경우 자신이 실패한 사람이라고 판단한다.

> 가난하되 만족하면 더할 나위 없는 부자다.
> · 윌리엄 셰익스피어

이런 사실들을 모두 고려해 보면, 광고를 보지 않아야 오히려 더 행복해질 수 있다. 야생 장미의 향이 나는 겨드랑이 암내 제거제나 자가용의 자동 온도조절 장치 같은 것이 행복의 열쇠가 아닌 것은 분명하다. 게다가 광고는 사람들에게 끊임없이 새로운 것을 원하도록 만든다. 다른 물건을 사면 행복해지리라 생각하는데 과연 그럴까? 만일 새로운 물건을 구입해서 행복을 얻을 수 있다면, 다른 물건을 구입할 필요가 없다. 하지만 물건 구입을 통해 설사 만족을 얻는다고 해도 그 수명은 오래 가지 못한다. 그래서 자꾸만 더 많은 것을 열망하게 된다. 세상에 충분한 것은 없다는 말은 틀림없다.

미국 작가인 모리스 센닥은 "인생에는 모든 것을 소유하는 것보다 더 중요한 게 있다."고 했다. 센닥의 말이 맞다. 얼마만큼 가지는 것이 충분한지에 대해 깊이 생각하는 사람들이 늘어날수록 행복하고 만족스러운 삶을 사는 사람들의 수는 더 늘어날 것이다. 모든 것을 가지려고 애쓰는 사람보다는 훨씬 더 적은 것을 가지고도 만족하는 법을 배운 사람이 훨씬 더 행복하게, 만족하며 살 수 있다.

돈은 문제를 더 증폭시킨다

몇 년 전 리버풀의 주교가 영국 정부에 복권 운영을 재고해 달라는 요청을 한 적이 있었다. 주교는 복권 운영을 그만둘 수 없다면 당첨금액을 줄여야 한다는 제안을 내 놨다. 주교가 이런 제안을 하게 된 것은 한 남자의 자살 때문이었다. 자살한 남자는 복권에 당첨되어 1,300만 달러의 당첨금을 탈 수 있는 기회를 놓치자 자살을 결심했다.

티모시 오브라이언은 51세로 두 자녀를 둔 한 집안의 가장이었다. 1년 넘게 항상 같은 번호의 복권을 사오던 그는 어쩌다가 한 주를 빼 먹게 되었는데, 그 주에 그 번호가 당첨이 되고 말았다. 이 사실을 안 오브라이언은 총으로 목숨을 끊었다. 오브라이언이 매번 시도

> 갖고 싶어도 가질 수 없는 게 존재한다는 것이 바로 행복의 필수 조건이다.
> - 버틀란드 러셀

했던 그 번호가 하필 그 주에 1등 번호로 뽑혔고, 티모시는 자신의 실수를 죽음으로 계산했다.

티모시 오브라이언은 복권에 당첨되어도 인생은 달라질 게 없다는 사실을 알지 못했다. 복권 당첨자들의 대부분은 복권 당첨 후 더 불행한 인생을 살게

북미인들의 20%가 부 전체의 80%를
소유했다는 이유 하나만으로 나머지 사람
들이 성질을 낼 필요는 없다.

되는데, 돈 때문에 생기는 문제들이 의외로 많기 때문이다. 솔직히 말해 편하게
살 수 있었다는 이유 하나 만으로 자살한 인간이라면 복권을 탔어도 행복하게
살기는 글렀을 것 같다. 오히려 문제가 더 많아졌으면 많아졌지 줄어들지는 않
았을 것이다. 그런데 수사를 해 보니 그가 매번 시도했던 번호로 복권을 사서
복권에 당첨되었을 때 받을 수 있는 당첨금의 실수령액은 대략 100달러에 불과
한 것으로 밝혀졌다. 이 얼마나 아이러니한 세상인가!

　큰돈을 벌고 부자로 사는 사람들에 대한 환상이 존재하기 때문에 티모시 브
라이언과 같은 사람들을 비뚤어지게 만든다. 사람들은 자주 이런 말을 한다.

- 돈이 많으면 행복해질 수 있을 텐데.
- 돈이 많으면 여가 활동을 즐길 수 있을 텐데.
- 돈이 많다면 자신감도 많아질 텐데.

· 돈이 많다면 많은 사람들이 나를 좋아하고, 그렇게 되면 결혼 상대자도 더 좋은 사람을 고를 수 있을 텐데.

위에 언급된 말 중에 하나라도 동의하는 부분이 있다면, 돈을 너무 과신하고 있는 사람이다. 이런 사람들에게는 돈이 안정을 의미한다. 하지만 이런 사람들은 많은 사람들이 만족해 할 수준의 돈을 가지고도 행복할 수 없는 사람들이다. 이런 사람들은 은퇴생활을 하기에 충분한 돈이

> 인정하건 인정하지 않건 간에, 남자는 돈을 정력과 권력의 상징, 그리고 포르쉐보다 더 강력한 남근적인 표상으로 인식하도록 양육되었다.
> · 빅토리아 빌링스

있어도 부족하다고 걱정할 사람들이다. 그리고 돈이 많은 사람들은 돈을 도둑맞을지도 모른다는 두려움을 갖고 있다. 결과적으로 사람은 돈으로 안정과 행복을 얻을 수 없다.

일리노이 대학의 심리학과 교수인 에드 디에너 박사는 인간이 행복해지는데에는 기본적인 생필품들을 구입할 수 있는 돈 이상으로 많은 돈이 필요한 것이 아니며, 사실상 돈이면 다 될 것 같은 문제들도 돈으로 해결할 수 없는 게 더 많다고 주장한다. 디에너 교수는 "기본적인 욕구를 충족하고 나면, 그 이상의 수입 증가는 별로 중요해지지 않는다."고 피력한다.

임금이 오르면, 얼마간은 더 행복하게 지낼 수 있을지 모른다. 하지만 그 수입에 익숙해지고 나면, 점점 더 많은 돈에 욕심이 생기고 새로운 욕구들을 충족시키고 싶어지게 된다. 점점 더 큰 집, 점점 더 좋은 차, 점점 더 낭만적인 해외여행을 원하게 되는 것이다. 하지만 이런 것들은 지속적인 행복을 가져다 주지 않는다.

디에너 교수는 기본적인 필요와 욕구들을 충족하고도 남을 만큼의 돈이 있

었을 때, 문제가 더 많아진다는 사실을 발견했다. 몇 가지 예를 보자.

· 친구들이나 지인들과의 관계가 불편해진다.
· 동료들에게 따돌림을 받는다.
· 재산 관리가 점점 힘들어지고, 시간 낭비가 많아진다.
· 재산 관리에 점점 더 많은 시간과 에너지가 들어간다.
· 재산과 돈을 도둑 맞을지도 모른다는 두려움이 점점 심해진다.
· 투자한 돈을 잃어버릴 수도 있다는 두려움이 점점 커진다.
· 인생이 점점 더 복잡해진다.

잘 사는 사람들은 물질적으로는 편안하게 살지 몰라도 그 내막은 실상 매우 불행한 경우가 많다. 가진 것은 많은데, 정신적으로는 매우 빈곤한 부자들도 있고, 돈을 쓰고 즐기는 법을 모르는 사람들도 많다. 그리고 가진 것을 조금 덜 가진 이웃 사람들과 나누어 쓸 줄 모르는 사람들도 많다.

에드 디에너 박사가 돈과 행복에 관한 다년간의 연구 끝에 내린 결론은 사실 그렇게 놀랍지 않다. 현명한 사람들은 사실 수세기에 걸쳐 돈이 인간의 문제를 해결해 주지 않으며 돈으로 행복을 얻을 수 없다는 경고를 누차 해 왔다. 하지만 대부분의 사람들은 이러한 지혜를 무시하고 물질적인 풍요로움에 따른 희생에도 불구하고 무조건 돈을 추앙해 왔다. 사실 돈으로 행복을 살 수 없다는 말에 이의를 제기할 사람은 아무도 없을 것이다. 하지만 내심으로는 이 말을 그대로 받아들이기 힘들 것이다. 나이와 상관없이 돈으로 행복과 마음의 평화를 살 수 없다는 사실을 진짜로 받아들인다면, 그 사람은 나이를 훨씬 뛰어 넘는 지혜

> 100만 달러가 언제나 행복을 가져오는 것은 아니다. 1천만 달러를 가진 사람이 900만 달러를 가진 사람보다 더 행복한 것은 결코 아니다.
> - 무명씨

로움을 증명해 보인 것이나 다름없다.

안정을 원한다면 돈보다는 창의력에 신경 써라

일을 하는 사람이든 안 하는 사람이든 간에, 돈은 생존에 필요한 소모품이다. 또한 돈은 여가 활동을 한층 더 재미있게 즐기기 위한 수단이기도 한다. 그런데 불행히도 사람들은 돈을 수단이 아닌 목적으로 생각하기 때문에 더 많은 실망과 불행을 경험하게 된다.

Exercise 11-1

당신은 얼마나 안정적인가?

정직하게 이 질문에 답해 보아라. 안정적이라고 말할 정도가 되려면 돈이 얼마만큼 필요하겠는가?

우리는 은퇴했을 때 그리고 살면서 예상치 못한 사고를 당할 경우를 대비하려면 돈을 모아 놓아야 한다는 이야기를 수차 들었고, 이제는 그 말을 철석같이 믿고 있다. 회계사, 주식 브로커, 보험 설계사, 은행원, 은퇴 컨설턴트들은 계속해서 안정적으로 살려면 부동산, 주식, 채권, 국채 선물 따위로 구성된 근사한 포트폴리오를 만들어 두어야 한다고 설득해 왔다. 하지만 안정을 위해서 돈을 모아온 사람들이 들으면 실망할 말이 있다. 사랑과 가족을 돈으로 살 수 없듯이 진정한 안정도 돈으로 살 수 없다는 것이다.

돈의 내재적인 가치 때문에 돈을 좋아하기는 하는데, 돈만 보면 아무래도 과식을 하게 되네.

과거에도 그랬지만, 대부분의 사람들은 안정이 정신적으로 큰 위안을 가져다 줄 것이라고 믿고 있지만 사실은 그렇지 않다. 일리노어 루즈벨트 여사는 "누구도 처음부터 안정적인 사람은 없었다."고 단호하게 말했다. 루즈벨트 여사의 말은 물질과 돈을 토대로 한 안정은 오래 갈 수 없다는 뜻이다. 엄청난 부자들도 가난한 사람들처럼 차 사고나 테러리스트들의 테러로 불의의 죽음을 당할 수 있다. 그리고 부자들의 건강은 가난한 사람들보다 훨씬 더 일찍 나빠질 수 있다. 그리고 대부분의 부자들이 금융 위기가 닥쳐 돈을 잃어버릴 것에 대한 두려움이 있다. 이상하지 않은가? 한쪽에서는 안정을 얻기 위해 그렇게 목을 매는데, 다른 한쪽에서는 안정이란 것은 애당초 없다고 말하는 사람들이 있으니 말이다.

물질적인 것들을 통해 안정을 추구하고자 하는 생각은 환상일 뿐이다. 모순적인 이야기이지만 안정을 추구하는 사람일수록 불안정하고, 오히려 안정 같은 것에는 무신경한 사람들이 가장 안정적인 사람들이다. 정신적으로 불안정한 사람들은 자신의 자아를 보호하기 위해 돈으로 불행을 상쇄해 보려는 경향이 있다. 분명한 것은, 천성적으로 안정을 추구하는 사람들은 대개가 매우 불안정한 사람들이라는 사실이다. 이런 사람들은 돈, 배우자, 집, 자가용, 명성 같은 외적인 것들에 의존한다. 외적인 집착 대상을 잃게 되는 경우, 이런 부류의 사람들은

> 돈이면 뭐든지 다 할 수 있다고 하는 사람이 있다면 볼 장 다 본 사람이다. 그 사람은 아무것도 못한다.
>
> - 에드 호우

큰 혼란에 빠지게 되는데, 사건 자체를 정체성의 상실로 받아들이기 때문이다.

어떤 사람들한테는 안정이란 탄탄한 일자리를 의미한다. 규칙적으로 할 일이 있고 예측 가능한 미래가 있는 것을 안정이라고 생각하는 것이다. 이런 사람들은 월급이 꾸준하게 들어오는 것을 중시한다. 그렇기 때문에 정기적으로만 돈이 들어온다면, 월급 인상폭이 평균에 못 미쳐도 크게 개의치 않는다. 하지만 이들이 모르는 사실이 한 가지 있다. 한 가지 직업에 계속 매달리는 것이 진정한 의미의 안정을 보장해 주지 않는다는 사실이다. 현대 사회에서의 직업은 과거 몇 년 전만큼 그렇게 안정적이지 않다. 물론 직업이 있고, 거기서 돈이 나올 때는 안정의 수단이 될 수 있다. 하지만 직업이 사라지게 되면 다시 불안해지지 않을 수 없다.

미국 극작가 테네시 윌리엄스는 "안정은 죽음의 일종이다."라는 말을 했는데 여기에 꼭 맞는 말이다. 안정에 집착하는 사람은 느긋하고 여유 있는 삶은 안정과 서로 양립할 수 없다고 생각하는 경향이 무척 강하다. 하지만 사실, 이렇게 급변하는 사회에서 안정되게 살고 싶은 사람이라면 안정에 집착해서는 안 된다. 이것이 오늘날의 감각에 맞는 행동이다.

오늘날의 안정 개념은 그 단어가 원래 생겨났을 때의 의미하고는 많은 차이가 있다. '안정적인 생활을 한다'는 말에서의 안정은 돈이나 물질적인 재화를 토대로 한 개념이 아니다. '안정'이란 말은 라틴어인 '세크루스(secrus)'에서 나온 말로 '근심이 없다'는 뜻이다. 이런 점에서 볼 때 진정한 안정은 존재의 내면 상태를 이르는 것으로서 돈의 많고 적음이 이 안정을 결정해 주지는 않는다.

오늘날의 안정 개념에 집착하는 것은 결국 진실한 삶을 살지 않겠다는 뜻이다. 안정에 대한 집

> 진짜 안정은 내 안에 있다. 해 낼 수 있다는 자신감이 있으면 아무도 그것을 빼앗아 갈 수 없다.
>
> - 매 웨스트

착은 행복이나 성공이 들어올 여지를 막아 버린다. 돈을 많이 벌면 안정을 얻을 수 있을 것 같지만, 그런 것은 존재하지 않는다. 성공처럼 안정도 정의하기에 따라 여러 개념이 있을 수 있다는 사실을 유념하라. 재산 가치에 대한 관심을 줄이고, 창조적이고 조화로운 삶에 대한 관심을 늘리면, 안정은 새로운 색을 입게 될 것이다.

형이상학적인 작품을 많이 쓴 작가 루이스 헤이즈는 "안정을 보장해 주는 것은 직업도, 은행 계좌도, 투자한 돈도, 배우자도, 부모도 아니다. 안정은 세상 만물을 창조해 낸 우주적인 힘과 관계를 맺을 수 있는 능력에 있다."고 했다. 확실히 안정성 측면에서 보자면 창조적 능력이 돈보다 백 배 이상 더 귀하다. 본인에게 가장 중요한 안정감의 토대는 어떤 어려움이 닥쳐도 충분히 해결하고 극복할 수 있다는 자신감이다. 다시 말해 무슨 일이 생겨도 창의력을 발휘하여 돈을 버는 게 가능하고, 직업이 없어도 행복할 수 있다는 자신감을 갖는 것이 가장 훌륭한 자산이라는 뜻이다.

돈이 사람을 행복하게 한다면, 그렇다면 왜……?

대부분의 사람들은 인생에서 바라는 게 뭔지도 잘 모르면서 돈만 있으면 만사가 해결되리라 믿는다. 하지만 사람들 대부분은 돈의 진실을 모른다. 돈은 현명하게 사용되는 경우보다는 남용되고 잘못 사용되는 경우가 훨씬 많다. 사람들은 돈에 대해 각자 나름의 생각을 갖고 있지만 대부분은 말도 안 되는 것들이다. 한 가지 예를 들면, 돈이 행복을 보장해 준다는 생각이다.

그럼 돈과 행복의 관계를 제대로 놓고 보자. 돈이 인간 생존에 필수 요건인 것은 사실이지만, 얼마만큼 돈이 있어야 하는가는 완전히 다른 이야기이다. 잘

난 척 하기 좋아하는 강연자들은 백만장자들이
야말로 진짜 성공한 사람들이라고 주장한다. 이
말은 백만장자가 아닌 사람들은 모두 실패자라
는 뜻이다. 하지만 비윤리적인 행동과 부정으로
뉴스에 오르내리는 백만장자들과 가진 것 별로

> 돈으로 변화시킬 수 있는 것은
> 아무것도 없다. 문제만 더 확대
> 시켜 놓을 뿐이다. 바보는 더
> 바보가 되고, 착한 사람은 더
> 착한 사람이 된다.
> · 벤 나라신

없는 일반 사람들을 비교해 본다면, 당연히 후자가 성공한 사람들이다. 이 세
상 사람들의 99.9%보다 더 많은 돈을 갖고 있는데도 불구하고, 비윤리적인 사
기 행각을 통해서 돈을 벌려고 하는 것이 백만장자라면 과연 얼마나 행복할 수
있을까?

돈이 권력, 지위, 사회에서의 안정 따위를 상징하는 것은 사실이지만 본질적
으로 사람을 행복하게 해 주지는 않는다. 돈의 본질에 관해 제대로 이해하고 싶
으면, 아래의 〈Exercise〉를 풀어 보아라.

Exercise 11-2

돈이 나를 사랑할까?

이번 기회에 갖고 있는 돈을 한번 꺼내 보아라. 그리고 만져보고 온기를
느껴 보아라. 꽤 차갑다는 느낌을 받았을 것이다. 돈은 밤이 되어도 우리
를 따뜻하게 해 주지 않는다. 말을 걸어 보고 반응을 살펴라. 당연히 아무
대답도 없을 것이다. 우리가 아무리 돈을 사랑한다 해도 돈은 결코 우리
를 사랑해 주지 않는다.

돈은 편의수단이다. 돈으로 인생의 질을 높이기 위해서는 돈의 양이 중요한

것이 아니라 돈을 얼마나 똑똑하게 사용하는가가 중요하다. 은행 부사장을 지냈던 마이클 필립스는 돈에다만 모든 것을 거는 사람들이 너무 많아 걱정인 사람이다. 그는 저서 『The Seven Laws of Money』에서 돈에 관한 7가지 흥미로운 개념에 대해 자세히 설명했다.

- 돈은 스스로 법칙을 만들어 내고 유지한다.
- 돈은 인생에서 해야 할 도리를 다 했을 때만 그 모습을 보여 준다.
- 돈은 꿈이다. 사실, '피리 부는 사나이'만큼 기만적인 환상일 수 있다.
- 돈은 종종 악몽이다.
- 돈을 선물로 거저 줄 수 없다.
- 돈을 선물로 거저 받을 수 없다.
- 돈이 없어도 즐길 수 있는 세상은 많다.

이 외에도 재미있는 돈에 관한 개념을 몇 가지 더 소개한다.

- 인생에서 돈을 제일 중요하게 생각하면, 나중에 남는 것은 돈밖에 없다.
- 돈이 전혀 없는 사람은 불쌍한 사람일지 모른다. 하지만 돈밖에 없는 사람보다 불쌍하지는 않다.
- 부유함은 갖고 싶은 돈을 얼만큼 소유할 수 있는가의 문제가 아니라 가진 것 없이도 얼만큼 행복할 수 있는가의 문제다.
- 돈을 벌 수 있는 아이디어가 떨어지는 것보다는 돈이 떨어지는 게 낫다.
- 돈 쓰는 일에 재미를 붙이면, 돈 쓰는 것말고는 달리 하는 것이 없는데도 자기 인생이 재미있는 줄 안다.
- 무엇보다도 돈의 가치는 돈으로 무엇을 얼마나 할 수 있는가에 의해 결정되는

것이 아니라 창의적이고 영적인 용도로 그 돈이 사용될 수 있는가에 따라 결정
된다.

확실히, 돈의 용도는 많다. 어느 누구도 돈이 사회와 비즈니스 영역에서 중
요한 역할을 한다는 것에 문제를 제기할 수 없다. 하지만 조금만 관심을 기울이
면 돈이 행복과 동의어가 아니라는 증거는 얼마든지 있다.
여기 몇 가지 증거를 제시한다.

만일 돈이 사람을 행복하게 해 준다면,

· 일리노이 대학의 심리학과 교수인 에드 디에너
교수의 조사에서 미국 최상층의 부호들과 평균적
인 미국인들의 행복지수를 비교했을 때, 왜 부자
들의 3분이 1은 평범한 사람들보다 더 행복하지
않다는 결과가 나왔을까?

> 돈 없이도 잘 살 수 있다. 단, 다
> 른 사람들이 돈에 미치지 않았
> 다는 가정 아래에서만 그렇다.
> - 아르테무스 워드

· 왜 최근 설문조사에서 연봉 7만 5천 달러 이상을 받는 사람들의 상당수가 그 이
하를 받는 사람들보다 자신의 연봉에 대해 더 불만이 많다고 대답했을까?

· 월스트리트에서 내부자 거래로 1억 달러 이상을 불법 축적한 죄목으로 구속까지
당한 이반 보에스키를 알고 있을 것이다. 왜 그는 처음에 200만인지 500만 달
러를 축적했을 때 그만두지 않고 계속 그 짓을 했을까?

· 왜 내가 아는 집안의 사람들은(이들은 북미에서 상위 1%에 속하는 재산을 가지
고 있으면서도) 복권에 당첨되어 떼돈을 벌면 좋
겠다고 말하는 걸까?

· 왜 뉴욕에 사는 복권 당첨자들은 생전 알지도 못
하던 우울증에 시달리고, 자기 구제 모임까지 만

> 가끔씩 돈을 빌려야 할 때가 생
> 길지라도 가진 것 내에서 행복
> 하게 살자.
> - 아르테무스 워드

들어가면서 복권 당첨 후 겪게 된 우울증을 치료하려 할까?

· 왜 높은 연봉을 받는 야구, 축구, 하키 선수들이 마약과 알코올 중독에서 헤어 나오지 못하는 걸까?

· 의사들도 돈 잘 버는 전문가 집단 중 하나인데, 다른 전문가들에 비해 이혼율, 자살율, 알코올 중독률이 더 높은 이유는 뭘까?

· 왜 부자들보다 가난한 사람들이 기부를 더 많이 하는 걸까?

· 왜 이른 나이에 성공한 사람들보다 황혼에 뭔가를 이뤄낸 사람들이 더 오래 사는 걸까?

· 왜 그렇게나 많은 부자들이 법에 위배되는 짓을 하는 걸까?

· 부자들이 정신과 의사나 심리치료사들을 찾아야 하는 이유는 뭘까?

벤저민 프랭클린도 돈으로 행복을 얻으려고 노력하는 일은 어리석은 짓이라고 말했다. "돈으로는 사람을 행복하게 할 수 없고, 앞으로도 그럴 것이다. 행복을 만들어 줄 수 있는 것은 없다. 사람은 많이 가질수록 더 많이 원하게 된다. 즉, 공허한 부분이 채워지는 것이 아니라 또 다른 공백이 생겨나는 것이다."

Exercise 11-3

어떤 게 더 쉬운가?

대부분의 사람들이 부자가 되어 행복해지기를 갈망한다. 그런 점에서 볼 때, 돈을 많이 버는 게 쉬울까, 아니면 행복해지는 게 더 쉬울까?

해답은 이 장의 끝 부분에 나와 있다.

실제로 돈이 아주 많아졌을 때 얼마나 더 행복해지고 얼마나 더 정서적으로 '풍요로워질' 수 있을 것인지에 대해 궁금한 사람이 많을 것이다. 이 부분에 대해서 내가 믿는 이론이 있다. 기본적인 욕구를 충족한 다음에는 돈이 사람의 행복이나 불행에 영향을 미치지 않는다는 것이다. 연봉 2만 5천 달러를 받았을 때 행복하고 문제 해결에 어려움이 없던 사람은 그 이상을 벌어도 여전히 행복하게 잘 살 수 있다.

반면, 연봉 2만 5천 달러를 받았을 때, 신경질적이며 행복한 줄도 모르고 문제 해결에 어려움을 겪었던 사람들은 1천만 달러짜리 복권이 당첨되어도 마찬가지이다. 좀 더 편하고 멋있게 살 수는 있을지 몰라도 행복하지는 않을 것이다. 오히려 불행의 원인을 가난에 돌릴 수 없다는 점에서 아마 더 불행하게 될지도 모른다.

1년에 6천 달러면 충분하다

경제적으로 자립하는 문제는 우리가 생각하는 것보다 쉬울 수 있다. 수입이나 자산을 늘리지 않고도 경제적으로 자립할 수 있다는 말을 듣고 놀란 사람도 있을 수 있겠다. 더구나 수입이

> 다시 생각해 보니, 돈을 버는 것보다 돈을 감시하는 게 더 힘들었다.
> - 미셸 드 몽테뉴

나 자산을 줄이지 않고도 그것이 가능하다는 이야기를 들으면 더 할 것이다. 경제적으로 자립하는 데 가장 중요한 요건은 우선적으로 경제적 자립이 무엇을 의미하는지 정의한 후, 그것에 필요한 행동을 취하는 것이다.

진정한 경제적 자립

아래 항목 중에서 경제적인 자립을 위해 가장 중요한 것은 무엇이라고 생각하는가?

· 백만 달러짜리 복권에 당첨되는 것

· 회사 연금에다 정부 연금을 넉넉하게 받는 것

· 부자 친척에게서 많은 돈을 유산으로 물려받는 것

· 백만장자와 결혼하는 것

· 투자에 성공하는 것

일반적인 통념과는 달리, 위에 있는 어떤 요소로도 경제적 자립을 보장받을 수 없다. 앞서 9장에서 마지라는 친구가 순간에 충실한 삶을 사는 데 특별한 재주가 있다는 이야기를 했었다. 그런데 마지에게는 재주가 한 가지 더 있다. 많지 않은 돈으로 다른 사람의 도움 없이 살아가는 비상한 재주가 있는 것이다. 마지의 한 달 생활비는 달랑 500달러인데, 대부분은 그 정도 돈이면 최저 생계비도 못되는 돈이라고 생각할 것이다. 마지가 500달러를 갖고 경제적으로 자립할 수 있었던 이유는 쓰는 돈이 500달러도 못 되기 때문이다.

사실, 경제적인 자립이란 나가는 돈보다 들어오는 돈을 많게 한다는 뜻말고는 아무것도 아니다. 한 달에 1500달러를 버는데 쓰는 돈은 1499달러라면 경제적으로 자립한 사람이다. 반면 한 달에 벌기는 20만 달러를 버는 데, 지출은 25만 달러라면 경제적으로 자립했다고 볼 수 없다. 같은 맥락에서 백만 달러짜리 복권에 당첨되었는데 1~2년 안에 그 돈을 모두 날렸다면, 이제 더 이상 경제적으로 자립할 수 없다.

친구 마지도 그렇지만 경제적으로 자립을 하게 되면 우선 발을 뻗고 잠을 잘 수 있다는 점이 좋다. 그러나 수입의 규모와 은행의 잔고는 경제적인 자립과는 무관하다. 어떤 선택을 하느냐에 따라서 경제적인 자립의 여부가 결정된다. 예를 들어 살 집을 정하는 문제가 그렇다. 마지는 친구네 마당에 구형 트레일러를 세워 놓고 그 안에서 살고 있다. 그런데도 그는 내가 아는 사람들 중에서 가장 행복하고 일과 여가를 적절히 배합할 줄 아는 몇 안 되는 사람들 중 하나다. 마지의 친구들 중에는 백만장자가 두 명이나 있는데 모두 나와 생각이 같다.

그러므로 경제적 자립 여부는 어떤 삶을 선택하느냐에 달려 있다. 무엇보다도 들어오는 돈보다 나가는 돈을 줄여야 한다. 생활에 대한 기대 수준, 배우자와 아이들의 영향, 자존심, 질투, 완벽한 것에 대한 갈망 같은 것들이 돈의 지출 규모와 경제적 자립 여부를 결정하는 데 중요하게 작용할 것이다.

은퇴는 빠를수록 좋다

최근 실시된 설문 조사에서 은퇴를 앞둔 사람들의 고민거리를 순서대로 나열하도록 한 적이 있었다. 그 때는 돈, 건강, 은퇴생활을 같이 할 배우자나 친구 차례로 결과가 나왔다. 그런데 은퇴 직후에 있는 사람들에게 똑같은 질문을 물었더니 결과는 사뭇 달랐다. 이 때는 건강이 1위로 올라왔고, 돈은 3위로 물러났다. 은퇴하자마자 사람들의 경제적 자립에 관한 개념이 바뀐 것이 틀림없었다.

사실, 경제적인 자립을 제대로만 이해하는 사람이 늘어나면 조기 은퇴를 결심하는 사람들도 많아질 것이다. 금융 전문가들은 은퇴 포트폴리오에 백만 달러 내지 2백만 달러 정도는 있어야 한다고 주장한다. 그런데 이런 일을 하는 사람들이 놓치고 있는 사실이 한 가지 있다. 은퇴 자금 마련에서 중요한 것은 수입 늘리기가 아니라 지출 줄이기라는 것이다.

앨버타 주 캘거리에 사는 데니스 안스테트씨 내외가 조기 퇴직하게 된 사연을 편지로 들려주었다.

젤린스키 선생께,

『적게 일하고 많이 놀아라』를 읽고 몇 줄이라도 써야겠다는 생각이 들었습니다. 일반적인 상식들이지만 선생님 나름의 시각으로 정리하고 강조한 점이 정말 맘에 들었습니다. 축하드립니다. 이 책을 읽으면, '많을수록 좋다'는 식의 거짓말들을 극복할 수 있겠다는 생각이 듭니다.

제 친척들은 40대 중반에 '은퇴'를 한 사람이 많습니다. 벌써 20년 전 일이지요. 시대를 앞서 갔던 사람들이지 않습니까. 자기네들 말로는 자기들이 여가 비즈니스 업계 쪽에서 보면 20년 대선배라나요. 하지만 정부와 큰 회사들은 인상을 찌푸릴 일이긴 하지요.

저는 19년이나 다니던 회사를 다운사이징 때문에 그만두게 되었습니다. 이제 막 불경기를 벗어날 때였으니까, 바닥을 치고 올라오는 시점이었죠. 한 1년 정도 모든 게 바뀐 상태로 지내다가 아내와 저는 이제 회사하고는 영영 이별을 하기로 결정을 내렸습니다. 다시는 어떤 조직에 들어가서 내 행복과 인생을 그곳에 맡기지 않기로 한 것입니다.

우리는 가진 '것'은 그만하면 충분하다고 생각했습니다. 그리고 그 만큼 경쟁 사회에서 시달리며 고달프게 살았으면 충분하다는 생각도 들었습니다. 지금은 1년에 대략 3만 달러가 들어오는데, 그 돈으로 아주 소박하고 여유 있게 즐기면서 살아가고 있습니다. 지금 같아선 이렇게 좋은 인생이 없단 생각이 듭니다.

주변에서 누구도 은퇴연금을 받고 정식으로 '은퇴'를 하려면 65세가 될 때까지 기다려야 된다고 말한 사람은 없었습니다. 제 아내랑 처가 식구들이 항상 하는 말이 공동묘지에 들어갔을 때 돈 많이 가지고 가서 뭐하냐는 이야기였습니다. 지금은 아주 부자죠. 특히 시간으로 따지면 말입니다. 저는 소모품 중에서 가장 비싼 게 시간이라는 이야기를 많이 하고 다닙니다. 저 말고도 같은 생각과 느낌을 가진 사람들이 있다는 사실에 굉장히 큰 위안을 얻었습니다. 이 사회의 주류가 잘못된 거죠.

그럼 이만 줄이겠습니다.

데니스 안스테트

은퇴 후 꿈을 이루고 사는 문제를 생각해 보면, 돈이 가장 많은 사람에게 가장 좋은 기회가 주어질 것은 틀림없다. 특히, 탐험을 즐기거나 흑인들의 예술작품을 수집하는 등의 돈이 많이 드는 취미생활을 하는 은퇴자들은 더 돈이 중요할 것이다. 하지만 앞서 말했듯이, 모든 사람이 다 이렇게 값비싼 취미 생활이나 호사스러운 생활을 하고 싶은 것 또한 아니다.

대부분의 미국인들은 여가란 돈이 있어야 즐길 수 있다는 이야기를 귀에 못이 박히도록 듣고 자랐다. 고급스러운 상점들이 즐비한 로데오 거리에 나가보면 역시 여가란 돈을 쓰는 활동이란 생각이 든다. 즉 쉴새없이 돈이 나올 구멍을 마련해 두어야 한다는 생각을 부추긴다는 것이다. 이런 경우라면, 쉴새없이 '물건'을 사들일 수 있는 돈이 있는 사람만이 여가를 즐길 수 있다는 계산이 나온다.

> 돈을 쓰지 않고 시간을 보낼 수 있는 방법을 알고 있다면, 은퇴만큼 좋은 것도 없다.
> - 무명씨

하지만 의미 있는 일에는 그렇게 많은 돈이 필요치 않다. 사실 인생에서 가장 소중하게 생각해야 할 것 중에 하나가 자유 아닌가! 여가 활동의 목표를 성취하는 데 지갑의 두께나 환경에 그렇게 얽매일 필요는 없다. 환경 친화적인 활동은 대부분 돈이 가장 안 드는 일이라는 점도 기억해라. 일몰 구경, 산책, 명상, 대화, 시냇물 건너기, 공원에서 운동하기 등은 사실 돈도 전혀 안 들고 환경 보호에도 이바지하는 활동이다. 그리고 이런 값싼 활동은 귀족의 기분도 맞춰 줄 수 있을 만큼 충분히 유익하다.

의미 있는 여가 활동은 광고주들이 팔아먹고 싶어하는 상품이 아니다. 예를 들어, 휴가를 즐기는 데 돈을 많이 쓸 필요가 없다. 현실 도피를 위한 휴가라고 해도 반드시 어디론가 멀리 가야 한다는 법은 없다. 푸른 들판을 찾아서 전 세계를 헤매고 돌아다니기 전에 우리 집 뒷마당에서 어떤 경이로운 세계가 펼쳐지고 있는지 살펴보아라. 가끔은 옆집의 잔디가 더 푸르러 보일 수도 있겠다. 물론, 해외 여행을 다니지 말라는 이야기는 아니다. 내 말은 여가를 즐겁게 보내기 위해서 반드시 해외 여행을 갈 필요는 없다는 뜻이다.

은퇴를 간절히 바라고 있다면 은퇴 후 라이프스타일의 종류와 필요한 돈의 규모를 결정해야 한다. 그 다음에는 그런 생활을 할 수 있는 충분한 돈을 모으기 위한 단계를 밟아야 한다. 그리고 돈이 안 들어가는 라이프스타일일수록 일찍이 경제적 자립을 하고 은퇴를 선언할 수 있다.

사스카처원 주의 사스카툰에 사는 제이슨 한슨 씨는 『적게 일하고 많이 놀아라』를 읽고 영향을 받아서 27세라는 이른 나이에 경제적으로 자립하고 일찌감치 은퇴할 수 있었다. 그의 편지 내용이다.

어느 선생님께,

안녕하세요. 이 편지를 쓰는 데 거의 10년이 걸렸네요. 어떻게, 선생님께서는 매 순간에 충실하게 살기를 아직까지도 잘 실천하고 계신지요?

선생님의 책이 제 인생을 많이 바꿔 놨는데도 이렇게 오랜 기간 동안 편지 쓰기를 미뤄 왔다는 것을 생각하면 솔직히 좀 어리석다는 생각도 듭니다. 저는 이 책에 영감을 받아서 여러 가지 일들을 시도해 봤습니다. 물론 항상 쉬웠던 것은 아니지만, 단 한 번도 후회한 적은 없습니다. 항상 제때에 감사를 표현하고 살아야 한다고 믿는 사람인데도 이렇게 인사가 늦었습니다. 좀 더 일찍 했어야 하는데 말이죠.

전 쳇바퀴 돌 듯 돌아가는 인생에서 빠져나갈 궁리를 오래 전부터 하고 있었습니다. 이 책을 봤을 때도 벌써 그런 생각이 있었죠. 그때는 제 나이 겨우 스무 살이었습니다. 저는 학교에 가지 않고 집에서 홈스쿨링을 했기 때문에 일찌감치 자유의 맛을 알았고, 시간표, 마감, 막중한 일의 압력 같은 것으로부터 해방된다는 것이 어떤 건지에 대해서도 잘 알고 있었습니다. 그러다가 직장에 들어갔는데, 들어가자마자 이제 자유란 것은 없겠구나 하는 느낌이 들었습니다(그것도 도미노 피자집에서 말이죠). 그러다가 『적게 일하고 많이 놀아라』를 알게 된 겁니다. 세상을 새로운 눈으로 보게 만들어 줬죠. 그러니까 사람들은 여왕벌을 위해 허둥지둥 일만 하는 조그맣고 힘없는 수벌 같은 존재들이었던 겁니다. 전 선생님 책을 길잡이로 삼아서 탈출할 수 있었습니다. 아니 탈출하려고 했다는 말이 더 맞겠군요.

이 편지지 한 장에 긴 이야기를 다 써야 하는데, 음 저는 1998년 4월까지는 그래도 벗어나지 못했습니다. 집도 어렵게 마련하고, 지하실도 세를 놓고, 돈도 좀 모으고 했어야 했거든요. 그렇

> 예수님, 나중에 어쩔 수 없는 상황이 되었을 때 제가 가졌던 것에 감사하게 하지 마시고, 지금 제가 가지고 있는 것에 감사할 수 있는 방법을 일러주소서.
> · 수잔 L. 렌즈케스

게 하니까 1년에 한 6천 달러 정도는 들어오고, 여가를 즐기면서 살 수 있을 정
도는 될 것 같더라고요. 그런데도 결심을 못하고 있었는데, 진짜 쐐기를 박는
일이 있었습니다. 아버지가 갑자기 돌아가신 사건이었습니다. 아버지가 제게
보험금을 조금 남겨 주셨거든요. 저는 그 때가 아버지를 조기 사망으로 이끈 이
시스템으로부터 도망갈 적기라고 판단했습니다.

지금 저는 '방랑자'입니다(영화 〈펄프 픽션〉에 나온 말인데, 지구를 돌면서 사
람들을 도와주는 역할이죠. 다른 말로는 뭐 부랑아 정도). 저는 직업이나 빚 문
제, 물질적 재화의 축적, '누군가를 위해 일해야 한다는 생각' 등을 모두 떨쳐
버렸습니다. 지금은 책 읽고, 생각하고, 놀면서 시간을 보내고 있고, 언젠가는
좋은 작가가 돼서 소설 하나를 쓸 꿈을 갖고 있습니다. 환경 단체에서 자원봉사
도 하는데요, 이 세상을 더 살기 좋은 곳으로 만드는 일입니다. 컴퓨터로 디자인
그래픽도 하고, 친구랑 시간도 보내고, 자전거도 타고, 음악도 듣습니다. 그 외
에도 많죠.

물론 제 판단이긴 합니다만, 저는 진짜 사는 것 같이 살고 있습니다. 이렇게 살
수 있도록 도움을 주셨으니까 저는 그저 감사할 따름입니다.

건강하세요.

제이슨 드림

은퇴 설계사들은 행복해지려면 포트폴리오 구성이 좋아야 한다고 말하지만,
사실 이런 사람들은 제이슨 씨나 데니스 안쉬테트 부부와 같이 진솔하고 즐거운
삶을 살아가는 사람들을 보고 배울 필요가 있다.
행복한 은퇴생활에 정작 필요한 것이 무엇인지는
이들을 보면 알 수 있다. 성공한 은퇴생활에는 경
제적인 것만 필요한 것이 아니다. 삶의 목표, 가

> 돈을 받고 하는 일은 모두 사람
> 의 혼을 빼놓고 가치를 떨어뜨
> 린다.
> - 아리스토텔레스

정, 친구, 재미있는 여가 활동, 창조적인 활동이
나 정신적, 육체적, 영적인 건강 같은 인생의 여
러 가지 면면들이 고루 포함되어야 한다.

물론, 뭉개진 자존심을 회복하고 행복해지기
위해서는 최신형 SUV와 큰 집, 최신 유행 패션이 필요하다고 믿는 속물이라면
돈이 많아야 할 것이다. 하지만 이런 식으로는 직장에 다닐 때도 그랬지만 진정
한 행복이나 마음의 평화를 얻을 수 없다. 정신적으로나 영적으로는 돈으로 채
워질 수 없는 빈 공간이 있다는 사실을 잘 알면서도 과거의 생활을 고수하는 것
은 스스로를 기만하는 행동이다.

모든 점을 고려해 보았을 때, 은퇴 자금의 액수가 충분한지 아닌지는 다른
사람이 결정할 일이 아니라 내 자신이 결정할 일
이다. 일하는 게 싫고 일찌감치 은퇴를 생각하고
있는 사람은 로버트 벤치리의 말을 따라라. "지
금 해야 할 일은 돈을 모아서 27세 이후에는 일
을 안 해도 살 수 있게끔 만드는 것이다. 이게 비

현실적일 것 같으면, 일을 최대한 빨리 끝내라. 시계를 보니 11시 15분이라고
해도 그 날 일은 거기서 그만 둬라."

행복을 돈으로 살 수 있다고?

문제를 벗어나는 것보다는 피하는 게 훨씬 더 쉬운 것은 분명하다. 하지만
많은 사람들이 문제를 피해가기는커녕 자꾸만 더 많은 문제를 만들어 낸다. 돈
관리에 실패하는 것도 문제를 일으키는 중요한 원인 중 하나다. 지출을 할 때마

다 어떤 선택을 하느냐에 따라 현재 생활의 질과 미래의 수입이 결정되는데, 사람들은 이 사실을 곧잘 잊어버리는 것 같다.

서글픈 일이지만 돈은 가끔씩 사람을 이상하게 만든다. 심지어는 제정신이 아니게 만들어 놓는데, 누구도 예외가 될 수 없다. 돈 쓰는 것과 관련하여 한 가지쯤은 독특한 습관이 있을 수 있지만, 그 정도는 문제가 되지 않는다. 하지만 그러한 습관이 여럿일 때는 사정이 달라진다. 개인의 건강과 경제 상태에 심각한 영향을 미칠 수 있다.

그 중에는 워낙 돈 쓰는 습관이 헤퍼서 꽤 괜찮은 수입인데도 지출을 감당하지 못하는 사람들이 있다. 이런 사람들은 자신의 경제적 능력을 제대로 파악 못하는 사람이다. 아니면 물건값을 깎거나 신용카드 대금을 지출하는 것과 같은 하찮은 일에 시간을 낭비하기에는 인생이 너무 짧다는 철학을 신봉하고 있는 사람일 수도 있다. 이런 사람이 세계 기네스 북에 그 이름이 올라가지 않는 이유는 간단하다. 이름과 신용카드 사용 내역서를 제출하지 않았기 때문이다.

인생이라면 되는 대로 살겠다고 해도 뭐라 할 수는 없다. 하지만 돈에 관해서 이런 식으로 생각하고 있다면 문제가 안 될 수 없다. 실직에 대한 두려움을 한편에 안고, 다른 한편으로는 새로 뽑은 차 할부금, 2천 달러짜리 집 대출금, 헬스클럽 회원권 구입비를 충당할 돈이 없어 전전긍긍하고 살아서는 행복과 경제적인 자립을 절대로 얻을 수 없다. 빚이 목구멍까지 차올랐는데 어떻게 편안하게 살 수 있겠는가? 조만간 이런 사람들은 현실을 직시하고 자존심과 행복, 풍족한 생활 때문에 자기 자신을 소비해선 안 된다는 사실을 깨달아야 할 것이다.

> 나는 내 돈의 90%를 여자, 술, 노는 데 쓰려고 한다. 그리고 10%는 아무 데나 쓸 생각이다.
> · 터그 맥그로우

이쯤해서 이제 돈을 효과적으로 관리할 수 있는 비밀 두 가지를 전수해야 할 것 같다. 두 가지 방법 모두 효과는 같다. 첫째 방법은 버는 것보다 덜 쓰는 것이다. 이 방법을 시도해 봤는데 별로 소용이 없었다면 두 번째가 딱 맞을 것이다. 둘째 방법은 쓰는 것보다 더 많은 돈을 버는 것이다. 돈에 관한 게임은 이것이 전부다. 이 두 가지 원칙 중에서 한 가지를 따랐다면 돈을 성공적으로 관리한 것이다.

버는 액수에 관계없이 돈이 충분하지 않다고 하는 사람은 필요 없는 것에 돈을 낭비한 사람이다. 그런 경우에는 왜 그토록 돈을 헤프게 썼는지 그 이유를 아는 게 중요하다. 이런 사람은 돈을 관리하는 법을 배우는 데 시간을 투자해야 한다. 일단 라이프스타일을 고치고 지출을 줄여도 별 문제없이 잘 살 수 있다는 사실을 알게 되면, 그 다음부터는 모든 일이 쉽게 풀려 갈 것이다. 돈이 많이 필요 없으면 그 만큼 일하는 시간을 줄여도 되고, 그러면서도 얼마든지 알차고 여유롭고 행복하게 살 수 있다.

> 이렇게 저렇게 진 빚이 태산 같으니, 다시 일을 하러 나가야지 별수 있을까.
> - 무명씨

세르반테스는 이런 충고를 했다. "자기 자신이 어떤 존재인지는 꼭 알아 봐야 한다. 하지만 이 일은 이 세상에서 가장 알기 힘든 일이기도 하다." 자기 자신을 정확하게 파악하고 있는 그대로의 모습을 인정하는 사람일수록, 다른 사람에게 잘 보이려 애쓸 필요가 없다. 자기 주제를 파악하고, 돈을 쓰는 목적이 무엇인지를(차, 집, 옷이든 아니면 어떤 멋진 물건이든) 정확하게 이해하는 것이 돈 관리의 제일 필수 조건이다. 은퇴 자금으로 백만 달러가 있는 사람과 아무것도 없는 사람 사이에는 차이가 있을 수 있다.

낭비벽이 심한 사람이 있다면, 그 정반대 편에는 돈을 쓸 줄 모르는 구두쇠가 있다. 구두쇠는 수입에 상관없이 돈을 쓰는 즐거움을 모르는 사람이다. 이런 사람이 있다면 돈을 쓰지 못하는 것도 병이라는 사실을 알아야 한다. 치료법은 돈이 존재하는 목적을 깨닫고(돈은 쓰기 위해 있다) 돈을 쓰는 것이다.

마음의 행복이 배부른 지갑보다 낫다.
- 이탈리아 속담

그렇다면 돈을 쓸 줄도 모르는데 필요 이상으로 많은 돈을 가진 게 무슨 소용이란 말인가? 돈으로부터 만족을 얻으려면 먼저 풍요로움이라는 것을 즐길 줄 알아야 한다. 잘 차려입은 웨이터가 시중을 드는 레스토랑에 단 한 번도 가 본 적이 없는 사람이라면, 이제는 보다 창의적이고 재미있게 돈을 쓸 수 있는 방법을 생각해 보아야 한다. 좋은 아이디어가 떠오르지 않는 사람은 내게 전화를 하라. 남아도는 돈을 쓰는 방법은 얼마든지 있으니, 액수가 커도 걱정 마시라.

시간과 노력을 투자했을 때 돈으로 되는 것과 안 되는 것을 분명하게 파악하고 있다면, 돈은 인생을 즐길 수 있는 좋은 수단이 될 수 있다. 돈에 대해 건강한 태도를 가진 사람은 돈으로 삶의 질을 높일 수 있고, 그렇지 않은 사람은 오히려 삶의 질이 떨어지는 경험을 하게 된다. 다시 말해, 돈으로 할 수 있는 일을 제대로 이해한다면 자신이 원하는 것을 얻을 수 있다는 뜻이다. 같은 맥락에서 돈으로 할 수 없는 일을 파악하고 있다면 실망, 불만, 환상, 위궤양, 신경 경련 등의 위험으로부터 스스로를 보호할 수 있다.

불만이 있으면 즐겁고 재미있는 인생이 될 수 없다. 어쩌면 이미 더 바랄 것 없이 행복한 삶을 살고 있는데도 그 진가를 모르고 있을 수도 있다. 음식, 물, 보금

돈을 갖는다는 것은 금발 미녀가 되는 것과 비슷한 일이다. 재미는 있을지 몰라도 꼭 있어야 하는 것은 아니다.
- 메리 퀀트

자리, 옷과 같은 기본적인 욕구가 충족되고 여기에 약간의 사치품까지 겸비하고 있는 상태에서는 돈을 조금 더 갖게 되었다고 더 행복해지지는 않는다. 어니스트 헤밍웨이는 "이제는 가지지 못한

것을 생각할 때가 아니라 있는 것으로 무엇을 할 수 있을지를 생각할 때다."라고 말했다. 행복하기 위해서는 지금 가진 것에 대해 감사할 줄 알아야 한다.

우리 삶에서 돈이 관여되지 않는 부분은 하나도 없다. 우리 마음대로 사용할 수 있는 돈의 양은 인간관계, 우정, 집, 여가, 건강의 질에 영향을 미친다. 상상력을 조금만 발휘한다면, 돈으로 보다 편안하고 보다 즐겁게 살 수 있는 방법은 끝도 없이 생각해 낼 수 있다.

돈에 관한 한 여러 가지 좋은 말들이 많지만 그럼에도 불구하고 돈이란 굉장히 실망스러운 존재다. 인류는 오랜 동안 더 많은 돈을 가질수록 더 행복해질 것이라는 말을 진리로 알고 살았지만, 사실은 돈의 본질과 상충되는 말이다.

인간에게는 정신이 가장 중요한 자산일 수 있다. 하지만 그 정신도 때로는 못된 장난을 한다. 그 중 하나가 돈을 주고 살 수 있는 것은 모두 필요한 것이라는 믿음이다. 마음이 계속해서 이런 장난을 치도록 내 버려 두는 사람은 돈, 건강, 개성, 자긍심을 모두 대가로 내 놓아야 할 것이다. 심지어는 온전한 정신까지도 내주어야 할지도 모른다. 결국 우리가 내주어야 하는 것은 행복한 우리의 삶이다.

돈을 사람의 가치를 재는 수단으로 생각하지 말고 목적에 대한 수단으로 생각하는 것이 중요하다. 단순히 돈을 많이 벌어야 한다는 생각으로 고된 노동에 몸을 내던지는 것은 너무나도 절망적인 행동이다. 돈에 비추어 자신의 존재 가치를 평가하지 않는 사람일수록 창조적 사고를 할 수 있는 자유를 더 많이 누리게 되고, 그런 자유를 많이 누릴수록 돈을 벌 수 있는 기회도 점점 많아질 것이다.

사실 돈에는 창조적인 에너지가 반영되어 있다. 목표를 높이 세우고 즐겁게 창조적으로 일을 하면 돈은 저절로 따라온다. 위험을 감수하더라도 내 안에서 들려오는 목소리에 충실히 따르다 보면 장기적으로 더 많은 돈이 내게 주어질 것이다. 설사 돈을 많이 벌지 못했다하더라도 좋아하는 일을 계속하고 그 일을 통해서 내적인 충만함을 맛본 사람은 돈이 없어도 행복하게 살 수 있다. 그 상태에서 돈이 벌리는 것은 그야말로 추가 보너스이다. 물론 보너스 없이도 잘 살 수 있지만, 보너스가 생기면 더 즐겁고 알차게 돈을 사용할 수 있을 것이다.

무엇보다 진실로 소중한 재산은 창의적이고 영적인 사고를 할 수 있는 능력이라는 점을 잊어서는 안 된다. 수백만 달러를 가진 것보다는 수백만 달러 가치의 생각하는 능력을 가진 것이 훨씬 더 낫다. 백만 달러는 쓰기도 쉽고 잃어버리기도 쉽다. 하지만 수백만 달러 가치의 창의력과 영적 능력은 필요할 때마다 꺼내 쓸 수 있다.

마지막 충고 : 이 장의 내용을 보고도 아직까지 다른 무엇보다도 돈이 많아야 행복할 수 있다는 믿음을 버리지 못한 사람이 있을지도 모른다. 행복을 돈으로 살 수 있다고 믿는다면, 그 행복을 다른 사람에게 돈을 받고 파는 것은 어떨까?

〈Exercise 11-3〉에 대한 답안

돈이 행복보다 더 쉽게 얻을 수 있는 것처럼 생각된다. 그것은 부자는 많아도 행복해 미치겠다는 사람은 못 봤기 때문에 생긴 믿음일 것이다.

은퇴 후의 인생이 진짜 인생이다

어느 은퇴 노인이 정기 건강검진을 받으러 의사를 찾았다. 의사는 건강 상태가 아주 좋고, 93세 노인치고는 "몸 관리를 아주 잘하셨네요."라고 감탄했다. 그러자 노인은 "어, 그거 아주 잘 됐소. 2주 후에 결혼할 건데."라고 받아쳤다. 깜짝 놀란 의사가 다시 물었다. "예, 뭐라고요? 결혼을 하신다고요. 그런데 그 복 많은 신부는 누구입니까?" 그러자 노인은 "아, 동네 술집에서 만난 스물 일곱 살 난 처녀라오."라고 했다.

"예, 겨우 스물 일곱이라고요!" 의사는 금방 말을 잊지 못했다. "그렇다면 비아그라를 좀 드셔야겠어요." 그러나 노인은 "아뇨, 절대 안 먹을 겁니다. 전 그런 약 안 먹어요. 내 원칙이 아니오, 그건." 그러자 의사는 잠시 뜸을 들이다 이렇게 대꾸했다. "건강은 아주 좋으시지만, 그래도 93세나 되셨으니까, 하숙생을 들이시는 게 좋겠는데요."

> 이 세상에서 할 일이 끝났는지 아닌지를 알아 볼 수 있는 좋은 방법이 있다. 아직 살아있다면, 끝나지 않은 것이다.
> - 리처드 바크

그러자 노인이 퉁명스럽게 물었다. "하숙생은 왜
요?" 그러자 의사는 노인에게 윙크를 해 보이면
서 말했다. "젊은 여성이 집안에서 남편에게 원
하는 일이 있을 텐데, 아무래도 선생님 나이에는 좀 힘드실 겁니다. 그런 일을
하숙생이 도와주면 좋지요." 그러자 노인은 어깨를 으쓱해 보이고서는 곧 진료
실을 빠져나갔다.

1년 후 그 노인은 94세가 되었고, 다시 정기 검진을 받기 위해 의사를 찾았
다. 의사가 물었다. "결혼 생활은 어떠세요?" 노인이 대답했다. "아주 좋아요.
더 이상 좋을 수가 없습니다 그려. 진작에 결혼할 걸 그랬어."

"아내도 잘 지내나요?" 의사가 물었다. "응, 아주 좋아요. 임신을 했습니다."
노인이 아무렇지도 않은 듯 말했다. 의사는 이 말에 기겁을 했고, "예, 임신이라
고요? 정말 아주 잘 맞는 하숙생을 두신 모양이네요." 라고 말했다.

"맞아요, 그 여자도 임신을 했어요."

이 이야기의 교훈은 은퇴 후에도 인생이 있다는 것이다. 당연한 이야기이지
만, 우리들 대부분은 심지어 의사마저도 은퇴와 그로 인한 여러 가지 한계에 대
해 고정 관념을 갖고 있다. 특히 나이든 사람일수록 더하다.

은퇴와 노년에 대한 잘못된 고정 관념은 그대로 실현될 수 있다. 사실상 70
대, 80대, 90대 혹은 그 이상이 되어서도 할 수 있는 일이 많은데도 사람들은 할
수 없는 이유를 대는 것에 더 익숙하다. 즐거운 은퇴생활에 가장 중요한 열쇠는
삶으로부터의 도피가 아니라 인식의 전환이다. 나이가 많고 적음에 상관없이
사람은 인격적인 성장, 성취, 만족을 얻을 수 있는 새로운 기회를 항상 모색해
야 한다.

많은 사람들이 은퇴 준비를 못하는 이유는 여가 활동을 통해 만족과 성취감

을 얻는 데에도 노력과 헌신이 필요하다는 사실을 인식하지 못하기 때문이다. 토론토에 사는 린 볼스태드 씨가 여가생활을 제대로 준비하지 못해 잠시나마 힘든 시기를 보냈던 경험을 편지로 이야기해 주었다.

어니 씨에게,

『적게 일하고 많이 놀아라』를 읽고 나니 친근감이 드나 봅니다. 그냥 어니 씨라고 부르고 싶네요.

먼저 축하하고, 이렇게 훌륭한 책을 써 준 것에 대해서 정말 고맙게 생각합니다. 원래 자기 계발류의 책들은 믿지 않는 편이었는데, 이 책은 너무 실용적이고 내용도 훌륭했습니다.

6개월 전에 저는 37년이나 다녔던 회사에서 55세 이전에 퇴직하는 직원들에게 제공되는 조기 퇴직 패키지를 수락했습니다. 직장을 그만둔 뒤의 생활에 대해서는 전혀 준비가 안 되어 있는 상태에서 내린 결정이었죠. 정체성의 상실, 미래에 대한 두려움, 장기간 몸담았던 조직 생활을 그만둔 뒤에 몰아친 불안감 등.

그래서 저는 시간을 갖고, 뭘 하며 지낼 것인지를 추려내 보기로 했습니다. 그냥 7주 동안은 해변에서 걷고, 책을 읽으면서 시간을 보냈죠. 그게 가장 좋은 약이었던 것 같습니다. 저는 평생을 비영리 조직에 몸담고 있었기 때문에 지금도 이 조직과 관련된 일들로 시간을 보내고 있습니다. 노인들을 위한 조직에도 등록을 했지요. 지금은 한 비영리 단체에서 파트타임으로 나와서 일을 해 달라는 요청도 받았습니다(두렵기는 하지만 재미는 있는 일입니다).

새로운 인생 목표를 설정하는 데 어니 씨의 책은 정말 큰 도움이 되었습니다. 앞으로도 자신감이 없어질 것 같으면 몇 번이고 다시 읽어 볼 생각입니다. 그리고 이 책을 다른 친구들에게도 선물할 생각입니다.

오늘 오후에는 친구와 스케이트를 타러 나갈까 합니다. 일하지 않는 것은 정말 즐거운 일입니다.

그럼 이만 줄이겠습니다.

린 볼스태드

> 노동이란 일을 의미하기 때문에 언젠가는 더 이상 아무 일도 안 해도 될 때가 있을 것이다.
> - 알프레드 폴가

2002년 AIG 선아메리카가 실시한 설문 조사에 따르면, 은퇴생활을 미리 계획했던 사람들이 은퇴 후 행복한 삶을 누릴 수 있는 가능성이 높은 것으로 드러났다. 이러한 추측은 경제적, 심리적 측면에서 치밀하게 은퇴를 준비하고 있는 노인들의 78%가 은퇴를 '새로운 인생이 펼쳐지는 것' 혹은 '과거의 삶이 지속되는 것'으로 생각하고 있다는 데서 확인되고 있다.

아직 은퇴를 결정하지 않은 사람이라면, 은퇴 후 뭘 할 것인지를 미리 생각해 두어야 한다. 사실 사람들은 은퇴 후 생활 설계를 너무 등한시하는 경향이 있다. 플로리다 주에 사는 하워드 잘쯔만이라는 은퇴 노인은 "65세가 되기 전에 사는 법을 배워 두지 않은 사람에게 나중에 65세가 넘어서 그 방법을 가르치려 하면 잘 안 된다."고 말했다.

은퇴 후 생활 설계는 되도록 일찍 시작해야 한다. 지금 직장생활을 하고 있고, 은퇴생활을 심각하게 고려하고 있는 사람은 반드시 장시간 치열하게 고민해야 할 것이 두 가지 있다. 하나는 정해진 일과 틀, 그리고 그 목적이 사라졌을 때 나타날 수 있는 문제점이고, 다른 하나는 남아도는 시간을 어떻게 활용할 것인지에 관한 것이다.

『Breaking the Watch』를 쓴 조엘 사비쉰스키는 연구 목적의 하나로 뉴욕주

셸비에 거주하는 은퇴자들을 6년 간 추적 조사하였다. 그는 은퇴자들도 자기 자신이 어떤 존재인지를 파악하고, 몰두하고 싶은 일과 열정이 있어야 하며, 예기치 못한 사건들을 대비할 수 있는 능력이 있어야 한다는 사실을 발견했다. 그는 "은퇴자들은 포트폴리오를 취합하는 것말고도 훨씬 더 할 일이 많다는 사실을 연구 결과 알게 되었다. 삶 전체를 재구성하는 일을 하자면 당연히 일이 많을 수밖에 없다."고 설명했다.

행복하고 성공적인 은퇴생활을 하고 있는 노인들에게 은퇴를 앞둔 사람들에게 충고를 부탁한다고 하면, 여러 가지 다양한 조언들이 나오겠지만 주제는 분명 한 가지로 모아질 것이다. "경제적인 문제를 고민하는 만큼 시간 활용에 대해서도 제발 고민 좀 하라." 어떤 노인은 신문기자에게 이런 말을 했다. "앞으로는 전체 인생에서 은퇴 후 생활이 차지하는 비율이 25%로 늘어날 텐데, 그것을 단지 운에만 맡기면 되겠습니까?"

필수품과 약간의 사치품을 구비하기 위해선 어느 정도의 돈은 꼭 필요하겠지만, 오로지 돈 모으는 데만 시간과 노력을 투자하는 사람은 행복하게 사는 법을 망각하기 쉽다. 돈 모으기에 혈안이 된 사람들은 건강을 포기하고, 친구를 외면하며, 일말고는 어떤 것에도 관심을 두지 않는다. 이런 부류의 사람들도 일단 은퇴란 것을 하고 나서야 건강과 좋은 친구, 여가를 즐길 수 있는 능력은 돈으로 해결되지 않는다는 사실을 저절로 깨닫게 된다. 애석한 일이지만 이런 사람들은 직장에 다닐 때보다 은퇴했을 때 불행한 감정을 더 많이 느끼게 된다.

은퇴를 앞둔 사람이 경제적인 부분을 준비해 두어야 한다는 사실을 모르는 사람은 없다. 하지만 심리적인 부분과 사회적인 부분도 같이 준비가 되어야 한다. 아이러니한 이야기 같지만 은퇴

> 은퇴에 대해 진지하게 고민하기 시작해야 할 최적의 시기는 사장이 그 말을 꺼내기 전이다.
> - 무명씨

자금 모으기에 너무 집착하다 보면 정작 즐거운 은퇴생활을 하는 데 필요한 것들은 뒷전으로 밀려나는 수가 있다. 아래 적은 내용은 은퇴생활 준비에 필요한 원칙들이다. 내 생각에는 이것만 제대로 따라 준다면 보람찬 은퇴생활을 장담할 수 있을 것 같다.

- 은퇴 전에 일과 여가생활을 균형 있게 배분하고, 열성적으로 지킨다.
- 주말에 일하고 싶어도 참는다.
- 일을 하는 동안에는 최적의 건강상태를 유지한다.
- 직장생활에서나 개인생활에서나 새로운 것을 배울 때에는 개방적인 자세로 임한다.
- 바바라 셔가 쓴 『지금 시작해도 늦지 않다(Only Too Late If You Don't Start Now)』를 읽어보아라.
- 일 외에 중요한 인생의 목표를 하나 만들어 둔다.
- 직장 사람들 이외의 사람들과도 좋은 친분 관계를 유지한다.
- 좋은 친구 관계를 계속 유지해서(소홀히 하지 말라는 뜻이다) 은퇴할 때까지 계속 좋은 친구로 남아 있게 한다.
- 자유를 관리하는 방법을 배운다. 가장 좋은 방법은 은퇴하기 1~2년 전에 자립해서 자기 사업을 해 보는 것이다.
- 돈으로 스타일과 편안한 생활을 살 수는 있지만, 행복을 살 수는 없다는 사실을 받아들인다.
- 혼자 있는 시간을 늘리면서 고독을 즐기는 방법을 배운다.
- 정기적으로 꾸준하게 운동을 해서 은퇴생활을 즐길 수 있는 몸을 만들어 둔다.
- 유급 휴가를 모두 챙겨서 여가를 즐기며 느긋하게 사는 방법을 배워 둔다.
- 여행을 많이 한다. 은퇴 전에 여행을 즐기지 않는 사람은 은퇴 후에도 여행을 즐길 수 없다.

- 일로만 정체성을 설명하려 하지 마라.
- 세계와 소통할 수 있는 다양한 방법을 찾아본다.
- 정기적으로 하루씩 휴가를 내서 쉰다. 하루 종일 빈둥거리면서 유한 계급의 생활이 어떤 것인지를 경험해 둔다.
- 경제적인 문제 외에도 사생활과 관련된 여러 가지 문제점들을 다루는 은퇴 준비 강좌들을 수강한다.

무엇보다도 은퇴할 때까지 행복을 연기해 두어서는 안 된다. 은퇴 전에 행복할 수 있는 능력이(경제적인 상태에 관계없이) 행복한 은퇴생활을 하는 열쇠다.

평생의 행복을 위한 처방

아래 글은 평생의 행복을 보장할 수 있는 처방전이다. 맨 처음 이 내용을 소개했던 책은 『게으르게 사는 즐거움(The Lazy Person's Guide to Happiness)』인데 순전히 내 생각은 아니고, 수세기에 걸쳐 내려오는 현자들의 생각도 일부 포함되었다.

목표는 만족할 수 있을 정도면 충분하다.
일은 생계 유지만 할 수 있으면 충분하다.
온전한 정신은 언제 일하고 언제 쉬는지를 분간할 수 있을 정도면 충분하다.
돈은 기본적인 욕구를 충족시킬 수 있으면 충분하다.
애정은 여러 사람을 좋아하고 몇 사람을 사랑할 수 있을 정도면 충분하다.
자존심은 자기 자신을 사랑할 수 있을 만큼이면 충분하다.

자비는 궁핍한 처지에 있는 사람에게 가진 것을 나눠 줄 수 있을 정도면 충분하다.

용기는 어려움과 맞서 싸울 수 있을 정도만 있으면 충분하다.

유머는 웃고 싶을 때 웃길 수 있을 정도만 있으면 충분하다.

희망은 즐거운 내일을 기대할 수 있을 정도만 있으면 충분하다.

건강은 인생의 즐거움을 최대한으로 만끽할 수 있을 정도면 충분하다

감사하는 마음은 지금 가지고 있는 것에 감사할 수 있을 정도면 충분하다.

매일 매일 행복할 수 있는 방법만 알고 있다면 은퇴 시기만큼 인생에서 최고로 좋은 시기는 없다. 아브라함 링컨이 행복에 대해 언급한 이야기가 있다. "걱정하지 마라, 매 끼 푸짐한 식사를 즐겨라, 기도하라, 빚쟁이들에게 공손하라, 소화를 잘 시켜라, 운동하라, 천천히 느긋하게 생활하라. 물론 각자 사정에 따라 필요한 항목들이 더 있을 수도 있다. 하지만 형제들이여, 이 정도면 한결 행복해질 것이다."

나이로 노인인지 아닌지를 결정하지 마라

그래서는 안 되는데, 사람들은 은퇴는 노인들이나 하는 것이라고 아주 당연하게 생각한다. 게다가 한술 더 떠서 은퇴하고 나서 시간이 좀 지나면 으레 은퇴 당시보다 더 늙은이 취급을 하려 한다. 하지만 여기서 중요한 것은 은퇴자 당사자의 의식이다. 스스로 생각하기에 늙은이가 되었다고 생각한다면 다른 사람도 그 사람을 늙은이로 보게 될 것이다.

플라톤은 "조용하고 행복한 성향의 사람은 나이의 압박을 거의 느끼지 못한다. 하지만 그 반대 성향의 사람은 젊음과 나이가 모두 짐이다."라고 말했다. 오

랜 세월이 지난 지금도 전문가들은 플라톤의 주장이 옳았음을 증명하고 있다. 2002년 8월, 〈성격, 사회 심리 저널〉에 실린 연구 논문에 따르면, 나이든 노인들은 죽음이 자신들이 원하는 때보다 더 빨리 찾아 올 것으로 생각하는 경향이 있다고 한다. 사실 노화에 대해 부정적인 견해를 가진 사람들의 평균 수명은 긍정적인 생각을 가진 노인들에 비해 7년 6개월이나 더 짧은 것으로 나타나고 있다.

놀라운 사실은 신체적인 건강보다 노화에 대한 긍정적인 사고가 노인들에게는 훨씬 더 큰 영향을 미친다는 점이다. 예일 대학교의 심리학자 베키 레비 박사가 이끄는 연구팀은 "저혈압이나 콜레스테롤과 같은 생리학적인 척도보다는 노화에 대한 긍정적인 자기 인식이 생존에 더 많은 영향을 미치며, 각각의 경우 모두 평균 수명을 4년 가량 더 연장시킨다."고 피력했다.

연구자들은 이런 결론을 내렸다. "우리 연구는 두 가지 메시지를 전달한다. 안타까운 부분은 부정적인 자기 인식이 평균 수명을 단축시킬 수 있다는 것이고, 다른 하나는 긍정적인 자기 인식이 평균 수명을 연장시킬 수 있다는 사실이다."

이 연구에서의 교훈은 노화를 걱정하는 일에 너무 많은 시간과 정력을 낭비해서는 안 된다는 것이다. 제임스 A. 팔리는 "제발 늙은이 같은 생각 좀 하지 마라. 늙은이 같은 생각이 사람을 늙게 만든다."고 말했다. 삶에 활기가 넘치는 적극적인 연장자들과 이야기를 나눠 본 사람은 이런 노인들은 마음이 젊고 스스로를 늙은이라고 생각하지 않는다는 사실을 알 수 있을 것이다. 물론, 육체적으로 한계가 있다는 사실마저 부정하는 것은 아니다. 하지만 심리적으로 보았을 때, 나이는 그 사람의 진솔한 내면의 모습과는 거의 아무런 관계가 없다. 60대나 70대 노인들도 마찬가지이다. 확실히 낙관적인 노인들은 같은 나이 또래의 노인들과 같이 있는 자리를 어색하고 불편해 하는데, 제일 큰 이유는 그 나이대의 대다수의 노인들이 늙은이처럼 생각하고 행동하기 때문이다.

간단히 말해서, 활동적이고 행복한 노인들은 같
은 연배의 노인들이 늙고 병든 것에 대해 불평하
는 소리를 듣고 싶지 않은 것이다. 이렇게 활동
적이고 행복하게 살아가는 은퇴자들처럼 우리들
도 나이로 노인이 되었는지 아닌지를 결정하려 해서는 안 된다. 무엇보다도 노
년 행복의 비밀은 나이를 잊는 것이다. 특히 나이가 들어갈수록 이런 생각은 더
필요하다.

아직 최고의 작품은 완성되지 않았다

젊게 생각하면 노년에도 왕성하게 활동을 하면서 행복하게 살 수 있다. 달라
스에 있는 텍사스 사우스웨스턴 메디컬센터의 노인 전문의인 케반 H. 나마지
박사는 이렇게 말했다. "성공적으로 노년을 보내고 있는 사람들에게는 중요한
인간 관계와 취미가 있고 열정을 쏟아 부을 대상이 있다." 나이가 들어서도 생
산적일 수 있다면, 자긍심도 높아지고 지적인 자극도 얻을 수 있을 뿐만 아니라
사회적 교류의 폭도 넓힐 수 있다. 이런 노인들은 자기는 물론이고 자신과 함께
하는 사람들의 삶의 질에도 긍정적인 영향을 미친다.

노년에도 적극적이고 창조적으로 삶을 꾸려 나가는 사람들의 예를 몇 가지
들어본다.

· 메어리 베이커 에디는 87세 때 자신에게 주어진 사명에 따라 종교계에서는 꽤 영향
  력이 있는 신문인 〈크리스천 사이언스 모니터〉를 창간했다.
· 알버트 엘리스는 지금은 '합리적, 정서적 행동 치료(Rational-Emotive Behavior

Therapy)'라는 이름으로 불리는 치료법을 1950
년대 중반에 개발했다. 2001년 87세라는 나이에
엘리스는 아직도 강연과 집필 활동을 계속하고

> 나와 함께 늙어가자! 아직 최고
> 의 작품은 완성되지 않았다.
> · 로버트 브라우닝

있고, 매주 70명 이상의 환자를 보고 REBT 기법을 적용하여 행동적, 정서적 장애
치료에 힘쓰고 있다. 이 치료법은 비이성적인 사고를 이성적인 사고로 대체해 주는
것이 그 골자다.

· 버틀란드 러셀은 94세의 나이에 세계 평화를 위해 적극적으로 일했다.

· 피카소는 90세의 나이에도 예술 창작에 대한 열의가 대단해서 훌륭한 그림과 조각
을 많이 남겼다.

· 루엘라 타이라는 1984년에 92세였다. 그녀는 92세의 나이에 캘리포니아의 미션 비
에조에서 열린 전미 수영대회에 참가하여 무려 5개 종목에 출전하였다.

· 엘로이드 램버트는 87세의 나이에도 불구하고 스키 타기에 푹 빠져 있다. 현재 그는
70세 이상의 노인만 자격이 있는 스키 클럽의 회장직을 맡고 있다. 그 클럽의 총 회
원 수는 3,286명인데, 그 중에는 97세의 노인도 있다.

· 매기 쿤은 80대인데도 불구하고 그레이 팬더스
의 운영에 참여하고 있다. 그레이 팬더스는 노인
들을 위한 단체로서, 쿤은 65세 때도 이 단체의
설립을 도왔다.

> 평생 살 것처럼 배워라. 그리고
> 내일 죽을 것처럼 살아라.
> · 무명씨

· 조지 버나드 쇼는 93세에 『Farfetched Fables』를 썼다.

· 벤 프랭클린은 80이 넘어서도 미국 헌법 제정에 힘썼다.

· 『Nancy Drew』를 집필한 밀드레드 비어트 벤슨은 97세로 죽을 때까지 〈톨레이도
불레이드〉에 칼럼을 기고했다.

· 75세에 접어들어서 80세가 될 때까지 화가 마티스는 수백 장의 그림이 들어간 그림
책을 무려 6권이나 만들었다. 로제르 대성당 설계도 그때 했는데, 스테인드글라스 창

문과 벽화도 모두 그의 작품이다.

- 벅민스터 풀러는 80대에도 새로운 세상을 창조해 내고자 하는 자신의 비전을 알리는 데 적극적이었다.
- 쇼팽의 작품 해석에 탁월한 능력을 보였던 폴란드 태생 미국인 피아니스트 아서 루빈스타인은 90세 때 카네기 홀에서 전 세계를 깜짝 놀라게 할 훌륭한 연주를 들려주었다.
- 미켈란젤로는 71세부터 89세로 사망할 때까지 시를 썼을 뿐만 아니라 로마의 성 베드로 성당의 수석 설계사로서 성당 본관 건설공사를 감독하였다.
- 알렉산더 폰 훔볼트는 76세 때부터 90세가 될 때까지 『The Kosmos』를 집필하였다.
- 작가, 연기자, 연출자, 프로듀서 등 일인 다역을 충실히 수행했던 조지 애보트가 쓴 작품(단순히 〈브로드웨이〉라는 이름으로 불렸다)이 브로드웨이에서 성공을 거둔 것은 39세 때의 일이었다. 75세에 그는 〈로마에서 일어난 기묘한 사건〉을 연출했고, 100세 때에는 〈브로드웨이〉를 다시 브로드웨이에 올렸다.

이런 사람들은 다소 별스럽게 보이는 면이 없지 않지만, 그렇다고 아주 특별한 사람들은 아니다. 지금도 70대, 80대, 90대에 속하는 많은 노인들이 믿을 수 없을 정도로 강렬한 삶에 대한 열정과 생기, 정열을 불태우고 있다.

삶은 여가 활동에서 시작된다

나의 작은 소망은 독자들이 내가 이 책을 쓰면서 느꼈던 것과 같은 즐거움과 만족을 경험하는 것이다. 이 책을 읽은 사람이라면 벌써 여가 시간을 늘리는 프로젝트를 시작했을 것이라 믿어 의심치 않는다. 사실은 이 책을 읽었다는 것 그 자체만으로도 대단한 성과다.

이제는 배운 것을 실천에 옮겨야 할 때다. 활동성과 내적인 기동력이 크게 효과가 있을 것이다. 이 세계가 그 목적에 부합할 수 있도록 힘쓰고, 언제나 완벽이 아닌 발전을 위해 노력해야 한다.

마음가짐이 중요하다는 사실을 새겨두어라. 어떤 마음자세를 추구하느냐에 따라 인생도 그렇게 만들어진다. 뿌린 대로 열매를 거둔다. 나말고 어느 누구도 내 인생을 도와줄 수 없다. 나 자신 외에는 어느 누구도 인생의 즐거움을 만끽하는 데 필요한 동기나 열정, 기쁨을 제공해 줄 수 없다.

> 진짜로 능률적인 노동자는 하루 일과를 노동으로만 채우는 사람이 아니라, 여유 있고 느긋하게 업무를 관리하는 사람이다.
>
> - 리 데이비드 소로우

일반 사람들이 생각하는 성공에는 언제나 큰 대가가 뒤따른다는 점을 기억하라. 그 성공을 추구하기 전에 그 대가가 무엇인지부터 알아야 한다. 미리 대비하지 않으면 성공 전이 아닌 성공 후에 가장 값비싼 대가를 치러야 할지도 모른다.

참선 선사들은 인간은 인간이 집착하는 것들(자동차, 집, 돈, 친구와 연인, 자아와 정체성) 때문에 점점 더 설자리를 잃어가게 된다고 말한다. 이런 물질에 집착하는 마음을 버려라. 그러면 자유로워질 것이다.

무엇보다도 열심히 일해야 한다는 생각을 버려라. 확실한 사실은 열심히 일한다고 행복이 보장되지 않는다는 것이다. 만일 고된 노동이 행복을 보장하는 것이라면 90%가 넘는 미국인들이 행복을 누리며 살고 있을 것이다. 하지만 현실은 그렇지 않다. 유명한 심리학자들이나 정신과 의사들이 제시하는 행복한 사람들의 비율은 20%에 불과하다.

일반적인 통념과는 달리 생계 유지를 방해하는 가장 큰 장애물은 돈만 바라

점점 더 솜씨가 좋아지는데.
사람들에게도 잠자는 법을 좀
가르쳐 주어야겠는 걸.

보고 죽어라하고 일하는 것이다. 거듭해서 말하지만 고된 노동은 시간을 때우기 위해 인간이 만들어 낸 발명품들 중에서 가장 탁월한 발명품이다(물론 사람을 죽이는 데도 탁월하다). 노동의 비밀은 편안하게 살 수 있을 만큼만 일하는 것이다. 즉 그럭저럭 먹고 살 수 있을 만큼만 일하면 된다.

직장생활을 즐겨야 하는 이유는 깨어 있는 시간의 3분의 1 이상을 직장에서 보내기 때문이다. 일로부터 얻는 행복은 그것이 다른 사람들과 나 자신에게 도움이 될 때뿐이다. 그러므로 돈만 보고 일하지는 마라. 만일 돈만 보고 일한다면 그것은 노예이다. 노동은 금전적인 풍요로움만큼 우리의 마음과 영혼을 풍요롭게 해 주어야 한다.

앞으로 어떤 인물이 될 것인지에 매달려야 가장 큰 효과를 얻을 수 있다. 그러므로 일을 통해서 발전하기를 바라야지 일을 통해서 물질을 얻으려 해서는 안 된다. 무엇이 되고 싶든 간에, 다른 일에는 신경 쓰지 마라. 나중에는 이룬 것 때문이 아니라 못 이룬 것 때문에 마음이 아플 것이다.

인생을 살아가다 보면, 얻을 수 있는 것 보다 더 많은 것을 요구하기 쉽다. 하지만 모든 것을 다 이루려고 하면 아무것도 이룰 수 없고, 모든 것을 하려고 들면 아무것도 할 수 없다. 모든 사람에게 사랑을 받으려고 하면 아무에게도 사랑을 받을 수 없다. 그러니 나만의 꿈을 쫓되 한계를 알아야 한다.

> 우리는 하루 하루의 매 순간을 의식적으로 창조해 내야 한다. 규율과 질서는 덜어내고, 그 자리를 놀이와 때묻지 않은 어리숙함으로 채워야 한다.
> - 메이 사튼

세상을 바라보는 틀을 만드는 것은 우리 자신이다. 어떤 일을 결정했을 때 즐기면서 할 수 있는 방법을 찾아내는 것도 우리 자신에게 달려 있다. 남아도는 시간을 잘 채워서 지겨움과 불안, 우울함이 찾아들지 못하도록 하는 것이 우리가 할 일이다. 될 수 있는 한 다양한 관심사를 계발하라.

삶에 대한 열정이 없다면, 빨리 그 열정에 불을 붙일 수 있는 방법을 찾아라. 틀에 박힌 일과 안정에 대한 욕망은 무관심과 지겨움으로 점철된 삶 속에 우리를 가둬둘 것이다. 항상 새로운 일을 찾아서 신선함과 흥겨움이 넘쳐나도록 하라. 매일 매일 다른 사람을 만나고 새로운 일을 벌려라. 더 많은 기회에 도전하라. 흥미로운 사람들, 맛있어 보이는 음식, 가 볼 만한 곳, 관심 가는 문화, 재미있을 것 같은 책을 즐기는 방법을 배워라.

권태를 극복하기 위해서는 권태를 위태롭게 만들어야 한다. 안정만을 추구하는 자세는 위험하다. '(에베레스트) 산이 거기 있기 때문에' 에베레스트 산을 오를 수 있어야 한다. 물론 '거기 없기 때문에' 가공의 산을 오를 수도 있다. 어느 것이 더 많은 만족과 행복을 가져다 줄 것 같은가?

예측할 수 없는 일이 발생해도 도망치지 마라. 살면서 겪게 되는 재미있고 신나는 일들 중

> 사람의 인생은 단 한 번이다. 그러나 제대로만 산다면, 한 번만으로 충분하다.
> - 프레드 알렌

에는 기대하고 있었던 일이 아닌 경우도 꽤 있다. 그러므로 많은 기회를 만들도록 노력하라. 기회가 많이 주어지면 주어질수록, 우리 인생은 더욱 더 즐거워질 것이다.

또한 단순함을 강조하지 않을 수 없다. 큰 만족이 반드시 극적인 이벤트나 믿기 어려울 정도의 황홀한 순간에서 오는 것은 아니다. 별것 아닌 것에서도 강렬한 쾌락을 경험할 수 있다. 매일같이 삶을 덜 복잡하게 만드는 일을 찾아서 시도하라. 중요하지 않은 것들을 알아차리는 방법을 배워라. 인생을 복잡하게 만든 것만큼의 노력으로 인생을 단순하게 만들려고 노력하면, 인생이 산들바람이라는 사실을 깨닫게 될 것이다.

지금 갖고 있는 것에 감사할 줄 알면, 큰 행복을 얻을 것이다. 세상에 이런 말이 있다. "가지고 있던 것을 지금 당장 다 잃어버렸다가 다시 찾았다고 상상해 보라. 얼마나 행복하겠는가?" 규칙적으로 지금 가지고 있는 것들(건강, 집, 친구, 음반, 지식, 창의력)의 가치를 인정한다면 다른 사람을 질투하거나 불행하다고 생각할 겨를이 없을 것이다.

우리가 여가 활동에서 행복을 추구할 필요는 없다. 저절로 찾아 들게 만들어라. 우리는 태어났을 때 세 가지 선물을 갖고 이 세상에 왔다. 사랑, 웃음, 삶이 그것이다. 이 세 가지 선물을 사용하라. 그러면 행복이 당신이 어디를 가든 따라올 것이다.

행복은 움직이는 것이지 목적지의 개념이 아니라는 사실을 항상 기억하라. 참선 선사들은 삶의 아름다움이 타락하는 것은 행복을 목표로 삼기 때문이라고 말한다. 선사들에게 행복이란 순간 순간을 살아가면서 얻어지는 것이다. 행복은 모든 일에 존재한다.

다시 말하지만 은퇴생활이 행복해지기를 기다리지 말고, 행복한 은퇴생활을

시작하라. 행복해지기만을 기다리는 사람들은
결국 후회할 날이 올 것이다. 과거에도 그랬고
지금도 마찬가지이다.

　헨리 데이비드 소로우는 이런 현실을 꼬집어 이렇게 말했다. "아, 신이시여.
왜 사람은 죽음에 이르러서야 제대로 살지 못했다는 것을 깨닫게 되는 겁니까."

　여가란 평생 동안 소중히 간직하고 계발해야 할 보물이다. 이 점에 대해서
차분하게 생각해 보아라. 죽음에 이르러 인생을 뒤돌아보게 되었을 때, 못해 봤
기 때문에 후회할 일이 뭐가 있을까? 분명히 일을 열심히 못한 것을 후회하지
는 않을 것이다. 재산을 더 많이 못 모았다고 후회하지도 않을 것이다. 그게 뭐
든 간에 지금 안 하고 있는 일이 아니겠는가?

　마크 트웨인은 이렇게 말했다. "이제 밧줄을 떼어 내라. 그리고 안전한 항구
로부터 벗어나 항해를 시작하라. 돛에 한 가득 무역풍을 받아라. 자 이제부터
탐험이다. 꿈을 찾아라."

　내 생각이지만 인생에서 가장 소중한 순간은 일하지 않는 즐거움에서 온다
(마크 트웨인도 틀림없이 동의해 주었을 것이다). 즉, 인생은 여가생활에서 시작된
다는 것이다. …… 자, 그러면 모두 즐거운 항해가 되기를!

편지에 대한 서론

이 섹션은 1997년에 『적게 일하고 많이 놀아라』 제3판이 출판된 이후 독자들에게서 받은 편지들 중 가장 재미있었던 편지들만을 추려서 준비한 것이다. 나는 이 책이 처음 이 세상에 나온 이후로 많은 사람들이 이 책에 영향을 받아서 전혀 새로운 삶을 살게 되었다는 이야기를 수도 없이 많이 들어왔다. 어떤 독자들은 책을 읽은 후에 일과 여가를 적절히 조화시키는 것에 관심을 갖기 시작했다고 말했다. 하지만 이것은 아무것도 아니다. 책 내용에 고무되어 직장을 때려치운 사람도 있었고, 돈 때문에 어쩔 수 없이 나가던 직장을 그만두고 정말로 원했던 일을 해 보겠다고 당당하게 밝힌 사람들도 많았다.

조금은 놀라운 이야기가 될 수도 있겠는데, 이 이야기를 인정하지 않을 수 없다. 독자들 중에는 나보다 훨씬 더 훌륭하게 『적게 일하고 많이 놀아라』를 생활로 실천해 가는 사람들이 있다. 나도 오랜 시간 격무에 시달리는 것은 피하려고 노력하는 편인데도, 최근에는 거의 1년 동안 완전히 놀기만 해 본 적이 없었다. 그런데 일부 독자들 중에는 그렇게 살고 있는 독자들이 있다. 이런 분들한테는 내가 배워야 할 게 분명히 있을 게다.

아무쪼록 이 편지에 영감을 받아서 이 책을 읽는 독자들도 보다 재미있고 살맛 나는 인생을 만들어 가길 바란다. 사람들은 대부분 살면서 못 해 본 것을 후회하며 무덤으로 들어간다. 후회하는 인생을 살 수 있는 가장 쉬운 방법은 자기 생각을 버리고 사회가 강요하는 생각에 무조건 편승하는 것이다. 물론, 여기에 실린 편지의 주인공들은 대부분 자기 생각이 분명했던 사람들이고, 그랬기 때문에 더욱 행복한 사람들이다.

프랑스 독자의 불안과 고뇌

프랑스의 리제레 지방에 사는 미쉘 로쉬 군이 프랑스판 『적게 일하고 많이 놀아라』를 읽고 2002년 1월에 내게 편지를 보내왔다.

어니 선생님께,

『적게 일하고 많이 놀아라』는 작은 보석과도 같은 책입니다. 책방에서 우연히 이 책을 발견했는데, 정말 운이 좋았습니다.

저는 이제 22세의 학생이라서 앞으로 사회에 나가 일을 해야 하는데, 그게 지금 가장 큰 고민입니다. 저는 일하는 것하고는 잘 맞지 않는 사람인 것 같습니다. 일주일에 40시간을 사무실에 앉아서 40년이라는 시간을 보낸다는 것은 아무리 생각해도 시간 낭비입니다. 정말 전 받아들이기 힘든데, 다른 사람들의 표정은 비장하기만 합니다. 제게는 여가 시간이 문제입니다. 하고 싶은 것도 많고, 재미있고 관심 가는 활동도 많은데 일만 하라고 하니 아무래도 여가 시간이 부족할 거란 생각이 듭니다. 하지만 일을 안 하겠다는 것은 아닙니다. 그냥 사람들이(저희 가족, 친구, 선생님, 이웃, 앞으로 사장 될 사람 등) 제게 강요하는 라이프스타일을 거부한다는 뜻이죠. 그 점에서 선생님은 정말 큰 위안이 됩니다. 저만 이런 생각을 하는 게 아니었으니까요. 얼마나 다행인지 모르겠습니다!

앞으로 몇 달 동안 어떻게 살 것인지에 대해 결정을 내려보려고 합니다. 만일 제가 '나만의' 길을 가겠다고 하면, 많은 시련과 오해를 겪어야 하겠죠. 하지만 선생님 덕분에 쉽게 산다는 것은 결국 다른 사람이 원하는 것을 만족시켜 주며 사는 것밖에 안 된다는 사실을 잘 알게 되었습니다. 이 길은 포기, 단념, 협상, 좌절, 후회, 회한과 같은 말입니다. 물론, 그 길을 선택하는 게 가장 쉽기는 하겠죠. 사회가 그어 놓은 선대로 가는 거니까요.

제게는 많은 용기가 필요합니다. 그런 의미에서 선생님의 책은 정말 귀중한 도움이 되었습니다.

젤린스키 선생님 같은 분이 계셔서 정말 고맙고, 이렇게 좋은 책을 써 주신 것에 대해서도 다시 한 번 감사 드립니다.

제 영어가 서툰데, 그 점에 대해서는 양해 바랍니다.

미쉘 로쉬 드림

영국 독자의 생각

영국의 핸츠 지방에 사는 패트릭 쿠퍼-더피 씨가 1999년 11월에 보내 준 편지다.

어니 씨에게,

『적게 일하고 많이 놀아라』같이 좋은 책을 써 주신 것에 대해 감사합니다. 저는 이 책을 읽고 또 읽었습니다. 그리고 친구들에게도 추천해 줬습니다. 지금은 서평을 하나 쓰고 있는데, 다 쓰는 대로 어니 씨께도 하나 보내 드리겠습니다. 전 이 책에 만화랑 그림이 같이 있는 게 마음에 듭니다. 독자들의 서평도 좋고요.

저는 정신과 담당 간호사입니다. 아마 일자리를 잃은 것 때문에 자살을 했던 많은 사람들이 이 책을 읽었거나 아니면 다른 데서라도 그 내용을 좀 더 쉽게 접할 수 있었더라면 지금 이 자리에 살아 있을 수 있겠다는 생각이 듭니다. 아무쪼록 책이 많이 나가고 글 쓰는 일에도 많은 발전이 있으시기를 바랍니다.

그럼 이만 줄입니다.

패트릭 쿠퍼·더피·드림

'여가생활 나무' 잘 사용하고 있습니다

캘리포니아의 로스엔젤리스에 사는 듀발 C. 셔먼 씨가 1999년 5월 『적게 일하고 많이 놀아라』를 읽고 편지를 보내 주었다. 편지를 읽어보면 알겠지만, 그는 은퇴 후 활동 계획을 짜는 데 본문 7장에 나와 있는 '여가생활 나무' 에서 큰 도움을 받았다.

어니 씨에게,

요새 저는 어니 씨가 쓴 『적게 일하고 많이 놀아라』를 다 읽었는데, 아직까지도 100만 부 이상이 나가지 않았다는 게 이상할 뿐입니다.

저는 캘리포니아의 로스엔젤리스에서 버스 운전시가로 일을 하다가 46세라는

'고령' 의 나이로 1997년 10월 29일에 은퇴하게 되었습니다. 전에 다니던 회사의 동료들은 항상 은퇴하면 "뭘 할거니?" 라는 말을 입에 달고 다녔었습니다. 이런 친구들이야 뭐 일 빼면 시체인 친구들이니, 얼마나 걱정이 많았겠습니까. 참 안 된 일이지요!

이제는 더 이상 스트레스도 안 받고, 그래서인지 생각도 또렷하게 정리할 수 있기 때문에 전보다 훨씬 더 행복하고 건강하게 지내고 있습니다. 어니 선생이 만들어 놓은 '여가생활 나무' 가 제게는 큰 도움이 되었습니다. 생각도 못해 본 것들을 거기서 많이 봤거든요. 거기 나와 있는 것들 중에서 대략 70개 정도를 선택해 봤는데, 그 정도면 당분간은 아주 바쁘게 지낼 수 있을 거란 생각입니다. 필요하면 나중에 더 추가하면 되고요. 사실은, 어니 씨. 저도 한 가지 일을 지금 열심히 진행 중인데, 제 자서전을 쓰는 일입니다.

사촌들에게도 이 책을 보내고 싶어서 두 권을 더 주문해 놓았습니다. 한 명은 31세의 학교 선생인데 지금 은퇴를 해야 할지 말아야 할지 생각이 많습니다. 저는 사촌이 어니 선생의 책을 읽고, 앞으로 자기가 하고 싶은 것을 하면서 그렇게 지냈으면 하는 바람입니다. 저도 계속해서 그 쪽으로 밀어붙일 생각이고요. 다른 한 명은 자기 병원을 갖고 있는 산부인과 의사인데, 도대체 '천천히' 라는 것을 모르는 인간입니다. 그 애도 앞으로 어떻게 짬을 내서 '꽃향기도 좀 맡고' , 어니 씨가 쓴 이 책도 읽어 볼 수 있는 그런 여유를 갖게 되었으면 좋겠습니다.

'여가 활동' 을 하다가 비는 시간이 생기면 언제라도 짬을 내서 제게 답장을 좀 써 주세요.

감사합니다.

그럼 이만.

듀발 C. 서먼

파트타임 직업을 선택한 엄마의 편지

노스 캘리포니아의 캐리에 사는 제니퍼 앤드류 씨가 2000년 7월에 보내 온 편지다.

어니 젤린스키 선생님께,

이제 막 『적게 일하고 많이 놀아라』를 반쯤 읽었습니다. 아직 끝까지 읽지는 않았지만, 편지를 써야 할 것 같았습니다. 정말 대단한 책이군요. 이렇게 좋은 책을 써 주셔서 감사합니다.

최근에 저는 파트타임으로 일을 하게 돼서 두 살 난 제 아들 녀석하고 보낼 수 있는 시간이 늘었습니다. 거기다가 '진짜 사는 것 같이 사는' 시간도 더 늘어났죠. 협상이 쉽지는 않았는데 어떻게 가까스로 상여금까지 받아냈습니다. 지금까지 그럭저럭 잘 살았지만, 조금 지겨웠던 것은 사실입니다. 도서관에서 선생님 책을 집어 든 이후부터 왜 그랬는지 알겠더군요. 나에게 맞는 시간표를 짜려면 역시 창의력이 있어야 하겠더라고요. 하지만 해 냈죠! 그냥 시간을 어떻게 쓸 것인가 만 생각하는 것은 너무 막연하죠. 구체적인 목적이 있어야 하고, 엄마로서가 아닌 저를 위한 그런 활동이 있어야 할 것 같았습니다. 우선 첫째 목표는 건강한 몸을 만드는 것입니다. 아기랑 저랑 둘 다 많이 걷고, 수영도 하고, 놀이터에도 많이 나갈 계획입니다. 아, 그리고 우리 둘이 매일 할 수 있는 여가 활동도 더 짜 넣을 생각이고요.

요즘에 직장생활을 하려면 받는 스트레스가 장난이 아닙니다. 죽어라하고 일을 해야 살아 남을 수 있죠. 특히 지금 미국 경제가 살아나고 있어서 더 합니다. 실업률은 낮고, 해고가 되어도 그 전처럼 그렇게 걱정을 많이 하는 분위기가 아니죠. 선생님 책이 처음 나왔을 때도 그랬죠. 제 생각에는 그래서 더 '장미꽃 향기를 맡을 수 있는' 시간을 내기가 힘들어지는 것 같습니다. 가족 부양하랴, 좋은 직장 가지랴, 은퇴 자금 마련하랴 얼마나 바쁩니까. 전 이런 걸 전부 다 할 수 없을 것 같습니다. 더구나 동시에 다 한다는 것은 더 힘들겠죠. 아무튼 공식적으로는 속절없는 경쟁 체제에서 빠져 나온 상태입니다! 야호 만세!!

이제 저는 '더 좋은 물건(새 차, 더 좋은 집 따위)을 사들이는 일'에 탐닉하는 것이야 말로 뿌리깊은 불만과 권태로움의 표시라는 사실을 확실히 믿게 되었습니다. 선생님 책을 읽고 나를 지겹게 만든 것은 저 자신이라는 사실을 깨달은 겁니다. 그 동안 전 돈을 많이 벌 수 있는 일이 뭘까에 대해서만 생각했지, 내가 잘하는 게 뭐고, 내가 정말 좋아서 즐길 수 있는 일이 뭔지에 대해서는 전혀 생각하지 않았습니다. 앞으로는 전문 대학에도 등록을 해서 수업도 좀 듣고, 교회에도 나가고, 공동체 봉사 활동에도 참여할 계획입니다. 그리고 다시 대학원에 갈 계획도 있는데, 그렇다고 서두르려는 생각은 없습니다. 저는 이제 겨우 26세이니까 많이 산 것은 아니죠. 하지만 앞으로도 인생을, 정말 매 순간을 알차게 보내고 싶습니다.

다시 한 번 감사 드린다는 말을 전하고 싶습니다. 저도 느끼는 것은 많았는데, 그걸 단한 번도 말로 표현해 본 적은 없었습니다. 항상 왜 주말에는 더 가라앉고, 혼자 있는 시간이 불안할까에 대해서만 궁금해했죠. 여가생활로 바쁘실 줄 알지만, 시간 나시면 답장도 좀 써 주세요. 기다리고 있겠습니다.

건강하세요.

제니퍼 앤드류 드림

남아프리카에서 온 이름 없는 편지

이 편지는 남아프리카에서 온 편지인데, 호기심이 가장 많이 가는 편지이 기도 했다. 봉투는 그냥 평범한 편지 봉투였는데 안에는 아무것도 없었고, 편

지 봉투 뒷면에 '-- 아농 드림'이라는 말과 함께 신약에서 인용한 성경 구절
이 두 개 적혀 있었다.

> '일찍 일어나고 늦게 눕는 것, 먹고살려고 애써 수고하는 모든 일이 헛된 일이
> 다. 주께서는, 사랑하시는 사람에게는 그가 자는 동안에도 복을 내리신다.'
>
> — 시편 127장 2절

> "주님을 경외하며, 주의 명에 따라 사는 사람은, 그 어느 누구나 복을 받는다. 네 손
> 으로 일한 만큼 네가 먹으니, 이것이 복이요, 은혜이다."
>
> — 시편 128장 1-2절

대학 중퇴는 삶으로의 편입

플로리다의 델레이 비치에 사는 매트 모스 군이 2000년 10월에 보내 준 편
지다.

어니 선생님 보세요,

이제 막 선생님 책을 다 읽었는데, 제 마음과 너무 똑같아서 많이 놀랐습니다. 모든 것
이 다 흑과 백처럼 분명하고 명확한 게 맘에 들었습니다. 우리 모두 속도를 줄이고, 진
짜로 중요한 게 무엇인지 냉철하게 바라봐야 할 필요가 있습니다.
저는 이제 20세밖에 안 되었지만 선생님의 행동을 아주 정확하게 이해할 수 있을 것
같습니다. 저는 2년간 대학에서 엔지니어링을 공부하고 인턴 과정도 끝냈지만, 그후
에 대학을 그만두었습니다. 제 인생에 관여하고 있는 사람들이 저를 대학 중퇴자로

생각할 게 너무 뻔해서 그렇게 결정하기까지 쉽지는 않았습니다. 하지만 어딘가에서 '쫓겨났다' 는 기분이라기보다는, 어디로 편입해 '들어갔다' 는 생각입니다.

아직까지 저보다 더 행복한 사람은 본 적이 없습니다. 저는 지금까지 학교에서 배웠던 것보다 지난 한 해 놀면서 배운 것들이 더 많습니다. 여러 곳을 돌아다녔고 온갖 종류의 진기한 경험도 많이 했습니다. 어린애들을 위한 여름 캠프에서도 일했었는데, 정말 아이들의 순수함에 대해 많은 것을 배웠습니다. 이 아이들이 앞으로 9시에서부터 5시까지 일하는 불쌍한 어른이 될 거라는 건 생각만 해도 끔찍합니다. 그런 의미에서 정말 선생님께 감사하다는 말씀을 드리고 싶습니다. 전 선생님의 말씀을 지지하며 그 메시지가 다른 전 세계의 모든 사람들에게도 잘 전해지기를 기원합니다. 인생은 즐기기만 해도 너무 짧은 것이니까요!

그럼 몸 건강히 계십시오. 언제나 행운이 같이 하시기를 빕니다.

매트 모스 드림

옛날에 즐겨 했던 일들 기억하기

미주리 주 콜롬비아에 사는 에밀리 프라이스 씨가 2001년 5월에 보내 준 편지다.

어니 씨에게,

저희 언니가 버클리 지역에 사는데, 몇 년 전에 학교에서 은퇴를 하면서 이 책을 제게 주었습니다. 저는 지금 여행사 직원으로 근무하고 있는데 아주 재미있습니다. 항상 여행하는 것을 좋아했는데, 이 일을 하니까 새로운 곳을 많이 가 볼 수 있어 좋습니다. 선생님 책에서 제일 마음에 들었던 부분은 여가 부분이었습니다(여가생활 나무). 제가 그 전에 자주 하던 일들이 많았었는데, 이걸 보니 그게 모두 생각이 나더라고요. 덕분에 다시 시작하게 된 것도 있습니다.

전 선생님의 책을 친구들이랑 가족들과 돌려보았습니다. 다 재미있다고 하더군요. 그러다가 아예 책을 구입한 친구도 있습니다.

그럼, 이만 줄이겠습니다.

에밀리 프라이스 씀

일을 안 하는 것도 고역일 수 있다

캘리포니아의 로스 알토스 힐스에 새는 레베카 E. 스탠튼 씨는 상해 때문에 일을 못하는 것이 한때 너무 견디기 힘들었다는 편지를 보내 주었다.

어니 선생에게,

어니 씨의 『적게 일하고 많이 놀아라』라는 책을 잘 읽어보았소. 아마 이 책을 읽고 많은 것을 배웠다는 내용의 편지를 수백 통도 더 받았을 것이오. 정말 너무 감사하오.

나는 학교 교장이었지만 일을 하다 다치게 돼서 지금은 집에만 있어야 하는 처지라오. 갑자기 일어난 사고인데다, 내가 워낙 일을 좋아했던 터라(선생의 책을 읽기 전까지) 집에 있는 게 너무 곤욕스러웠다오.

이 책이 나한테는 너무 소중한 책이었다는 이야기를 하고 싶소. 아이디어도 모두 실용적이고 뭐가 중요하고 중요하지 않은지에 대해서도 감을 잡게 해 줬으니 말이오.

모든 게 나 하기에 달렸다는 것을 다시 한 번 알았다오. 내가 마음을 열고, 조금만 창조적으로 생각하면 이런 책으로도 인생을 바꿀 수가 있으니 말이오.

이제는 집에 있는 것이 훨씬 더 좋소! 이런 이야기를 들려 줘서 너무 고마울 뿐이오.

내 마음 깊은 속에서 감사를 전하오.

그럼 내내 건강하시기를.

R. 스탠톤

새로운 일을 시작하다

온타리오주 토론토에 사는 그랜튼 스미스씨는 『적게 일하고 많이 놀아라』를 읽고 영감을 받아서 그 전에 단 한 번도 해 보지 않았던 일을 시도했다고 한다.

젤린스키 씨에게,

제가 이렇게 편지를 쓰는 이유는 선생께서 쓰신 『적게 일하고 많이 놀아라』를 정말 잘 보았다는 말을 하고 싶어서입니다. 대략 3주 전쯤에 전 해고를 당했습니다. 충격을 좀 받긴 했는데, 회복하자마자 무엇을 할까 고민하게 되었죠.

지난 주엔가 어느 날 책방을 어슬렁거리다가 어디선가 들려오는 목소리에 이끌려 선생의 책 앞에까지 가게 되었습니다. 저도 나름대로 기본을 잘 알고 있다고 생각했는데, 지난 몇 년 간은 사실 중요하게 생각해야 할 것들을 놓치면서 살아왔습니다. 가끔씩은 우리 안에 있는 영혼이 우리도 모르는 사이에 우리의 외형을 바꿔 놓기도 하죠. 선생님께서도 말씀하셨지만 그 흐름에 저항하지 않고 같이 따라가 준다면, 새로운 세계로 가는 열쇠가 우리 손에 주어질 겁니다.

저도 이제 뭔가를 해 볼 생각입니다. 그게 뭐가 됐든, 제가 원하는 방식대로 해 나갈 것입니다. 다시 한 번 이렇게 좋은 책을 써 주신 것에 대해 감사 드립니다. 안 하던 짓을 해 보고 싶은 마음이 드는 걸 보니 이미 영향을 받은 것 같습니다. 전에는 작가에게 편지를 써 본 적이 한 번도 없었거든요.

정말 대단히 감사합니다.

그랜트 스미스 드림

더 이상 실패한 인생은 되기 싫어

온타리오주의 톤힐에 사는 멜리나 매크 씨가 2001년 5월에 편지를 보내 주었다.

젤린스키 씨에게,

선생님이 쓰신 책 『적게 일하고 많이 놀아라』를 너무 재미있게 읽었습니다.

전 두 달 전에 해고를 당해서 현재 실직상태입니다. 이 책을 읽기 전에는 실패자라는 생각을 했었는데, 이제는 아닙니다. 저는 승자입니다.

전 하나님을 믿는 사람입니다. 하나님께서 제가 너무 일만 알고, 방향을 잡지 못하고 헤매고 있으니까 이렇게 해고라는 방법을 통해서 길을 알려 주신 거라 믿습니다.

저는 중국어를 모국어로 사용합니다. 제가 이 책을 중국어로 번역해서 많은 중국인들이 선생님의 메시지를 접해 볼 수 있는 기회를 갖도록 할 수 있을까요.

선생님의 빠른 회신 부탁드립니다.

그럼 수고하세요.

M. 매크

여가를 즐기며 살 수만 있다면 성공한 인생이다

직업을 옮기는 일에는 확실히 위험이 따른다. 하지만 좋아하지도 않는 일을 계속하는 것에 따르는 위험도 만만치 않다. 테네시주의 내시빌에 사는 윌리엄 T. 데이비드 씨가 1999년 1월에 이 편지를 보내 주었다. 6개월 후에 데이비드 씨는 돈을 많이 벌 수 있었던 일을 그만두고 여가를 즐기며 살기로 마음먹었다. 그가 지적한 것처럼, 위험을 감수할 수 있는 사람만이(설사 실패한다고 하더라도) 그에 마땅한 보답을 받을 수 있다.

어니 선생께,

『적게 일하고 많이 놀아라』를 이제 막 다 읽었습니다. 신년을 이렇게 시작하다니 너무 근사합니다!

1998년 7월에 저는 소득은 높지만 스트레스가 많았던 공장 일을 제 발로 박차고 나왔습니다. 그리곤 다시는 뒤도 돌아보지 않았습니다. 그리고 4개월을 푹 쉬면서 콘도 일만 신경 썼습니다. 지금 하는 일은 수입이 훨씬 적은데, 그전보다 더 행복합니다. 앞으로 계획은 이 콘도를 팔고 가족들이 있는 위스콘신으로 이사를 가는 것입니다.

시간이 좀 걸리고 있기는 하지만, 제가 원하는 일이라는 사실을 잘 알고 있습니다. 전 독창적인 편이라 그 동안 생각해 놓은 쓸 만한 아이디어들이 꽤 있습니다. 앞으론 제가 꿈꾸던 일들만 해 볼 생각입니다. 노래랑 시도 짓고, 소설도 쓰고, 발명품에 특허권도 따고, 예술 활동도 좀 하고, 볼륨 댄스 강좌도 듣고, 피아노도 배울 생각입니다.

실패한다 쳐도 하고 싶은 일을 하기 때문에 행복할 거고, 행복하면 실패한 게 아닐 테니 얼마나 좋은 일입니까. 어떤 식으로 결론이 나든 좋은 일이죠.

그럼 몸 건강하세요.

빌 데이비드

여가를 즐길 수 있기까지의 심적 부담에 관하여

브리티시 콜롬비아 주의 올리버에 사는 제임스 폴 바우만 씨가 2000년 8월에 보내 온 편지다. 바우만 씨도 지적했지만, 여유 있는 삶이 때로는 죄책감을 불러 올 수 있다. 이러한 감정을 극복하는 방법을 엿볼 수 있는 편지다.

어니 씨에게

최근 『적게 일하고 많이 놀아라』를 읽어보았습니다. 이런 좋은 글을 써 주신 것에 대해 감사를 드립니다. 책을 읽으면서 좋은 내용이 있으면 그 때마다 기억하고 제 것으로 삼으려 했습니다. 정말 한 번은 정신적으로 충전이 필요하다고 생각했는데 시기가 딱 맞아 떨어졌습니다. 좋은 책 써 주신 것, 감사합니다.

그런데 여유를 갖고 살기로 마음을 먹은 후 죄책감이 떠나질 않고 저를 괴롭혔습니다. 몇 년 전에 이혼을 하고 나서 아주 단순하게 살고 있거든요. 전 하고 싶었던 일, 그러니까 글 쓰기 같은 것을 할 수 있는 시간을 원했습니다. 그래서 경제적 자유에 관한 책도 몇 권 썼고요.

저는 정말 저의 이 소박하고 조용한 생활방식을 사랑하고 좋은 거라 믿고 있습니다. 그래서 주변 사람들과 사는 방식이 다르고 여가 시간도 남들 보다 많아 늘 죄책감이 따라다녔지만, 그것도 어느 정도 떨쳐 버렸다고 생각했습니다. 그런데도 사람들에게 그것을 다 설명할 수 없었습니다. 그래봤자 변명이 될 테니까요. 그래서 그 불편한 감정을 계속 갖고 다녔습니다. 어느 정도였는가 하면 '돈 많은 백수'로 보이기 싫어서 남들이 일하는 낮 시간에는 마을에 나가지도 않았습니다. 바보 같죠. 맞는 말입니다. 하지만 오랜 세월 동안 이 사회가 각인해 놓은 생각에 반기를 든다는 것이 그렇게 쉬운 일만은 아니거든요.

지금 저는 정신적으로 제 자신을 있는 그대로 받아들이는 공부를 하고 있습니다. 저는 내 삶이 우선 자유로워야 살 수 있는 사람이기 때문에 저만의 자연스러운 존재 방식이 필요합니다. 다른 사람들과 상충되는 측면이 있고, 때로는 두려움과 죄책감이 남아서 괴롭히기도 하지만 말입니다. 이제는 이런 것들도 점점 극복해 나가고 있습니다. 선생이 쓴 책을 비롯해서 나 스스로 얻은 확신은 정말 압도적입니다. 정말 감사합니다! 다시 한 번 감사를 전하며.

짐

'여가교'로 개종한 충성스러운 신도로부터

온타리오 주의 런던에 사는 마이크 후드 씨는 인생의 목표를 바꾼 사연을 들려주었다.

어니 씨에게,

『적게 일하고 많이 놀아라』를 정말 재미있게 읽었다는 말을 하고 싶어 짧게 적습니다. 책을 읽기 전까지는 제 인생에서 제일 중요한 것이 일이었습니다(지금도 이따금씩 실수를 하지만). 하지만 지금은 '가족, 친구, 그리고 결정적으로 여가의 즐거움'을 재발견하게 되었다고 이야기할 수 있는 게 너무 기쁩니다. 규칙적으로 자전거도 타고, 공원이나 해변에도 자주 놀러가고, 영화도 보고, 소설책도 읽습니다.

글을 마치면서 다시 한 번 감사한다는 말씀을 드리고 싶습니다. 선생님 책은 아직까지도 제게 큰 도움이 되고 있습니다.

그럼 건강하세요.

마이크 후드
'여가교'로 개종한 충실한 신도가

텍사스 주에서 공무원으로 일하는 게 너무 좋아요

텍사스주 오스틴에 사는 말리 그리메스 씨가 2001년에 보내 온 편지다. 말리 씨는 일도 좋아하지만 일없이 노는 것도 마냥 좋은 사람이다.

젤린스키 선생님께,

이렇게 좋은 책을 써 주신 것에 대해 감사를 드리고 싶었습니다. 지금은 이 일이 좋기는 한데(저는 텍사스 주 정부에서 의사 면허증 관리 업무를 담당하고 있습니다), 다른 직업을 찾아보는 것말고도 또 다른 선택이 있을 수 있다는 사실을 알게 되었습니다. 처음 대학을 졸업하고 나서 몇 달을 일이 없어 논 적이 있었는데, 그 때 정말 좋았습니다. 그래도 당시에는 죄책감이 조금 들었었는데, 앞으로 다시 일을 하지 않는 경우가 생기면 아주 신나게 놀아 볼 생각입니다!

주 정부에서 공무원으로 일한다는 것은 아무래도 개인 기업체에 다니는 사람들보다는 노는 날이 더 많다는 것을 의미합니다. 예, 그렇고 말고요!

어쨌든, 이렇게 통찰력 있는 좋은 책을 써 주신 것에 대해 다시 한 번 감사드립니다!

그럼 안녕히 계십시오.

말리 그리메스

우연히 받은 편지

다음에 소개되는 편지는 약간 우연적인 요소가 많다. 그럼 그 사연을 한 번 살펴보자. 2000년 10월에 나는 캘리포니아에 사는 로날드 헤나레스라는 청년에게서 전화를 한 통 받았다. 전화 내용은 이랬다. 그는 마크 크레이그라는 친구와 함께 실리콘 밸리에서 일을 하고 있었다. 둘 다 20대 후반이었는데, 하이테크 산업이라는 게 워낙 변화 속도가 빠른 일이라 몹시 힘들고 어려웠다고 한다. 그러다가 『적게 일하고 많이 놀아라』라는 책을 구입하게 되었고, 이제는 그 책이 로날드의 말을 빌리자면 '여가생활을 위한 성경'이 되었다는 그런 이야기였다.

그리고 로날드는 이 책에 영향을 받아서 마크와 함께 직장을 그만두고 캘리포니아의 팔콘으로 자리를 옮겨서 소프트드링크를 파는 가게를 낼 계획이라는 이야기도 했다. 그들은 가게에서 『적게 일하고 많이 놀아라』를 판매하고 싶다며 내 허락을 구했다. 나는 로날드에게 텐 스피드 출판사와 연락을 해서 거기서 직접 책을 구입해서 판매하라고 조언했다. 이야기를 하면서 나는 로날드와 마크에게 『적게 일하고 많이 놀아라』에 대한 서평을 써서 아마존 사이트(www.amazon.com)에 올려 달라고 부탁했고, 일주일만에 아마존에 서평이 올라왔다. 난 서평란을 보고서야 그들의 성(姓)이 뭔지 알 수 있었다.

1년 후 나는 로날드와 마크가 소프트드링크 가게를 시작했는지, 그리고 일을 벌렸다면 진짜 『적게 일하고 많이 놀아라』를 판매하고 있는지가 궁금해졌다. 하지만 로날드의 전화 번호나 주소를 갖고 있지 않았기 때문에 따로 연락할 방법을 찾기가 쉽지 않았다. 그런데 놀랍게도 일주일 후인 2002년 1월에 캘리포니아의 마더에 사는 저스틴 매튜 온스토트라는 사람에게서 한 통의 편지를 받았다.

어니 선생님께,

이렇게 책을 내는 방법을 통해 맡은 바 소임을 충실히 이행해 주셔서 대단히 감사합니다. 전 이 책 덕분에 완전히 딴 사람이 되었습니다.

제게 일어난 변화는 작년 여름 캘리포니아의 팔콘에 있는 음료수 가게에 들어가면서 시작되었습니다. 당시 전 대규모 하이테크 회사에 다니고 있었습니다. 이 회사는 업계에서도 악랄하기로 유명했는데, 정말 이름 값을 하는 회사였죠. 그런데 어느 날 일진이 아주 사나운 날이었습니다. 그 가게의 주인들이 저의 불난 가슴에 부채질을 해대는 사건이 있었죠.

이야기를 해 봤더니 그 두 젊은이 모두 회사에 매였던 몸이라더군요. 그래서 제 기분이 어떤지를 잘 이해할 수 있다나요. 그 두 사람은 어느 날 선생님의 책을 알게 되어서 확신을 갖고 회사를 나왔고, 꿈을 쫓아서 지금 가게를 운영하고 있다고 했습니다.

그 말을 듣고 저도 기운을 얻어서 그 친구들이 가게에서 팔고 있는 선생님의 책을 구입했습니다. 그 날 저녁 집에 가져와서 말 한마디 한마디를 음미하면서 읽었습니다. 돈으로 행복이나 안정을 살 수 없다는 말 같은 것은 정말 쓰디쓴 약 같았습니다. 하지만 선생님의 생각은 제 심금을 울렸죠.

그 후 행동 개시에 들어가기까지는 대략 6개월이 걸렸습니다. 올해 12월에 회사에 사표 통보를 했습니다. 사장은 충격을 받았죠. 제가 그래도 회사에서는 '떠오르는 별'로 인정을 받고 있었거든요. 저는 12월 31일을 마지막으로 회사를 나왔고, 그 후론 뒤도 돌아다보지 않았습니다.

이제 다시 사는 것 같이 살게 되었습니다. 매일 아침을 동네 커피 전문점에 나가서 커피를 마시면서 시작합니다. 의자에 앉아서 끄적거리면서요. 지금 전 첫 번째 소설을 집필중입니다. 사실 대학원 다닐 때 이후로 이렇게 가슴을 펴고 크게 심호흡을 해 본 것도 처음입니다. 두통, 가슴 답답증, 불면증 등이 씻은 듯이 사라졌습니다. 지금 저의 목표는 제 소명을 충실히 따르는 것입니다.

저는 선생님과 선생님이 쓰신 책 모두에 감사를 전하고 싶습니다. 선생님 책은 이 세상 어떤 것보다 저에게 많은 도움이 되었습니다. 신의 축복이 언제나 함께 하고, 하시는 일마다 행운이 깃들기를 기원합니다.

그럼 수고하세요.

저스틴 온스토트 드림

느긋하게 살기에는 너무 야심이 커요

『적게 일하고 많이 놀아라』를 읽으면 어떤 사람들은 천천히 느긋하게 살려고 마음을 먹는 반면에 오히려 더 높은 목표를 세우는 사람들도 종종 있다. 일리노이주의 틴레이 파크에 거주하는 킴벌리 메나드 씨도 책을 읽고 더 분주해진 사람 중 하나다. 킴벌리 씨는 2002년 4월에 편지를 보내왔다.

어니 선생에게,

이제 막 『적게 일하고 많이 놀아라』를 다 읽었는데, 처음부터 끝까지 아주 재미있게 읽었습니다. 저는 이제 42세이고, 16년 넘게 구매 담당 책임자로 일하고 있는 사람입니다. 지난 몇 년 간은 경력 관리 차원에서 학위나 자격증을 따 놓자는 목표를 세워 놓기도 했습니다. 대학에서 공부하는 것은 언제 해도 좋았는데, 앞으로는 강의를 더 많이 늘릴 생각입니다. 이 책을 읽기 전까지는 승진이 유일한 이유였지만, 이제는 꼭 그것만이 이유가 되지는 않으니까요. 이 책을 읽기 전에는 개인적인 성취나 지식 습득을 단순히 승진을 위한 기회로만 봤는데, 그 이후로는 자기 발전의 기회도 될 수 있겠단 생각입니다.

이 책을 읽고 저도 욕심이 생겨서 그 전에 해 보지 못했던 여러 가지 여가 활동들을 해 보고 싶다는 생각이 들었습니다. 그래서 여가 활동 목표 설정 작업에 들어갔습니다.

첫째 목표 : 고등학교 때 작가가 되고 싶었지만 어떻게 샛길로 빠지게 되어 지금은 구매 일을 하고 있습니다만, 앞으론 하루에 15분 정도 시간을 만들어서 책 쓰는 일을 시작할 겁니다! 책 쓰는 일은 항상 하고 싶었던 것인데, 선생님 말씀대로 언제나 변명만을 늘어놓기 바빴으니까요.

둘째 목표 : 지금까지 제가 운동을 안 하는 변명들을 만들어 낸 것을 다 세어 보면 아마 수천 개는 될 겁니다. 지금 제가 골든 리트리버를 한 마리 키우고 있는데, 앞으로는

매일 1마일씩 개를 데리고 산책을 나갈까 합니다. 저한테만 좋은 게 아니고 개한테도 좋은 일이겠죠. 당뇨병이 있어서 인슐린 주사를 맞고 있기 때문에 아무래도 인슐린 주사 맞는 것하고 운동을 병행할 때에는 조심을 해야 된다는 단서가 붙기는 합니다.

셋째 목표 : (둘째 목표에 연결되는 것일 수도 있습니다.) 저는 지금 소도 세포(islet cell) 이식 리서치 프로그램과 UIC에 참여하고 있습니다. 이 프로그램은 당뇨병 치료를 위한 프로그램입니다. 캐나다에서는 6명이 동일한 소도 세포 이식 프로토콜을 통해서 장기적인 치료 효과를 얻었습니다. 제 목표도 당뇨병 치료 방법을 찾는 것입니다. 소도 세포이식으로 제 병이 치료가 안 된다고 해도, 미래 세대를 위해서는 최소한의 도움을 줄 수도 있겠죠. 제가 앞으로 쓸 책은 당뇨병 치료에 관한 것이고, 기본적으로 저의 이야기를 다룰 생각입니다. 모쪼록 이 책이 출판이 돼서 당뇨병과 싸우고 있는 모든 사람들에게 도움이 되었으면 합니다.

다시 한번 『적게 일하고 많이 놀아라』와 같은 좋은 책을 써 주신 것에 대해 감사 드립니다. 앞으로도 살아가면서 이 책 생각을 많이 하게 될 것 같습니다.

그럼 이만 줄이겠습니다.

킴벌리 메나드 씀

여가를 즐기며 산다고 하기엔 너무 이상한 부부라고들 하는데요⋯⋯

2000년 4월에 알바타주의 메디신 해트에 사는 멜라니 마틴이라는 사람에게서 편지를 받았다. 멜라니는 자기 부부의 사는 방식을 왜 다른 사람들이 인정해 주지 않는지 모르겠다고 하소연했다.

어니 씨에게,

『적게 일하고 많이 놀아라』처럼 좋은 책을 써 주셔서 대단히 감사합니다. 저의 생각이나 느낌이 그대로 반영된 책을 읽는다는 건 너무 멋진 경험이었습니다. 전에는 선생님 같은 분이 계시는 줄 몰랐습니다.(우리 부부만 빼고요, 그래서 우리 둘은 언제나 우리가 이상한 사람이라고 생각했답니다). 우리 부부는 결혼생활 6년 동안 사람들에게서 비난과 부정적인 이야기들만 듣고 살았는데, 이제 그 이유를 알 것 같습니다. 우리가 너무 행복한 게 참을 수 없었던 겁니다.

1994년, 우린 21세에 결혼을 했습니다. 그 후의 인생 이야기를 좀 들어보시겠습니까? 결혼 후 해고되었고, 브리티시 콜롬비아 주의 빅토리아에서 캠벨 리버로 이사, 거기서 일자리를 잡았지만 두 달만에 끝나고, 다시 앨버타 주의 캘거리로 이주해서, 거기서 다시 6개월 동안 실직 상태로 있다가 노숙자가 되었습니다. 그 후에 제가 많이 아팠고(뭐 진단을 받은 것은 아니고), 남편은 연봉 4만 5천 달러짜리 일자리를 구했는데, 일말고는 아무 생활도 없고 너무 혹사시키는 직업이어서 거의 신경쇠약중에 걸릴 지경이었습니다. 그래서 다시 메디신 해트로 나와서 한 달 동안 또 노숙자 생활을 하고 이어서 다시 1년 동안 실업자 생활을 했습니다. 그러다가 제가 많이 아팠는데, 몇 달 동안 앓다가 만성 소화장애증이라는 진단을 받았습니다(얼마나 다행이에요!).

남편은 다시 연봉 5만 달러짜리 일을 잡았습니다. 이렇게 험한 일을 겪기는 했지만 남편 건강하고, 아직까지 둘 다 사랑하고 있고, 거기다가 맘에 드는 일자리까지 얻었으니 금상첨화 아니겠습니까. 브리티시에 있는 친구들이나 가족들은 엄청나게 많은 불평을 해댑니다. 생활비가 너무 많이 든다고 불평하는데, 자기가 살고 있는 곳이 낙원이라는 걸 모르기 때문입니다.

자! 이제부터 기운을 내야죠. 저희는 지금 앨버타에 살고 있는데, 너른 평야와 풀들이 자라나는 것을 바라보고 있으면 매 순간 순간을 사랑하지 않을 수 없습니다. 마음의 평화라는 게 이런 거란 생각이 듭니다. 저는 우리 부부가 너무 많은 축복을 받았다고 생각해요. 너무 많은 것을 빨리, 너무 젊었을 때 배웠으니까요. 실패에 실패를 거듭하다가 나중에는 성공하지 않았습니까(얼마나 신나요!)!

그건 그렇고 제가 제일 좋아하는 여가 활동은 가만히 혼자 앉아 있거나 커피숍에서 남편과 커피를 마시면서 책을 읽거나 편지를 쓰거나, 글을 쓰는 것입니다. 선생님 책을 읽으면 정말 내 자신이 너무 자랑스럽게 느껴지곤 했는데!

다른 사람들은 전부 제가 일도 안 하고 '사회에서 정해 놓은 기준'을 따르지 않는다고 비난을 합니다. 하지만 전 행복합니다. 그 사람들은 불행하겠지만요.

추신. 저희가 겪은 일을 다 말씀드리지는 않았습니다. 거의 반은 빼 놓았죠. 그래도 대충은 감을 잡으셨을 겁니다. 지나간 일은 지나간 일이고요. 그러니 도망칠 필요는 없겠죠. 더 이상 부정적인 생각은 하지 않습니다.

그럼 수고하세요.

멜라니 마틴

내가 시간만 있다면……

스코틀랜드의 에딘버러에 사는 그라함 샌더슨 씨가 2002년 7월에 보내 준 편지다. 정말 대단한 사람에게서 편지를 받았다. 그런데 한 가지 내키지 않는 점이 있다면 그라함 씨가 내게 일거리를 만들어 주었다는 사실이다.

선생께,

원래는 스페인어로 번역되어 나와 있는 것을 먼저 보았는데, 읽기는 나중에 아내가 미국에서 영어로 된 책을 사다 줘서 읽었소. 아무튼 아주 재미있게 읽어 보았다오. 고맙소.

얼마 동안 회사 생활을 정리하는 문제로 고민하다가 드디어 두 달 전에 일을 냈소. 지금 내 나이는 53세요. 그런데 선생 책은 이미 내가 그 전부터 믿고 신봉하던 교리들을 확인해 주는 정도였소. 그리고 거기 실린 내용들도 벌써 이미 내가 생각해 봤던 것들이고. 특히 생활의 틀, 목표, 공동체가 필요하다는 부분이 그랬소(137페이지).

위대한 창작품들이 그렇듯이 선생도 이 책을 여러 번 수정하고 다듬어야 할 것 같소. 그렇게 해서 부디 좋은 책을 만들기를 바라오. 그리고 한 가지 제안하고 싶은 아이디어가 있소. '계획 세우기도 즐거움의 일부분이다'라는 표제로 실으면 될 것 같은데(좀 더 친근한 제목도 괜찮고), 여가 시간이 늘어나니까 아무래도 계획을 짜도 예전보다 더 완벽하게 짜게 되고, 활동을 하나 해도 아주 열심히 하게 되더라 이겁니다.

그리고 하나 더. 선생이 책에서 주장한 내용에 대해서 토론할 수 있는 웹사이트를 만드는 생각을 해 본 적이 있소? 그거, 뭐 시간만 있으면……, 내가 하는 게 좋긴 한데!

그럼 수고하시오.

그라함 샌더슨

나는 『적게 일하고 많이 놀아라』의 내용에 대해서 토론할 수 있는 웹사이트를 만들자는 그라함 씨의 제안이 마음에 든다. 아주 좋은 아이디어이다. 하지만 내 천성 상, 사이트 만드는 일은 독자들에게 맡기는 게 좋다는 생각이다. 이 프로젝트에 관심이 있는 사람은 그라함 씨에게 연락을 해도 좋다. 그의 e-메일 주소는 YoungAtHeart2000@bigfoot.com이다. 웹사이트를 만들기로 한 점에 대해 미리 고맙다는 말을 전한다.

은퇴 잘하는 법을 가르치는 은퇴 교사 이야기

온타리오 주의 휘트비에 사는 팀 웨스트헤드 씨가 2002년 9월에 보낸 편지이다. 그는 은퇴를 간절히 바랐던 사람이었다. 하지만 막상 은퇴할 때가 되자 은퇴가 자신이 생각했던 것과는 다를 수도 있단 사실을 알게 되었다.

어니 씨에게,

우선 『적게 일하고 많이 놀아라』를 얼마나 재미있게 읽었는지를 말해야겠습니다. 책은 지난달에 25세 된 내 아들 녀석이 권해 줘서 읽게 되었습니다.

나는 토론토에 있는 한 고등학교에서 30년 가까이 교편생활을 하고, 2002년 6월말에 은퇴를 한 사람이랍니다. 난 가르치는 일도 좋아했지만, 학생들, 부서와 학교, 20년 이상 참여했던 컨퍼런스 등 싫은 게 없었던 사람이었죠. 그런데도 내가 은퇴를 결심하게 된 가장 중요한 이유는 한 시간 이상 걸리는 출퇴근 시간 때문이었습니다(한 쪽 방향으로만 계산해도). 토론토에 있는 우리 집에서 메트로를 빠져나가는 데만 그 정도의 시간이 걸리는데, 한 26년을 그 짓을 했으니 지겨울 만도 하지 않겠습니까. 그래도 난 운이 좋아서 1998년 봄부터 온타리오 주의 선생들에게 주는 연금 혜택을 받을 수 있게 되었습니다.

그때부터 작년 6월까지 4년 간을 은퇴에 대해 생각을 많이 했습니다. 계획도 짜고 파트타임으로 일할 거리도 조사해 보고 그러면서 시간을 보냈죠. 수십 년 동안 일만 한 사람들이 다 그렇겠지만(물론 계획을 짜는 사람도 있고 그렇지 않은 사람도 있겠죠), 여름이 거의 중반으로 접어들자 은퇴해서 실업자가 될 거라 생각하니 기분이 여간 이상해지는 게 아니지 뭐겠습니까. 그런 거 있지 않습니까? '살아남은 사람들이 느끼는 죄의식', 의기 양양함, 일하러 갈 곳이 없다는 데서 느끼는 여러 가지 감정 따위들. 아마도 사람들이 직업을 옮길 때 겪어 봤을 것 같은 여러 가지 감정들을 겪었던 것 같습니다.

그래서 은퇴와 여가 활동, 무직 생활 등에 대해 조사를 해 봐야지라고 생각했는데, 마침 그 때 아들 녀석이 선생 책을 읽어보라고 권했답니다. 요점을 정리해서 말하자면 그렇게 해서 '은퇴를 해도 기죽지 마라 ─ 은퇴를 미리 계획할 수 있는 실용적인 방법'이라는 제목의 워크숍을 만들게 된 것입니다. 이 워크숍은 경제적인 문제를 다루는 것도 아니고 서류 양식 작성법에 대해서 다루는 워크숍도 아닙니다. 오로지 은퇴와 관련된 감정적인 측면과 변화된 라이프스타일을 어떻게 관리하고 즐길 것인지에 대해서만 초점을 맞추고 있죠. 난 이 부분이 다른 은퇴 세미나나 워크숍에서 얼렁뚱땅 넘어가거나 완전히 배제하고 있는 부분이라고 믿고 있습니다. 조만간 교사들의 모임에도 이 내용을 알려 나갈 생각이고요.

한평생을 지겹도록 일만 한 사람들이 새로운 라이프스타일을 통해 기쁨을 되찾을 수 있다는 사실을 일러 주고 격려해 준 점에 대해서 다시 한 번 감사를 전합니다(나 말고도 많은 사람들이 감사의 마음을 전해 주었겠죠).

그럼 건강하길 바랍니다.

팀 웨스트헤드

은퇴했으면서도 아직 일에 미련을 놓지 못하는 사람

여가생활 나무를 비교해 보는 부부

아이오와 주의 팔로에 사는 엘레인 하모스 씨가 2002년 10월에 보낸 편지다. 그녀는 『적게 일하고 많이 놀아라』를 사 놓기만 하고 2년 간을 팽개쳐 놓았다가 다시 읽게 되었다고 한다.

어니 씨에게,

몇 년 전에 제 남편하고 저는 아들에게서 크리스마스 선물로 은퇴에 관한 책 두 권을 선물로 받았습니다. 아들 녀석은 제 아버지가 새로운 인생에 적응하지 못할까 봐 걱정이 많았나 봅니다.

우리 부부 모두 그 두 권을 다 읽었는데, 다른 한 권은 잘 생각이 안 나지만, 『적게 일하고 많이 놀아라』는 아주 괜찮았습니다.

그러다가 2년 후에 다시 그 책을 읽어보기로 했던 겁니다. 그런데 이번에 읽으면서 더 많은 것을 배우게 되었습니다. 다시 읽어보니 맞는 말이 더 많았습니다. 지난번에는 귀찮아서 그냥 건너뛰었던 〈Exercise〉도 이번엔 다 풀어보았습니다. 여가생활 나무는 정말 도움이 많이 됐습니다.

선생 책을 읽었더니 기운이 솟아서 보다 보람찬 인생을 살아야겠다는 생각이 들더군요. 그냥 마음이 가는 대로 내버려뒀더니, 좋은 아이디어들도 많이 떠오르지 뭡니까. 남편도 이 책을 다시 읽어 볼 생각입니다. 여가생활 나무를 그려 놓고 비교해 보는 것도 재미있을 것 같네요.

이런 좋은 책을 써 주신 것에 대해 감사하게 생각합니다. 다른 사람들에게도 다시 읽어보면 더 좋다는 이야기를 해 주세요. 저는 앞으로 한 번 더 읽어 볼 생각입니다. 의욕을 솟게 하는 데는 아주 그만이거든요. 그럼, 이만.

엘레인 하모스

플로리다에서 온 조기 은퇴자의 편지

오하이오 주의 더블린에 사는 스티브 라이카드라는 사람이 2003년 1월에

e-메일로 보내온 편지다. 스티브는 당시 플로리다에서 겨울을 나고 있었다. 따뜻한 곳에서 겨울을 나는 것은 나도 해 보고 싶었던 일이다. 그렇게 해서 캐나다의 추운 겨울 날씨를 한번 벗어나 보고 싶다.

어니 씨 보세요.

무엇보다도 선생님 책을 너무 좋아하는 독자라는 말을 하고 시작해야겠습니다. 특히 『적게 일하고 많이 놀아라』가 제일 맘에 듭니다. 저는 선생님 책을 읽으면서 많은 것을 배웠습니다. 제 나이는 34이고 직업은 소프트웨어 엔지니어입니다. 그리고 식구로는 아내와 아들 녀석이 하나 있습니다. 대학을 졸업하고 약 2년 뒤에 소프트웨어 개인 사업을 시작해서 지금까지 잘 운영해 나가고 있습니다.

몇 년 전부터 일을 안 해도 먹고 살 정도의 재산을 모으게 되어서, 앞으로 여가 시간을 어떻게 보낼 것인가에 대해 늘 구상해 왔습니다. 이것도 사실은 굉장히 스트레스 받는 일입니다. 저는 어니 선생님과 비슷하게 인생을 살았습니다. 마음 내키면 노트북 컴퓨터로 소프트웨어 프로그램을 만들죠. 그리고 나머지 시간은 즐기면서 삽니다. 지금도 겨울동안 플로리다에서 장인 장모님과 함께 지내고 있습니다. 제 사무실에는 랜 카드가 있는 노트북 컴퓨터 단 한 대 뿐입니다. 저도 선생님과 똑같은 문제점에 부딪혔습니다. 사람들이 다 일을 하기 때문에 함께 '놀' 사람을 찾기 힘들다는 겁니다.

선생님께 저는 폴 퍼잘이 쓴 『Toxic Success』를 읽어보시라고 권해드리고 싶습니다. 이 작가의 주장은 요새는 모든 사람들이 일만 열심히 하기 때문에 인간관계나 일 외적인 삶은 고통을 받고 있다는 것인데, 그 점에서 선생님의 시각과 흡사한 점이 많습니다.

아무튼, 앞으로 좋은 일만 있기를 바라며, 시간 나시면 제게 한두 줄이라도 연락 한 번 해 주십시오.

감사합니다.

스티브 라이카드 씀

케냐에서 사적인 부탁을 해 온 사람

나는 이 편지를 2002년 10월에 받았다. 편지를 쓴 사람은 케냐의 터보 지역에 사는 존슨 A. 말린다라는 사람인데, 다른 사람들에 비해 개인적인 신상 정보를 별로 밝히지 않았다. 그가 편지를 쓴 주된 이유는 자기에게 내가 도움을 줄 수 있는 시간과 돈이 있는지를 알아보기 위한 것으로 보인다.

선생께,

케냐에서 편지를 보냅니다. 저는 52세의 케냐인 입니다. 직업은 선생입니다. 지리를 가르치죠. 저는 55세에 곧 은퇴를 하게 됩니다(케냐의 법정 정년퇴임 나이는 55세입니다). 이제 막 선생의 『적게 일하고 많이 놀아라』를 다 읽었습니다. 선생께서 제안한 내용이 케냐 같은 제3세계엔 적용할 수 없는 거지만, 인생을 긍정적으로 보게 되었습니다.

선생께 『게으르게 사는 즐거움』을 헌책으로라도 한 권 보내 달라는 부탁을 드리고 싶습니다. 그리고 여가, 자전거 타기, 독서, 여행, 안내, 카운셀링 등에 관한 캐나다 정기 간행물과 미국 간행물도 헌책이 있으면 좀 보내 주세요.

그리고 낸시 레이건, 오프라 윈프리, 마이클 잭슨, 셀린 디옹 등 유명 인사한테도 편지를 보내고 싶은데, 어떻게 주소를 얻을 수 있는 방법이 없을까요(저는 컴퓨터도, 텔레비전도, 전기도, 전화도 없는 시골구석에 살기 때문에 인터넷을 사용할 수 없습니다)? 캐나다와 미국의 유명 인사들의 주소를 얻을 수 있는 방법이 있을까요?

그리고 〈보그〉, 〈포브스〉, 〈포춘〉, 〈가톨릭 다이제스트〉, 〈리더스 다이제스트〉, 〈내셔널 지오그래픽〉 등도 옛날 게 있으면 보고 싶습니다. 몇 개 구해서 보내 주십시오.

그리고 2003년도 달력과 다이어리도 보내 주세요.

그럼 신의 은총이 있기를 바랍니다. 감사합니다.

나는 『게으르게 사는 즐거움』과 『게으른 사람의 행복 찾기』 두 권을 보냈으니까 내 할 일은 다 했다고 본다. 우리들보다 조금 형편이 어려운 사람을 돕고 싶은 마음이 있는 사람은 말린다 씨가 요청한 정기 간행물이나 잡지를 보내 주면 된다. 말린다 씨의 주소는 P. O. Box 965, TURBO, Post Code 30106, Kenya, East Africa이다.

저자가 '배부른 룸펜'이 아니라는 사실을 알아 준 독자

내가 태어난 고향이기도 한 앨버타 주의 에드먼턴에 사는 피터 보르헤르스 씨가 90년대 말에 보내 준 편지 내용이다. 내가 자주 들르는 카페에서 피터를 몇 번 보기는 했는데도, 잘 모르고 지냈었다. 피터는 일단 책을 붙잡고 읽기 시작하니, 책 내용이 달라 보이기 시작했다고 한다.

어니 씨에게,

전 『적게 일하고 많이 놀아라』를 전혀 다른 시각에서 읽어 볼 기회가 있었습니다. 성인 교육 프로그램을 듣고 있는데, 어니 씨 책도 보고서를 내야 할 10가지 책 목록 중에 들어 있었소.

솔직히 그 제목을 보니 부정적인 생각이 먼저 들었소. 보나마나 '배부른 룸펜' 이야기이겠거니 생각한 거지요.

도서관에서 책을 찾아서 그 자리에서 1장을 읽어 버렸소. 그리고는 책을 대출하는 대신 제일 가까운 서점에 가서 책을 산 다음 집에 가져 와서 읽기 시작했소. 그리고 한두 번도 아니고 무려 세 번에 걸쳐서 책을 읽었소. 그런 다음 교수들 앞에서 당당히 어니 선생 책을 프리젠테이션하고 싶어 안달이 났었지. 마치 사제가 복음서를 낭독하듯 말이오. 동료들은 기립박수를 쳐줬고, 교수들도 최고 점수를 주었소. 그 점에 대해서 깊은 감사를 전하오. 사실 선생이 그 칭찬을 들을 자격이 있지, 나야 뭐 메시지를 전달하는 사람에 불과했으니까 말이오.

아직까지도 일을 계속하고는 있지만, 선생 책에 나와 있는 대부분을 실천하며 살아가고 있소. 난 개인적으로 자긍심을 계속 지켜나갈 수 있고, 은퇴 후에도 할 수 있는 취미생활이 많다는 게 너무 행복하오. 앞으로 1년 간 안식 휴가를 내서 미리 은퇴생활을 실험해 보려 하오. 그래서 선생의 책이 많은 추종자들에게 살아있는 귀감이 될 수 있다는 사실을 보여줄 생각이오.

다시 편지 주시오.

그럼 이만.

피터 보르헤르스

은퇴란 치즈가 없는 터널은 다시 기웃거리지 않는 것!

온타리오 주의 노스 욕에 사는 셜리 캠벨 씨는 일자리 나누기(job sharing)를 통해서 거의 은퇴와 다름없는 생활을 할 수 있게 되었다. 그런데 그녀는 완전한 은퇴를 간절히 고대하고 있었다. 그녀는 자신의 여가 활동 계획을 들려주고 싶어했다.

어니 씨께

책을 정말 재미있게 읽었습니다. 때 맞춰 좋은 책을 읽었던 것 같습니다. 이 책은 원래 일 중독자인 제 친구의 책입니다. 저는 3월에 은퇴 예정입니다. 제 말은 앞으로 자아 실현에 많은 시간을 할애할 계획이란 뜻이죠.

저는 3월이면 65세가 됩니다. 그런데도 사장은 제가 일을 그만두지 않았으면 하는 눈치입니다. 그래서 그런지 죄책감이 드는데, 오죽했으면 다시 한 번 생각해 봤겠습니까. 하지만 더 이상은 안 할 겁니다.

전 해보고 싶은 게(즐기고 싶은 것) 너무 많습니다. 지금은 일주일에 달랑 3일만 나가서 일합니다. 그래도 일을 아주 안 하게 되면 더욱 좋겠죠(앞으로는 그렇게 될 겁니다). 더 이상은 이제 책상 앞에 앉아서 하루 온종일 병리학 보고서를 타이핑하는 짓은 하고 싶지 않습니다.

일 중독자인 제 친구는 이런 말을 합니다. "그럼 하루 종일 뭐 할 건데, 해변에 누워 있을 거니 아니면 영화 볼 거야?" 그러면 저는 "아니, 가끔씩 일어나서 스낵이나 먹지 뭐"라고 대답한답니다.

3월에는 제 손자 녀석하고 밴프에 가서 스키를 탈까 하는 계획을 진지하게 고려 중입니다. 전 좋아하는 게 하도 많아서 여가 시간이 늘어나도 별 문제 없을 거라 믿고 있습니다. 요리, 놀이, 여행, 바느질, 뭐든 다 좋아하거든요. 전 다시는 치즈가 없는 터널에는 기웃거리고 싶지 않습니다. 치즈 비유는 정말 딱이었습니다. 제가 치즈를 정말 좋아하거든요. 어쨌거나 너무 감사 드립니다.

그럼 안녕히 계십시오.

설리 캠벨

레바논에 파견된 캐나다 대사로부터 온 편지

레바논의 잘 엘 디브에서 1997년 5월 다니엘 G. 마칸트 씨가 보낸 편지다.

마칸트 씨는 레바논에서 캐나다 대사로 복무 중이었다.

젤린스키 씨에게,

최근에 캐나다를 갔다가 선생이 쓴 『적게 일하고 많이 놀아라』라는 책을 구입하게 되었습니다. 재미는 물론이고, 이 책에서 많은 영감을 얻었습니다. 책을 읽으면서 너무나 많은 사람들이 남 좋은 일에는 정력을 낭비하면서 정작 자기의 여가생활을 계획하거나 알찬 삶을 대비하는 데에는 소홀하다는 사실을 깨닫게 되었습니다.

전 이 책을 처형에게도 한 권 사주었습니다. 30년이나 근무했던 병원이 문을 닫게 되면서 다시 몇 년이라도 더 일을 하려면 다른 병원을 찾아야 하는지, 고민이 많았던 처형입니다. 선생의 책을 읽은 후 처형은 편안하고 느긋하게 살기로 마음을 먹고 은퇴 조건을 모두 받아들이기로 결정을 내렸답니다.

베이루트로 돌아와서 동료들에게도 선생의 책을 이야기해 주었더니 금방 자기들도 책을 사고 싶다며 부탁을 해 왔습니다. 봉투에 책 세 권의 가격인 64달러 5센트를 수표로 넣었습니다.

그럼 안녕히 계십시오.

다니엘 G. 마칸트

저녁식사에 초대합니다

독자들 중에는 저녁식사에 나를 초대하고 싶다는 의사를 밝혀 오는 사람들이 꽤 있다. 워싱턴 D. C. 에 사는 로르나 씨도 그런 사람 중 하나였다. 나는 로르나의 편지를 2003년 2월에 받았다.

어니 씨에게,

외람된 말씀이지만, 제가 편지를 쓰는 이유는 선생의 책 내용이 너무 길어서 오늘과 같이 한가한 일요일 아침에 어울릴 여가 활동으로 치기는 쉽지 않단 말을 하고 싶어서입니다.

처음엔 이 책의 제목에 시선이 가서 책을 사게 되었습니다. 그게 벌써 몇 달 전 일인데, 침대 머리맡에 놓고서는 만져 보지도 않았답니다!

오늘도 다시 눈길이 가기에 펴놓긴 했는데, 선생처럼 여겨지는 남자가 책상 위에 누워서 자는 그림이 나오는데까지 보았습니다. 선생께서 아직까지 이 행성에서 살고 있는 분이라는 확신이 필요하니, 이 편지를 받자마자 회신을 해 주셨으면 좋겠습니다. 여기 워싱턴 D. C. 에도 선생과 저녁식사를 하고 싶어하는 사람이 있으니 한 번 오셔서 무슨 '재미난 이야기 거리' 라도 있는지 알아보시죠(23페이지 참조)!

물론, 선생의 책만으로도 충분합니다! 목차만 봐도 그렇던데요! 저야말로 실업자이니 『적게 일하고 많이 놀아라』를 만끽하고 있는 사람입니다. 선생하고도 비슷한 점이 아주 많고요.

저는 선생 책의 목차에 실린 제목 하나 하나가 책 전체 제목으로도 손색이 없다고 봅니다. 정말이지 그 목차에 표현된 제목들은 이 세상 사람들(노동자들)의 99.999999%에게 필요한 내용인 게 분명합니다.

그러니까 여가에 관한 우리 생각을 한번 합쳐 보자는 겁니다! 전 이 책을 여피들과 결정적으로 현대판 노예들을 양산해 내고 있는 현대 기업의 바보들에게도 다 나눠주고 싶을 정도입니다! 그러니 저를 제발 모든 일거리로부터 벗어나게 해 주십시오! 전 일 같은 건 필요 없습니다!

그럼 워싱턴에서 가장 빠른 시일 내로 언제 만나 뵐 수 있을까요? 제 명함을 동봉합니다.

전 선생 책을 포장해서 제 딸에게 30세를 맞는 깜짝 생일선물로 주려고 합니다. 딸애

도 선생이나 저처럼 여가 신봉자이기는 한데 아직까지도 '이 사회의 프로그램 내용'
과 약간은 갈등이 있는 모양입니다. 하지만 선생 책으로 그 프로그램의 결함을 고칠
수 있기를 바라야죠!

어�째든 고맙고, 정말 선생의 기지와 지혜에 찬사를 보냅니다.

그럼 연락주세요.

로르나

프랑스에 사는 한 여성은 생활을 바꿔 보겠다는 편지를 보내 왔다

프랑스어로 번역되어 나온 『적게 일하고 많이 놀아라』를 읽은 프랑스 독자들
도 편지를 보내 왔다. 그런데 대부분의 편지가 불어로 된 거라, 읽을 수가 없다.
그런데 르 나낭에 사는 이사벨 테시에 씨는 영어로 편지를 보내 왔다.

젤린스키 선생님,

그저께, 제가 제일 좋아하는 서점에서 서성대다가, 우연히 『적게 일하고 많이 놀아라』
라는 책을 발견했습니다. 그 전엔 선생님 이름을 들어 본 적도 없습니다. 전 표지와 제
목이 너무 마음에 들었습니다. 몇 페이지 읽어보다가(여가생활 나무 나오는 데까지)
한 권 샀습니다.

사실 저는 책에서 조언을 얻는 편은 아닌데, 이번 책은 읽자마자 깊은 감명을 받았습
니다. 일과 여가에 관한 한 선생님과 제 생각이 비슷한 점이 꽤 있습니다. 저는 하프
타임 직업을 두 개 갖고 있습니다. 하나는 마음에 드는데(지방 신문사에서 프리랜서
기자로 일하고 있습니다), 다른 하나는 별로입니다(영업 사원입니다).

전 여가 활동을 최대한 잘 이용해 보려고 노력중입니다. 젤린스키 선생님께서 적어 놓은 그 취미 목록도 마음에 듭니다. 이미 해 본 것도 많고요, 하고 싶은 것도 많고요. 그런데 생각해 본 적도 없는 것도 몇 개 있더군요.

11월에 저희 집은 이사를 했는데, 이상하게 그때 마침 선생님 책을 읽게 되었습니다. 새 집으로 이사를 막 하고 나서 일상생활에 변화가 필요하겠다는 생각을 하던 차에 이 책을 읽게 된 겁니다. 맞아요, 뭔가 생활을 바꿔 봐야 할 것 같았죠.

이사 온 집은 전에 살던 집보다 커서 제가 쓸 수 있는 개인 공간도 생겼습니다. 선생님 책을 보기 얼마 전부터 조그만 노트에다가 여가 시간에 할 수 있는 아이디어를 적어 보곤 했었습니다.

저희 부부는 지난 3개월 동안 집 때문에 눈코 뜰 새 없이 너무 바빴습니다(집수리와 인테리어를 다 했거든요). 이사 나가면서 물건들을 박스에 넣을 때 선생님의 책 도움을 많이 받았습니다. 소중한 것들을 간수하는 방법에 관해 쓴 페이지를 읽고 있던 참이었거든요. 뭘 두고 뭘 버릴까 결정하면서 그 내용들에 대해 많이 생각해 봤습니다.

제 남편하고 저는 여가에 대해 똑같은 생각을 갖고 있습니다. 다른 건 몰라도 그 시간만큼은 잘 보내야 한다는 거죠. 제 남편은 일을 많이 하는 스타일인데(너무 심할 정도로요), 이제부터는 일을 줄이기로 했습니다. 사실 지금까지 취미도 거의 없었거든요. 대부분은 TV 보고, 신문 읽고, 바에 가서 커피 마시면서 보냅니다. 이제는 새로 이사 온 집에 자기 공간도 생겼고 하니까 슬슬 여가생활을 시작해 보려는 것 같습니다. 남편에게 선생님 책 이야기를 했더니 앞 부분 몇 장을 읽었습니다. 앞으로 더 많이 읽고 저처럼 많은 도움을 받았으면 좋겠습니다.

이렇게 좋은 책을 써 주셔서 고맙습니다.

그럼 수고하세요.

이사벨 테시에

번역을 마치고

『적게 일하고 많이 놀아라』는 본질적으로 노동보다는 노는 것이 우리의 삶을 더 풍요롭게 만들며, 일하는 괴로움보다는 노는 즐거움이 더 중요하다고 주장하는 책이다. 그런 의미에서 보면, 일을 가진 사람들보다는 실업자, 은퇴자가 더 행복한 사람이라는 것이 이 저자의 기본 입장이기도 하다. 사실 게으름이나 느림의 미학을 강조하는 책들은 주변에 많이 나와 있지만 일하지 말라고까지 극단적으로 노는 것의 미학을 권하는 책은 보기 드물다.

우리말에 '고기도 먹어 본 놈이 먹는다' 라는 말이 있다. 마찬가지로 여가도 즐겨 본 사람이 즐길 수 있다는 게 저자의 주장이다. 젊어서부터 여가생활을 즐겨야 실직이나 은퇴를 했을 때에도 남아도는 시간을 효율적으로 관리할 수 있는 능력을 키울 수 있다는 것이다. 현대인들은 시간을 돈과 연결시켜 생각하는데, 그것은 시간을 노동으로 채워야 한다고 믿기 때문이다. 하지만 저자는 여가에는 돈만으로 환산될 수 없는 가치가 있으며, 돈으로 여가를 살 수 있는 것도 아니라고 설명한다. 오히려 돈이 많은 사람들은 여가를 즐길 수 있는 시간과 여유가 없다. 과거 그리스 시대였다면 귀족들만이 향유할 수 있었던 여가를 이제는 '없는 사람들'이 더 많이 즐길 수 있게 된 것이다.

젤린스키는 일하지 않는 즐거움을 역설하기 위해 노동의 불합리성과 미래의 안위 때문에 현실을 담보해야 한다는 사회적 통념의 부조리함에 경종을 울린다. 오늘날 우리는 모든 것이 돈에 의해 움직이는 사회에 살고 있다. 돈으로 모든 것을 환산하고, 돈의 기준에 의해 모든 가치가 판단되며, 돈의 논리에 의해 선악이 결정된다.

그런데 하물며, 일개 개인이 어떻게 돈의 중요성을 세뇌하는 이 세계의 초국가적이며 글로벌적인 자본주의 음모 프로젝트에서 자유로울 수 있겠는가? 물론 이 책은 이 '음모 이론'을 해부하는 책은 아니다. 젤린스키가 원하는 것은 이러한 음모가 있다는 것을 인식하고 거기에 휘말려 들어서는 안 된다는 것이다. 음모는 단순히 나 본인의 말이고, 젤린스키는 이 세계의 세뇌 프로그램이라고 했다.

여가를 즐기며 살고 싶지 않은 사람은 단 한 사람도 없을 것이다. 젤린스키 본인은 하루 4시간 이상은 절대로 일하지 않으며 R자가 없는 달인 5월, 6월, 7월, 8월은 완전히 여가생활에만 몰두한다고 한다. 와! 얼마나 환상적인 삶인가? 다들 이런 삶을 꿈꾸고 있지 않은가? 그런데 젤린스키는 미리 준비하고 연습하지 않으면, 그런 여건이 갖춰져도 그렇게 할 수 없으며, 여가를 즐기기에 충분한 돈의 자금이란 없다고 말한다. 그가 강조하는 것은 '지금 그리고 여기'란 개념이다. 지금 당장 즐길 수 있을 때 즐기라는 '카르페 다임(carpe diem)'이야말로 젤린스키의 이론과 딱 떨어지는 말이다.

사실, 우리가 젤린스키가 주장하는 여가생활을 즐기지 못하는 이유는 용기가 없기 때문이다. 돈을 포기하는 용기, 남의 이목을 무서워하지 않는 용기,

내 인생은 내가 결정할 수 있는 용기만 있다면 젤린스키의 추종자가 되는 것은 다른 무엇보다도 쉽다. 그리고 그의 추종자가 되었을 때만이 느낄 수 있는 삶의 풍요로움과 행복은 다른 무엇과도 바꿀 수 없는 소중한 경험이라고 한다. 여기서 내가 '경험이라고 한다' 라는 표현을 쓰는 것은 나 자신도 아직 그런 용기가 없고, 그런 경험을 해 보지 못했기 때문이다.

아이러니하게도 이 책을 번역하면서 나는 하루 10시간 이상을 일에 매달렸다. 그의 말 한 마디 한 마디를 옮기면서 '맞다, 맞다' 하면서 거듭 고개를 끄덕거리면서도. 하지만 정작 나는 R자가 들어가지 않은 달이었음에도(7월이다) 젤린스키가 정해 놓은 최대 노동 시간의 3배에 육박하는 시간을 '기쁨, 만족, 행복' 을 얻을 수 없는 일에 고스란히 바쳤다.

이 책을 읽는 독자들도 마찬가지일 것이다. 책을 읽을 당시에는 젤린스키의 말이 맞다고 무릎을 쳐도, 그 깨달음을 행동으로 옮기는 사람은 내 생각에 1천 명 중에 1명도 나오기 힘들 것 같다. 그 만큼 우리 자신은 나약하다. 특히 나는 30년 동안 하루 꼬박 12시간을 일에 바쳐 성실과 근면 하나로 일가를 이루고 자수성가하신 부모님 밑에서 자랐기 때문에 노는 것을 죄악시하는 경향이 누구보다 강했다.

지금 아버지는 은퇴를 하셨고, 누구보다 여유 있고 행복한 삶을 살고 계시다. 그런데 어머니는 건강 때문에 한 번 큰 위기를 맞으셨다. 우리 어머니는 항상 "너무 극성을 떨어서 내가 내 몸을 망쳤다. 너는 절대 그러지 마라"고 당부하신다. 하지만 평생을 그렇게 살아오신 분이라 '천천히, 느긋하게' 사는 삶과는 아직도 거리가 있다. 이 책을 번역하면서 나는 어머니께 여러 가지 도움되는 글귀와 일화들을 읽어 드렸고, 어머니도 맞는 이야기라고 했다.

이 책은 우리 부모님 세대와 같이 일하지 않으면 살 수 없는 험난한 시대를 살아내고 이제야 한숨 돌린 세대들과, 청년 실업률 7.5%를 육박하는 노동시장에서 일자리를 구걸하기 위해서라면 무엇이라도 하겠다고 달려드는 젊은이들, 그리고 돈의 노예가 되어 하루 12시간 이상을 일에 매달리며 하루하루 버티는 길 잃은 직장인들을 위한 책이다. 하루 단 5분만이라도 나 자신을 위해 무엇을 해야 하는가를 생각할 수만 있다면, 우리는 이런 악순환의 고리를 끊고 완전히 다른 삶의 차원으로 진입할 수 있을 것이다.

2004년 8월

황숙경